曇鸞『浄土論註』の新研究

真宗理解の再構築のために

Jingtu Lunzhu

市野智行 編

法藏館

曇鸞『浄土論註』の新研究——真宗理解の再構築のために——＊目次

曇鸞『浄土論註』の新研究

真宗理解の再構築のために

序　言

市野智行

親鸞思想の研究蓄積は、近世、近代、現代と時代を経ながら、「多様」という言葉で形容できないほどに、様々な視角・論点をもって論じられてきた。まず近世の研究は、何よりも祖師の教学を究明することに力点が置かれ、「文献主義的な立場[1]」とも言われている。親鸞の言説に対する精緻な研究成果は、今日にも多大な学的功績と影響を残している。その後の近代の仏教研究は、「客観的な文献学に基づく教理史の研究[2]」を中核としつつも、梵語学や宗教学、あるいは宗教間対話など、他分野とも交流を持ちながら、より広い視野から研究が積み重ねられている。そのような研究手法は、当然、宗学（真宗学）にも影響を与え、親鸞思想の研究もまた広がりを見せていくこととなる。そして現代を生きる私たちは、その研究蓄積の最前線にいるわけである。その中にあって、親鸞思想を理解するために、私達には何ができるだろうか。親鸞思想を理解するための新たな視点を提示することはできないだろうか。このような思いから本研究論集『曇鸞『浄土論註』の新研究』（以下本書）は出発した。そして副題には「真宗理解の再構築のために」と付した。ここでいう「真宗理解」とは、親鸞思想を理解するための素地や土壌を意味する。親鸞思想はあくまで親鸞の思想であり、それを再構築することはできない。ただし一方で親鸞の思想は親鸞一人において完結するものでもない。そこには、親鸞に与えた影響（浄土三部経に代表される大乗経典や七高僧の思想、あるいは親鸞が生きた時代の歴史的背景など）や、既述のような親鸞以降の研究蓄積もある。そういった親鸞思想に関する周辺部を、ここでは総じて「真宗」としたい。そして、その真宗理解を今一度、再構築、再検討したいのである。そのための「新たな視点」として、本書では曇鸞『浄土論註』（以下『論註』）に着目した。

その理由は、何よりも親鸞自身が「浄土真宗」を標榜する上で、

謹んで浄土真宗を按ずるに、二種の回向あり。一つには往相、二つには還相なり。

『顕浄土真実教行証文類　翻刻編』七頁

と二種回向をその大綱に掲げることにある。周知のように、回向を往相と還相に開き、往生浄土と還来穢国の二相によって注釈したのは曇鸞である。特に還相回向については、親鸞が『顕浄土真実教行証文類』（以下『教行信証』）「証巻」に「『論の註』を披くべし」(3)とも記し、その内容を全面的に『論註』に委ねている。すなわち、浄土真宗の大綱は『論註』に基づくとも言えるわけである。そこで『論註』をテキストに精読検討していくと、いくつかの課題点が浮上してきた。

一つには『論註』をどう読むか、である。本書の書名には「新研究」の語を充てているが、これは『論註』を殊更に新しく読み直すということではない。そうではなく、『論註』をただ『論註』として読むこと

を意味している。言い換えれば、北魏を生きた曇鸞の課題性の中で『論註』を読み、そこから親鸞思想へと還元したいのである。親鸞や『教行信証』を通して『論註』を読むのではなく、『論註』を通して『教行信証』を読むということである。一見すると、至極当然のことを言っているように思われるかもしれない。このことは本書［市野論文］「還相回向研究史」にて言及しているが、たとえば「回向」に関する多くの先行研究が、『論註』の回向理解として提示する場合も、その考察内容が多分に親鸞の視点を含んでいることがある。では、そこで導き出された回向観は、曇鸞の回向理解なのか、親鸞の回向理解なのか、あるいは親鸞が見た曇鸞の回向理解なのだろうか。こういった点を整理する上でも、『論註』を『論註』として読むことが、まずは必要となる。そして、本書［織田論文］「「回向」の成立背景と「普賢行」への深化」・「普賢行と曇鸞の往還回向」では「回向」をテーマに、曇鸞に帰着する回向の受け止めと、その回向観が親鸞へとどう影響したのかを論究している。また、［黒田論文］「仏典「解釈」とその可能性」では、曇鸞が世親『浄土論』をどう注釈していったのか、『論註』全体の構成組織に注目し、また当時の時代背景も加味しつつ、曇鸞の見据えていた課題について論じている。

さて、以上は『論註』を曇鸞において読むということ、すなわち『論註』そのものにおける課題である。もう一つの課題として提示したいのが、日本における『論註』の展開、流布状況である。先の『教行信証』の引用文からも窺知できるように、『論註』が親鸞に与えた影響は計り知れない。しかし、同時代に親鸞の著作ほど『論註』に言及する文献はほとんど見当たらず、わずかに長西や良忠にその跡を見ることができる程度である。では、親鸞に至るまでの日本における『論註』の流布状況や、その思想的影響はどのように考えていくべきであろうか。この点を本書［藤村論文］「『浄土論註』の日本的展開」では、『論註』の日本での展開を視野に、主に源信『往生要集』を基点に五念門理解と『仏説無量寿経』の受容形態について論じている。また、『論註』からの影響という点で、今一つ課題となるのが、清沢満之への影響である。現在の還相回向論でも必ず議論となるのが寺川俊昭による回向論である。寺川は自身の回向論が、清沢と曽我量深の影響下にあることを述べている。今日、曽我の回向論についての先行研究は数多くあるものの、清沢の回向論について論ずるものは少ない。特に清沢に対する『論註』の思想的影響を深度をもって論ずる論考はほとんど見受けられない。そこで、本書［川口論文］「清沢満之の他力門哲学」では、清沢の『他力門哲学骸骨試稿』をテキストに、清沢に与えた『論註』の影響について論究している。

以上、『論註』から浮上する課題点をもとに、本書の各論考について粗々に概観した。それぞれの更なる内容については、本書［市野論文］結論「還相回向研究の展望と課題」の中で、やや詳しく論じているので、そちらを参照いただきたい。

本書は『論註』を通した真宗理解の再構築を目途としている。再構築とは、再考察や再検討と言い換えることができるかもしれない。つまり『論註』を通して、今一度、親鸞思想への影響を考え直したい、という試みである。そのことは、親鸞思想を考察する上での新たな視点の獲得になると考えているからである。そして、「新たな視点」の獲得には、今日私たちが前提としているような枠組みを一度取り除き、テキストに真向き合いになることが必要である。この「前提的枠組」がどういったことを意味しているのかについては、ぜひ本書を通して触れていただきたい。かつて、真宗学について稲葉秀賢は次のように述べている。

> 真宗学というものを考えるうえにおきまして、第一の要件は浄土真宗という教法に対しての敬虔感情を持つということ
>
> 稲葉［一九六九］一頁

敬虔とは「深く敬って態度をつつしむさま」の意である。稲葉のいう「敬虔感情」とは、教法に対する私たち一人ひとりに求められる姿勢であろう。その姿勢は同時に私たちの「知」に対する営みにも言えることである。浄土真宗という連綿たる歴史の上に、「回向」に限らず様々なことを「自明のこと」にしてはいなかっただろうか。自分自身が真摯に聖教の言葉と向き合うことを遠ざけてはこなかっただろうか。真宗学の第一の要件である「敬虔感情」とは何かということを自己に問いつつ、改めて曇鸞『浄土論註』に真向き合いになったのが本書である。

註

（1）〔末木　二〇一〇・一〇四頁〕。

（2）〔末木　二〇一七・二三九頁〕。

（3）『翻刻編』三四二頁。

（4） たとえば石川琢道はこの点について「これまで曇鸞研究の多くは、中国から日本に至る浄土教思想史の展開を一つの流れとしてとらえて、曇鸞の存在をその起点とする固定的な位置づけが行われた傾向があり、必ずしも中国仏教思想史上における曇鸞の位置づけはなされてこなかった。」と指摘している［石川 二〇〇九・一一頁］。

参照文献

石川琢道［二〇〇九］『曇鸞浄土教形成論――その思想的背景――』（法藏館）
稲葉秀賢［一九六九］「真宗学とは何か――存在と意義――」（『同朋学報』第二十一号）
末木文美士［二〇一〇］『近世の仏教 華ひらく思想と文化』（吉川弘文館）
末木文美士［二〇一七］『思想としての近代仏教』（中央公論新社）

還相回向研究史——変遷と論点の整理——

市野智行

親鸞が真宗の大綱に掲げた二種回向（特に還相回向）に関連する研究は、今日、膨大な研究成果を見ることができる。一方で、それらを思想史や研究史として整理した論考はわずかしかない。そこで、本論では一九七〇年から今日までの約五十年間に焦点を絞り、還相回向に対する研究の変遷を研究史として整理することを目的とする。特に、一九八七年に発表された寺川俊昭の二種回向論（『回向の仏道』）を基軸とする（以下寺川回向説）。その理由は、寺川回向説が従来の回向理解に比して、画期的な視点から論じられているからである。実際に寺川の回向論以降に還相回向の議論が活発化し、寺川回向説の是非を問いつつ、多様な論点から還相回向を究明しようとする論考が多く提出されていく。以上のことから、本論では寺川回向説を研究史の基点とし、「一　対象文献について」「二　還相回向研究の変遷」「三　還相回向に関する諸理解の整理」と順を追って考察していく。そして、結論に今後の還相回向研究の展望と課題について言及する。

問題の所在

親鸞（一一七三～一二六二）は『顕浄土真実教行証文類』（以下『教行信証』）「教巻」に、

謹んで浄土真宗を按ずるに、二種の回向あり。一つには往相、二つには還相なり。

謹按浄土真宗有二種回向一者往相二者還相。(1)

『顕浄土真実教行証文類　翻刻編』七頁（以下『翻刻編』）

と浄土真宗の大綱を掲げている。「浄土真宗は大乗のなかの至極なり」(2)とも言われる真宗仏教は、二種回向をその根本としているのである。にもかかわらず、二種回向についての理解は確固たる認識が共有されているわけではない。では二種回向はどのように受け止められているのか。最も課題となるのは「二種」をどこで捉えるか、である。如来の回向に二種類あるのか。それとも回向は一つで衆生に二相として開かれているのか。あるいは、二種の回向が二相として衆生に成就するのか。親鸞の回向観を巡る議論は、特に還相回向の位置づけを主とし、多様な論点が複雑に絡み合い、まさに雁字搦めと形容できるような状況にある。その理由を挙げるならば次の五点に集約できよう。

(1)『教行信証』における還相回向の記述

親鸞は還相回向について、『教行信証』の中で最も直接的に扱う「証巻」において、

二つに還相の回向と言うは、則ちこれ利他教化地の益なり。則ちこれ「必至補処の願」より出でたり。また「一生補処の願」と名づく。また「還相回向の願」と名づくべきなり。『註論』に顕れたり。故に願文を出ださず。『論の註』を披くべし。

二言還相回向者則是利他教化地益也則是出於必至補処之願亦名一生補処之願亦可名還相回向之願也、顕註論故不出願文可披論註。

『翻刻編』三四一～三四二頁

と、還相回向の具体的な内容は『無量寿経優婆提舎願生偈』(以下『浄土論』)『無量寿経優婆提舎願生偈註』(以下『論註』)に明らかであるとし、直接的な注釈をほとんど行っていない。更に第二十二願文も『仏説無量寿経』(以下『大経』)から直接引用せず『論註』「不虚作住持功徳」の一節に譲っている。ある意味全面的に曇鸞(四七六～五四二)の『論註』に依っているわけである。しかし、その『論註』の二種回向の文に対しては、『教行信証』全体からすると、やや複雑な引用方法が採られているのである。親鸞は『論註』の二種回向を示す全体を「信巻」欲生心釈にのみ引用する。[3] そして「行巻」には、『論註』四文連引の結びに往相回向の文のみを引用し、[4]「証巻」の還相回向釈には還相回向の文のみを引用する。[5] つまり、二種回向の基点を欲生心という如来の回向心に見出し、往相回向は「行巻」に、還相回向は「証巻」において課題化して

いるのである。にもかかわらず、既述の通り、「証巻」還相回向釈では直接的な注釈は行っていない。このような『教行信証』における二種回向の位置づけや、往相回向に対する還相回向のアンバランスな記述が還相回向研究の難解さへとつながっていると考えられる。

(2)「回向」を語るということ

回向とは元来「さしむける」の意であるが、親鸞はそれを「不回向」[6]といい、如来の回向として明らかにした。つまり、回向とは如来のはたらきそのものを意味するのである。その如来の回向を往相と還相と説明する場合、一つ避けて通れない課題がある。それは回向、すなわち「はたらき」をどこに立って表現するのかという問題である。回向がはたらきであれば、それは衆生の上に成就することをもって「はたらき」なり得るのである。であるならば、往相回向も還相回向も衆生の相を離れては語り得ないはずである。しかし、先行研究の多くが、如来の回向であることを強調するとき、衆生を主語とした文脈で回向を語ることを回避する傾向にある。これは親鸞の回向観が「如来を主語とする回向である」という、ある種の前提的枠組みに組み込まれてしまっていることによるものと考えられる。このような状況も回向研究の目詰まりの一要因であると言えよう。

(3) 多様な著作での記述

親鸞は二種回向について、様々な著作の中でその意を示そうとしている。先行研究においても『教行信証』を中心に『浄土文類聚鈔』『入出二門偈頌文』『浄土三経往生文類』『如来二種回向文』『三帖和讃』を手掛かりに、更には『歎異抄』[7]の言葉も援用しながら、親鸞の理解に迫ろうとしている。一つ一つのテキストの書誌学的整理を行いつつ、その文脈の中で読み込み、更に他の用例と引き合わせて、二種回向（特に還相回向）を統合的に考えていくことは容易ではない。この点も還相回向研究における難しさの一つであろう。

（4）親鸞の理解が一様ではないこと

（3）にも関連することであるが、親鸞の二種回向に対する言説が多様なテキストの中に見出されることから、その理解を一様に受け取ることができない場合がある。この点については、長谷正當が「親鸞に見られる二種回向の二様の理解をどのように考えるか[8]」と指摘している。長谷は『高僧和讃』や『正像末和讃』に見られる親鸞の二種回向に対する言説が大きく二つに分類され得る内容を有しているという。つまり、今日の二種回向研究の多くは、「一回向二相」か「二種（種の）回向」かのどちらかを基本的な立場とし、その上で、対象文献を絞り、それぞれが独自な視点をもって論究している。それらは論点が細分化している点からすれば、精微な研究成果とも言えるが、巨視的視点に還元して捉え直すような形を取らなければ、結局、細かな論点が親鸞の二種回向観の「どことどこ何がどう」接続するのかさえ不明瞭になってしまう。

（5）曇鸞との比較の中で論じられていること

親鸞は還相回向について「『論の註』を披くべし」と示し、『論註』にその内実を委ねている。それもあり、先行研究の多くが『論註』に対する考察を下敷としている。特に引用文に対する親鸞独自の訓点などは必ず論点となる。その場合、当然、曇鸞の理解が比較対象となるが、曇鸞の回向理解に深く立ち入って考察する研究は実は多くない。「親鸞に影響を与えた曇鸞」というやや固定化した形で理解され、大乗仏教の思想的変遷の中で、曇鸞を位置付けるような研究は少ない。往相還相とは、そもそも曇鸞が創出した術語である。それを曇鸞における回向の用法に基づきながら読んでいくことが、まずは基本的なベースとなろう。その地平に立ってこそ、親鸞の独自性も見えてくるはずである。親鸞における回向の研究が精微になればなるほど、そのオリジナルであり、且つ比較対象となる曇鸞への理解もより緻密さが求められる。その意味では、曇鸞研究の遅滞は、そのまま親鸞の回向研究へと影響する。ここにも現在の回向研究が抱える難点の一つが看取される。

さて、以上のような理由から、現在の二種（還相）回向研究は、複雑に絡み合った糸が強く結び固められているようで、正直、何から手をつけて良いのか分からない、といった状態にある。しかし一方で、二種回向に対する研究は各研究者の課題・関心の所で続々とその成果が発表されている。どこかで還相回向研究を研究史として整理する必要がある。本論の目的はここにある。研究史として整理することで、これまでの論点を提示・検討し、改めて今後取り組むべき課題を探求したい。

本論では以下、「一　対象文献について」「二　還相回向研究の変遷」「三　還相回向に関する諸理解の整理」と順に考察を進めていくが、「三　還相回向に関する諸理解の整理」の中では六つの見解を紹介する。

ただし次節以降、それら六つの理解についても適宜触れていくので、先に六つの理解を簡単に提示し、その呼称を次のように統一する。

・伝統的回向説……衆生相として往相（往生浄土）還相（還来穢国）をおさえる伝統的な回向理解
・社会実践回向説…還相回向を衆生の社会的実践としておさえていく回向理解
・寺川回向説………二種回向をともに如来の回向とし、還相回向の具体性を師教（教主）に見る回向理解
・幡谷回向説………大乗仏教の展開のなかで還相回向を論じ、無住処涅槃を基軸とする円環的回向理解
・廣瀬回向説………二種回向を如来と衆生の両面から論じ、回向成就の具体性に重点を置く回向理解
・長谷回向説………和讃を根拠に二様の回向理解（伝統説と寺川説）を示しつつ、両者を統合的に捉える回向理解

一　対象文献について

本研究で扱う先行研究を一覧表にして、本論末尾に記載した（以下表Ⅰ）。表Ⅰは一九七〇年以降の二種回向に関する論文を発行年代順に並べたものである（アラビア数字）。加えて、特に本研究に必要と思われる著書についてもアルファベットを付し挿入している（網掛け箇所）。今日までの還相回向研究に関する論文を漏れなく収録しているわけではないが、少なくとも真宗大谷派を中心とした研究動向を把握する上では、

十分なものと言えるだろう(9)。

さて、本論で扱う対象論文を一九七〇年代以降に限定するのには三つの理由がある。一つには、今日の還相回向研究の一つの分水嶺となるのは、間違いなく寺川回向説（「二　還相回向研究の変遷」の中で詳しく扱う）にある。その寺川回向説以前の状況を把握するために、一九七〇年代の論文を扱う。本来は六〇年代、五〇年代、更にはそれ以前の論文も扱うべきであるが、六〇年代以前に二種回向（あるいは還相回向）を主題とする論考はそれほど多くない。また、二つ目の理由として、七〇年以前の還相回向論は、多くが往生との関連の中で論じられており、主題はむしろ往生に置かれていることによる。そして、三つには、江戸期や曽我量深（一八七五〜一九七一）、金子大栄（一八八一〜一九七六）を中心とする近代真宗学における還相回向に対する理解が、既に藤原智らによって研究史として、その成果が報告されている点にある。以上の理由から、本研究では一九七〇年以降の論文を対象とする。

では、表Ⅰから読み取れる傾向を次節以降の導入として、簡単に整理しておきたい。以下に列記する。

(1) 還相回向研究の隆盛

特に八〇年代後半から九〇年代前半にかけて還相回向を主題とする論考が数多く発表されている。これは一九八七年の寺川俊昭「回向の仏道」（[23　寺川　一九八七]）の影響に依るものと考えられるが、実際、これ以降の多くの先行研究では、寺川回向説が議論の中心となっていく。

（2）真宗教学研究による特集（十七号・十八号）

真宗教学の振興のため設置された真宗教学学会[10]は、一九九二年と一九九四年の学会大会を「浄土――「還相回向」をめぐって――」のテーマのもと開催している。機関誌である『真宗教学研究』には、そのテーマ設定の説明等は特に記されていないが、還相回向をテーマとした記念講演の冒頭に、「浄土というテーマにとって、特に、還相回向という、これも大変に重要な大きな問題（中略）大谷派の教学において、必ずしも往生論ほどまとまっていないのではないか[11]」との指摘を見ることができる。このような問題意識を持ちながら、本特集が企画されたと考えられる。それもあり、二回にわたる学術大会では、還相回向に関する様々な研究発表が行われている[12]。この取り組みよって、寺川回向説以降の還相回向論における一定の課題が共有されたと考えられ[13]、（3）でも述べるが、還相回向研究は次なるフェーズへと移行していく。

（3）研究視点の多様化

（2）の特集を受け、一九九五年以降、還相回向研究はその論点がより精緻化されていく。すなわち、親鸞の還相回向観を論究するにあたり、論点を絞り、微細な視点から親鸞の思想的特徴を抽出し、全体を論じようとする手法が取られていく。第二十二願文の訓点[14]や「証巻」に引かれる『論註』の特定の一語に注目する研究など[15]は、その代表例であると言える。このあたりの研究の動向や変遷については、後に詳しく論じていくが、表Ⅰを見ても分かるように、特に大谷派では継続的に還相回向に関する議論が積み重ねられていく。

（4）研究史・思想史としての整理

二〇一〇年以降の特徴の一つが、研究史・思想史として還相回向研究が整理される点にある。それ以前にも先行研究を幾つかの類型に区分するものも散見されるが[16]、還相回向研究の論点が多様化していく中で、次第に研究史や思想史として纏められていくこととなる。本論もその要請の延長線上にある。そして、二〇一〇年以降、黒田浩明や藤原智によって、その要請が少しずつ果たされている[17]。ここでは、黒田・藤原の論文内容を簡潔に紹介しておきたい。

黒田論文［81 黒田 二〇一二］は寺川俊昭の回向論を丁寧に整理し、「従来の往相・還相は衆生に属するとみる見解に潜む、如来より廻施される仏道、衆生救済の法を、私有化・自己内在化せんとする、宗学者における自力心を暴き出し、二つの回向という原理がそれを根本的に否定する[18]」と評価する。ただし、一方で、二回向を二つの主体の上で論ずるあり方については、『教行信証』を構造的に理解する上では齟齬をきたすものであると指摘している。黒田論文は何よりも寺川回向説を批判的に検証したことで、やや閉塞的であった二種回向研究に新たな展開を与えたと言える。

藤原論文［89 藤原 二〇一九②］は香月院深励（一七四九～一八一七）の還相回向論を基軸に、深励に至るまでの還相回向の理解を学寮や相伝を中心に大きく四つに整理している[19]。特に注視すべきは、現在の還相回向に関する見解が既に「十八世紀頃までの理解と共通するものが少なくない[20]」との指摘である。これまでは、深励の還相回向理解が江戸宗学の統一的見解のように受けとめられてきており、それ以外の理解について立ち入った考察が行われてこなかった。その点、深励以前にも論及する藤原の論考は、今後の還相回向の研究に新たな視座を与えるものである。加えて藤原［94 藤原 二〇二二］は、寺川に多大な影響を与えた曽我量深の還相回向理解の変遷についても論じている。現在の還相回向論をリードする寺川回向説の中で、寺川自身が曽我の回向理解の影響について述べており、寺川論文を検討する上でも有効な研究成果であると言えるだろう。

（5）曇鸞の二種回向観について

先述したが、親鸞の二種回向観は紛れもなく『論註』をその下敷きとしている。曇鸞は『論註』下巻「起観生信章」において『浄土論』の回向門を次のように解釈する。

「回向」に二種の相あり。一には往相、二には還相なり。往相とは、己が功徳を以て一切衆生に回施して、共に彼の阿弥陀如来の安楽浄土に往生せんと作願するなり。還相とは、彼の土に生じ已りて、奢摩他・毘婆舎那を得、方便力成就すれば、生死の稠林に回入して一切衆生を教化して、共に仏道に向うなり。若しは往、若しは還、皆衆生を抜きて生死海を渡せんがためなり。是の故に「回向為首得成就大悲心故」と言えり。

回向有二種相。一者往相、二者還相。往相者、以己功徳回施一切衆生、作願共往生彼阿弥陀如来安楽浄土。還相者、生彼土已、得奢摩他・毘婆舎那、方便力成就、回入生死稠林教化一切衆生、共向仏道。若往若還、皆為抜衆生渡生死海。是故言回向為首得成就大悲心故。　『浄真全』一　四九二～四九三頁

この一節に対する親鸞の引用意図や読み替えなどが、従来の研究では議論の中心となっている。その場合、親鸞と曇鸞の回向理解が対比的に論じられることが多い。しかし、専ら力点が置かれるのは親鸞の回向理解であり、『論註』を丁寧に考察するような先行研究は多くない。曇鸞の回向観を主題に扱う論考は、表Ⅰで言えば、［9 桑原　一九七六］［16 幡谷　一九八三］［41 三尾　一九九二］［69 石川　二〇〇五］を挙げることができる。そもそも往相還相は曇鸞に由来する言葉であるし、また親鸞との比較という面からも、曇鸞が二種回向をどのように捉えていたのか、『論註』を基軸に考究していく必要があろう。

二　還相回向研究の変遷

本節では、従来言及されてこなかった、一九七〇年代から今日までの還相回向研究が、どのように変遷しているのかを確認していきたい。

筆者は、今日までの還相回向研究を大きく三つに分けることができると考えている。つまり、回向研究史に二つの分岐点を見ているということである。一つには寺川回向説である。表Ⅰで言えば一九八七年の「回向の仏道」（［23 寺川　一九八七］）である。そして、いま一つが二〇一五年に小谷信千代によって提起された往生論（［H 小谷　二〇一五］）以降の往生論争に伴う回向理解である。すなわち三区分とは、①寺川回向説以前、②寺川回向説以降、③小谷の往生論以降である。そこで、本節ではその二つの分岐点となる、寺川回向説と小谷の往生論がどのような背景をもって提起されたのかを確認する。まずは一つめの分岐点となる寺川回向説の検討を行いたい。

（1）寺川回向説の検討

今日の還相回向研究において、寺川回向説に言及する場合、その出典として『教行信証の思想』（［C 寺川 一九九〇］）か『親鸞の信のダイナミックス――往還二種回向の仏道――』（［E 寺川 一九九三］）のいずれかが挙げられることが多い。しかし、池田真は［26 池田 一九八八］の中で、一九八七年の寺川の論文［23 寺川 一九八七］を、「「よく衆生の心を開いて仏道に向かわしめた師の教言」こそが、還相回向の具体的事実にほかならないとしている」[21]と「独自の領解」[22]として紹介している。また表Iにも顕著なように、一九八七年以降、還相回向に関する論文が増加傾向にある。

この寺川回向説の具体的な内容については、後に触れるが、ここでは寺川の回向観に影響を与えたと考えられるその背景を、二点確認しておきたい。その二点とは、寺川自身が、

親鸞聖人が明らかに示した、あの独創的な往相回向・還相回向の二種回向の思想を学ぶにあたって、ここに尋ねた清沢満之先生そして曽我量深先生の知見を基本的な道しるべとして、虚心に聖人の語り告げているところに学び入りたいと、つよく念願するのであります。　［E 寺川 一九九三］ 七〇頁

と述べるように、清沢満之（一八六三～一九〇三）と曽我の影響である。『親鸞の信のダイナミックス』は

「二種回向の了解については、その提示される見解と、『教行信証の思想』の論考で私が学び知った了解とがかなり違うという実感を、私はしばしばもつようになりました。（中略）それで旧著での論考に続いて、親鸞聖人の二種回向論を主題的に尋ねそして学んだのが、この『親鸞の信のダイナミックス』であります。[23]」とあるように、「回向の仏道」『教行信証の思想』の課題を引き継ぎつつ、新たに二種回向論を主題にした論考である。前者二つの論考との大きな違いは、清沢の影響について語っている点である。寺川の還相回向理解の直接的な影響は、寺川が一貫して述べるように、曽我の回向観にある。[24] たとえば、

親鸞の二種回向の開顕について、私は曽我量深の見解によりつつ、その要点について基本的に以上のような見解をもつ　　　　　　　　［C 寺川　一九九〇］一六一頁

といった言説がその代表であるが、これに類する言葉が『教行信証の思想』や『親鸞の信のダイナミックス』には数多く見られる。そしてその曽我の回向理解、ならびに寺川への影響については、多くの先学が言及しているが、特に藤原智が詳細に論じている。[25] 以下、藤原の論考を参照し、曽我からの影響について確認しておきたい。還相回向の具体的な内容については、後に述べるので、ここでは曽我からの「影響」についてのみ取り上げる。

そもそも曽我の還相回向についての理解は、「曽我の「還相回向」に関する発言に、かなり幅があるように見える[26]」との指摘のように、一つに集約できるものではない。寺川が特に重要視する曽我の論考は「自己

の還相回向と聖教」であるが、これは『精神界』（大正六年三月）に収録された論文であり、曽我四十三歳の頃のものである。松山大が指摘する曽我の思想区分で言えば、中期（第二期、明治末期〜大正末期）に該当する[27]。また、幡谷は曽我の還相回向の理解について、やはりその幅を指摘しているが、「師教の発遣・養育であるところの還相[28]」との理解が基軸となっているとする。そして、幡谷も藤原も晩年の曽我の還相回向理解について「往還の対面」や「無意識の還相」についても論じている。ただし、寺川はそういった曽我の晩年の回向観については触れない。この点は、藤原が「寺川は、あくまで自身の還相回向理解に啓発を与えた曽我の見解を取り上げているのであり、曽我の思索を総体的に論じようとしたのではない[29]」と指摘している。つまり、「影響」という点で言えば、厳密には曽我の回向理解というよりも、「自己の還相回向と聖教」からの影響というほうが正確であろう。そして曽我の「自己の還相回向と聖教」における回向理解は、「深励的理解を通念とする当時曽我が直接見聞した宗学への批判的考察であった[30]」とあるように、曽我の江戸宗学への「反抗心[31]」を内包するものであった。すなわち、その影響下にある寺川回向説もまた伝統的回向説を打開する理解であると言えよう。次節で検討するが、実際に寺川回向説の「二相」に対する理解は、伝統的回向説と根本的に異なっていることが分かる。

さて、以上が第一の確認点である。今、考察してきたように、寺川回向説の曽我の影響については、藤原や幡谷の論考に学ぶところが多い。しかし、寺川自身が述べている「清沢からの影響」については、先行研究ではこれまで論じられていない。そして、寺川回向説以前の還相回向理解を整理する上で、この清沢からの影響に注目する必要があると筆者は考えている。

『親鸞の信のダイナミックス』では、清沢について論じる意図を次のように述べている。

二種回向論を考究していくこの論考の中で、なぜこの清沢先生の最晩年の実人生を取り上げたかといいますと、信念をえた人の生きる実人生について、私はきわめて厳粛な問いかけを受けるからです。最近ことに還相回向の了解をめぐって、例えば真宗の社会的実践の原理をここにみようとする関心から、還相回向を現生のこととして理解しようとする見解が、しばしば提示されるようになりました。

［E 寺川 一九九三 一三～一四頁］

ここからは二つの点に注意が向く。一つは、なぜ清沢なのか、である。信念をえた人の最晩年の実人生で言えば、寺川自身が直接教えを受け、最晩年を実際に共に過ごした曽我量深を取り上げてもいいはずである。加えて言えば、寺川にとって曽我は自身の還相回向理解に大きな影響を与えた人物でもある。しかし、清沢なのである。その理由が二つ目の注目点でもある「社会的実践の原理」としての還相回向理解に対する批判である。寺川は前掲の言葉に続けて「信念をえた人の実践を還相回向として理解することは決して適切でなく[32]」と記している。このように、社会的実践の根拠として還相回向を論ずる在り方（社会実践回向説）を批判的に検証する中で、「信念をえた人」清沢の生涯を通して還相回向の具体性を論じようとしているのである。

そもそも、還相回向を社会的実践と結びつけて論ずることに関しては、寺川は一貫して支持し得ないもの

であると否定している。たとえば、還相回向をテーマとする講演の中で、

いわゆる社会的実践の原理として宗祖の顕揚された還相回向を了解することは、十分に適切であるか否か、これが問題であります。私は必ずしもその考え方を採りません。［47 寺川／池田 一九九四］三頁

と述べている。社会実践回向説については、古くは家永三郎や加藤周一からの指摘が想起される[33]。詳しくは次節にて考察するが、概して言えば、社会実践回向説とは、真宗の信仰と社会的実践の接点を還相回向に求めることであったと言えよう。

さて、ここで一つ問題提起したいのは、その社会実践回向説を考える上で、なぜ寺川が清沢について言及するのか、である。筆者はここに当時の清沢を巡る状況（清沢批判）が関係しているのではないかと考えている。

まずは、その「清沢批判」について確認していきたい。寺川が「回向の仏道」を発表したのは一九八七年である。それ以前の寺川の論考を「回向」をキーワードに辿ってみると、まず、『歎異抄の思想的解明』［A寺川 一九七八］の中では、還相回向については論じていない。加えて、それ以降の主要論文においても、還相回向を積極的に扱っている論考は見当たらない。ただし「僧伽の学――真宗学方法論序説（三）――」（［寺川 一九八三a］）や「往相回向の行人」（［寺川 一九八三b］）では、二種回向、就中、往相回向の四法について「信心」を中心課題として論じているが、還相回向へとその課題を引き継ぐような内容とはなって

いない。このように「回向の仏道」に至る経緯を考えるとき、寺川の独自な還相回向理解へと展開していく思想的変化の跡が見出せないのである。そこで注目されるのが、当時の寺川に対する時代的要請（清沢批判に応える）である。

たとえば一九八七年に『真宗』誌上で開催された寺川も名を連ねている座談会[34]では、清沢について「いろんな批判が今日あるようですけれど[35]」と参加者の一人である廣瀬杲が語っている。また同時期に廣瀬への単独インタビューも行われているが、その中で、インタビュアー（宗門編集者）の言葉として、「清沢満之師の教学の営みについて批判がでてきたのも、現代からの問いかけに、応答しようとした結果とみるべきであろう[36]」や「最近、清沢批判と申しましょうか、清沢先生に対する評価というものが出てきています。（中略）この時期にそういう批判が出てきたということは、それなりに必然性があると思うのです。それはやはり部落解放や靖国ということで問題提起されてきたことについて非常に真摯に考えた人たちがいたということだろうと思います[37]」といった問題提起がなされている。では、その清沢批判とは具体的にどのようなものだったのか。座談会でも廣瀬のインタビューでも、清沢に対する「批判」という言葉は出てくるものの、その内容については触れられていない。これは具体的な内容を殊更に言葉にせずとも、その批判内容が当時においては「清沢批判」の一言で共有されるような状況にあったことが窺える[38]。

そこで、当時の宗門の状況の中から清沢批判と還相回向を結び付けるものを考えていくと、伊香間祐学における清沢批判が想起される。伊香間の清沢批判と言えば、一九九二年に出版された『「精神主義」を問い直す　近代教学は社会の問題にどう答えたか』（［D　伊香間　一九九二］）が広く知られているが、その原型となっているのが、一九八六年二月に行われた真宗大谷派後期修練での講義である[39]。その講義録が同年八月に『教学を問いなおす――国家と宗教――』（[B 伊香間 一九八六]）として出版されている。伊香間はこの後期修練の中で、幾度となく、還相回向に根拠づけて清沢に対する批判を行っている。たとえば、

清沢教学には往生とか還相というものは無いんですね。 [B 伊香間 一九八六] 三三頁

清沢先生には往生浄土という思想は無かったように思います。だから当然還相ということも無かったと思います。 [B 伊香間 一九八六] 六九頁

その他にも類似の内容[40]が散見されるが、総じてその批判内容は、清沢教学の社会性・大乗性の喪失を指摘するものである。伊香間はその批判を教師修練の講義の中で行ったのである。教師とは教法宣布と儀式執行の資格を有するものを指し、その資格補任のための最終研修が後期修練である[41]。大谷派の教師養成の重要な研修カリキュラムの中で、このような清沢批判が行われていたのである。それこそが「最近、清沢批判と申しましょうか、清沢先生に対する評価というものが出てきています。」と言われる状況であったのだろう。ただし、当時の『真宗』や『中外日報』などを一読するに、この伊香間の清沢批判が大きく取り上げられた形跡はほとんどない[42]。同時に、寺川が伊香間の言説を直接的に取り上げて、何かを論じるようなことも見当たらない。だからこそ、これまで寺川の還相回向理解を論じる上で、この問題が扱われることはなかったのだろう。しかし、寺川が還相回向を理解する上での「道しるべ」として清沢満之の存在をあげていることと、

「回向の仏道」に至るまでの研究の推移を鑑みると、この伊香間の言説に代表されるような時代状況を度外視することはできないと考えられる。[43] そして還相回向の研究史という点からしても、寺川の還相回向論がどういった理解に対峙していたのかを検討する必要があろう。[44]

以上の考察を整理すると、江戸宗学に代表される回向観（伝統的回向説）と、社会的実践の原理とする回向観（社会実践回向説）、この二つの回向理解が寺川回向説以前の回向観であったと言える。同時に寺川回向説は、曽我の影響（対伝統的回向説）と清沢の影響（対社会実践回向説）を受けて、それに代わるものとして、新たに打ち出されたのである。そして、「回向の仏道」以降は、基本的にこの寺川回向説を軸にしながら、その是非を問いつつ議論が深められていくこととなる。

表Ⅰから指摘すれば（ここでは表Ⅰの論文番号のみ記載する）、親鸞の回向論に関する論考をいくつか発表している飆弘信（表Ⅰ：27、28、33、34、55）や一楽真（表Ⅰ：24、44、46、85）は、基本的に寺川回向説を踏襲する内容であると言える。また、幡谷明（表Ⅰ：14、16、18）と廣瀬惺（表Ⅰ：21）は、寺川回向説以前から還相回向について論じており、寺川が「回向の仏道」を発表した一九八七年以降も、寺川回向説とは異なった立場で還相回向についての論考を発表している。この両者の見解は次節「還相回向に関する諸理解の整理」にて詳しく扱っていくが、一つの共通点についてここで確認しておきたい。両者は寺川が二種回向を二種類の回向として理解する点については否定していない。しかし、その上で衆生相にも往相還相を見出そうとしていく。この「衆生の相」と回向の接点をどのように考えていくべきか、両者はそこに焦点を当てているのである。その意味からすると、寺川回向説以前からの論考でありつつも、やはり一九八七年の「回向の仏道」発表以降の動向をみると、寺川回向説が大きな分岐点となっていることが分かる。また、次に尋ねていく小谷の論考や長谷回向説も寺川回向説を強く意識した内容となっている。

（2）小谷往生論の検討

次に注目したいのが、小谷信千代の『真宗の往生論――親鸞は「現世往生」を説いたか――』［H 小谷 二〇一五］に始まる一連の問題提起についてである。小谷は『真宗の往生論』を皮切りに、『親鸞の還相回向論』［I 小谷 二〇一七］、『曇鸞浄土論註の研究 親鸞「凡夫が仏となる」思想の原点』［K 小谷 二〇二〇］を刊行し、真宗における往生、あるいは還相回向について論じている。小谷の最大の関心事は往生を現生とみるか死後とみるか、にある。この議論は主に「即得往生」(45)の語を親鸞がどう理解していたのか、に集約されていくが、宗派を超えて大きな議論となっていく(46)。そして当然の展開として、往生を主題とする「真実証」を議論する中で「還相回向」が課題となる。小谷は還相回向について端的に「還相とは、浄土に往生した後に、そこからこの世に還って来ることを意味する(47)」と述べている。

小谷の還相回向論については次節では触れないので（基本的に深励の理解を踏襲しているため）、ここでその内容を『親鸞の還相回向論』を手掛かりに確認しておきたい。その上で、小谷の問題提起が還相回向の研究史の中でどういった役割を果たしているのかを論じたい。

小谷の還相回向に関する論点は大きく二点からなっている(48)。一つは善鸞事件との関わりである。親鸞は善鸞事件に前後して『浄土三経往生文類』を著しているが、善鸞事件以前の「略本」では還相回向については触れていない。しかし、善鸞事件の翌年に著された「広本」では、新たに還相回向について書き加えられている。そして善鸞事件を、善鸞や関東教団の人々への利他教化の使命と、親鸞自らの信心獲得の大切な縁（如来の配慮）[49]という二つの意味から、還相回向の内実としておさえていく。たとえば、

善鸞義絶の事件を信心獲得のための大切な縁として受け取らせた如来の慈悲と智慧とを、今度は自ら他の人々に伝えて、自ら究極的な救いに導く者とならなければならないという使命感へと促すはたらきをする　　［Ｉ小谷　二〇一七］一〇三頁

とも述べている。善鸞義絶を背景とし、親鸞の上に利他教化の使命を見出し、それに応えるものとして還相回向を論じている。ここに小谷が還相回向を論ずる一つ目の論点がある。つまり、親鸞自身の中に利他教化の志願があったことを示唆しているのである。

そして、二つ目の論点は寺川回向説の検証である。小谷は同著の中で寺川回向説を批判的に検証することを通して、自らの還相回向理解を打ち立てていく。その上で、深励等に依りながら、伝統的回向説こそが親鸞の意にかなった還相回向理解であることを主張していく。すなわち「娑婆へたち還りて衆生済度をなすことを還相回向と云うなり」[50]を立場としているのである。ちなみに藤原が既に指摘しているように、ここでの還相回向は未来（死後来世）での営みとして想定されている[51]。

さて、その中で注目すべきは、寺川が衆生の上に還相の主体を置くことを「到底無理であり、聖人の了解

にかなっているとは考えられません」[52]と述べることについて、次のような立場で批判していくことである。

（親鸞が還相回向を）「難思議往生」の目指すものとして語り、「念仏成仏是れ真宗」と語って、それが凡夫往生の目指すものであると語ったことである。凡夫である「私ども」こそが仏になることが、大乗仏教の目標であり、仏になることに安住せずに還相することが、浄土真宗の目標である。

〔Ⅰ小谷　二〇一七〕一四五頁（括弧内は筆者補足）

小谷は寺川回向説が、往生と成仏に対する誤った認識に起因していることを指摘しつつ、伝統的回向説こそが親鸞が「浄土真宗は大乗のなかの至極なり」[53]と標榜した仏道にかなうものであると主張する。すなわち、小谷は往生に軸を置きながら還相回向を理解し、その上で現生と未来（死後）に注目しているのである。こういった点を下敷きとして、深励等の伝統的回向説の正当性を主張しているのである。

この小谷の主張は今日の還相回向研究の中で、それほど支持されているわけではない。しかし、小谷の『真宗の往生論』『親鸞の還相回向論』以降、それまで「伝統的な理解」や「通説」として扱われてきた深励（江戸宗学）を再評価、再検討する論考も散見される。[54]そのような状況からすると、小谷の一連の論考は、還相回向研究があまりにも細かな議論に終始している現状に対しての問題提起であったとも言えるだろう。[55]その小谷の提起を受けて以降は、還相回向に関する研究の大きな揺れ戻しが起こっているとも言える。[56]

三　還相回向に関する諸理解の整理

既述のように、還相回向の先行研究に関する分類はいくつか行われている。最も新しい成果では、四つに分類されている(57)。それらの研究を参照しつつ、前節の内容を踏まえて、今回は新たに六つに分類し、その特徴について論じていきたい。六分類と言っても、それらの類型が広く一般化し浸透しているわけではないので、深励、伊香間、寺川、幡谷、廣瀬、長谷の六者の理解を念頭に置くこととする。以下、六者の理解をそれぞれ整理していくが、最後にそれらを比較し、その差異をできる限り把握しやすくために表にまとめた（表Ⅱ）。この表Ⅱは、❶還相回向理解の概要、❷衆生相の扱いについて、❸根拠とする親鸞の言説（『教行信証』を除く）、❹その他留意すべき点、の四点に焦点を絞った。その理由は次の通りである。❶はそれぞれの還相回向理解の特徴を簡潔に把握するため。❷は諸説ある中で、回向が如来の回向であるという点については、基本的に同一の了解にある。議論の中心は、その回向が衆生に対しどのように語られているのか（いないのか）にあると言え、よって第二の確認点として取り上げる。❸は筆者が特に注目している点である。今回取り上げる六つの見解は、どれも相応の根拠を持ち、傾聴すべき内容である。それは、それぞれが親鸞の言説によりながら、還相回向を探求しているからである。換言すれば、還相回向の理解は、その依拠するものを明らかにすることで、それぞれの理解の傾向や方向性が把握できる可能性があるとも言える。ただし、各者ともに『教行信証』を基軸に置いているので、ここでは『教行信証』以外のものを対象とする。❹は還相回向研究の今後の展望や課題点の抽出を念頭に置き、特筆すべきものを挙げるためである。

（1）伝統的回向説

深励の二種回向についての記述は、その著書の様々なところで散見される[58]。代表的な用例を挙げると、

また往相還相と云うは。衆生の方にあることなり。往相の往は。往生浄土のことで。娑婆に於いて信心をえて。浄土に往生して涅槃をさとる迄が往相なり。また還相の還は。還来穢国の義なり。浄土から穢土にたちかえり。あらゆる衆生を済度するなり。

［香月院　一九七五］二四四頁

『論』並びに論註及我祖のお釈でも往還の二相はただ衆生にある事なり。往相は衆生が浄土へ往生する事、還相は衆生が浄土へ生じて再び穢国へかえる事と云うは『信巻』の御引用の御点あきらかな事なり。回向の言を我祖は弥陀の回向とし給えども、往還の二相を弥陀に約するという事は決してなき事なりと可知。

［香月院　一九七三］四六四〜四六五頁

とある。深励は回向は弥陀につき、往相還相の二相は衆生につくものと明確に示している。つまり、阿弥陀の回向によって衆生に往相還相の二相が実現するという理解である。そして、この点は曇鸞も親鸞も同じであると強調している。その上で、深励は還相を命終後の衆生相としておさえていく。既述の通り、深励以前

の回向理解は大きく四つに分類されるが、[59]それを深励は上記のような理解に集約していく。その背景には相伝教学との対峙があったと考えられるが、[60]いずれにせよ、この深励の理解が伝統的な回向理解として、以降支持されていく。また『歎異抄』第四章の「浄土の慈悲というは、念仏して、いそぎ仏になりて、大慈大悲心をもて、おもうがごとく衆生を利益するをいうべきなり。[61]」の一節が、還相の利他教化の文証としてしばしば引用される。この第四章への言及は、伝統的回向説に見られる特徴の一つである。そして伝統的回向説の中で、もう一つ議論となっているのが、

しかれば弥陀如来は如より来生して報応化種種の身を示し現したもうなり。
然者弥陀如来従如来生示現報応化種種身也。　『翻刻編』三三二頁

という「証巻」の一節をどう理解するかである。その議論とは、弥陀が種々の身を示現することを還相回向と捉えることができるのではないか、というものである。そのように理解するならば、還相を衆生相とすることと齟齬が生じるわけである。この点については、小谷が深励や宣明、また稲葉秀賢の言葉を手掛かりに「如来が種々の身を示現することを滅度の益として述べることを意図するのではなく、衆生が如来と同様に種々の身を示現することを滅度の益として得ることを述べることを意図するものであることが知られる[62]」と、疑義への応答を整理している。

（2）社会実践回向説

社会実践回向説とは、還相回向を衆生の社会的実践の原理・根拠とする理解である。往相還相については、伝統的回向説と同じく一回向二相とするが、二つの面で異なりがある。次の二葉憲香の指摘[63]は、その二つの特徴を端的に示していると言えるだろう。

親鸞の往生信仰は、単に往生信仰にあるのではなくて、還相信仰であったという点をみのがしてはならない。〔二葉 二〇〇〇〕一一八頁

往生信仰に還相性が本質的にそなわるところに、親鸞の往生信仰の現生性が示されていると言ってよい。〔二葉 二〇〇〇〕一一九頁

一つは還相回向を未来でなく現生において捉えていく点である。ただしこれは命終の往生を否定するものではない。「往生信仰」という、あまり耳馴染みない言葉からも窺えるように、往生を現在の信仰と切り離さずに論じる点に特徴がある。つまり、二種回向においても「回向が現在の衆生にどうはたらくのか」ここに重きが置かれているのである。そして、いま一つ注目すべきがその往生信仰には「還相性」が備わるということである。これは「大乗性」とも置換できるが、伊香間はこの二葉の「還相性」を次のようにおさえている。

自分だけが助かるのならば、それは大乗仏教ではないのだと。衆生利益というか、衆生と共に助かろうということがあって、初めて大乗仏教といえるのだと。だから言ってみれば真宗という宗教がどこで大乗仏教といえるかという問題です。　［D 伊香間　一九九二　一五五頁］

この衆生利益を大乗仏教の実践、往生信仰の還相性として捉える。そして、その大乗性は私たちが生きる「穢土」の課題に応える形をもって具体化（社会的実践）されるのである。ここに還相回向が社会実践の原理としておさえられていく論理がある。そして、これは特に伊香間の論考に言えることであるが、二種回向を主題とし、その中で還相回向を社会的実践の原理として理解していくという順序をもって展開しているのではなく、私たち一人ひとりが「社会の問題とどう関わっていくのか」という問題意識が先行している印象を持つ。社会との接点を真俗二諦論でなく二種回向として押さえ直し、社会的実践の原理を還相回向に求めているのである。そして、その衆生の社会的実践は「常行大悲の益」(64)や『悲華経』の「大悲を行ずる人」(65)といった教説を文証とし大悲を行ずる姿として確かめていく。

(3) 寺川回向説

寺川回向説は、寺川自身が「聖人の二種回向の思想について、自分でも目が洗われたような思いでその独自な知見を学び知ったという感銘を、あらためてもちました」(66)と述べるように、従来の回向理解と根本的に異なる見解を提示している。寺川は伝統的回向説（寺川は「伝統的理解」、「通説」、「通俗的了解」と呼ぶ）について、三つの問題点を挙げている(67)。一つは、往相還相を衆生相としてとらえることは妥当か。二つは、親鸞は「回向の二相」でなく「二種の回向」と示している。これをどう考えるべきか。三つは、二種類の回向には、そこに二種類と言われる「差異」があるはずである。それを如来回向（一回向）によって恵まれる衆生の相として捉えると、二種類の回向の差異が曖昧になるのではないか。以上の三点である。ここからも明らかなように、寺川回向説は一回向二相ではなく二種類の回向（二回向）として、回向を捉えていく。そして、衆生に賜る利益については次のように示している。

往相・還相二つの回向のはたらき、すなわち恩徳の利益として衆生に賜るものは、往相・還相の徳ではなくて、教行信証という自覚的事実であるというのが聖人の基本的了解である

［E　寺川　一九九三］八七頁

衆生に賜るものは、どこまでも教行信証の四法であるという（二回向四法）。すなわち、往相還相という如来の二種類の回向によって、衆生は「真実教に出遇って行信をえ、その行信によって本願の行証道に立つ」(68)のである(69)。よって、寺川においては、往相還相が衆生の相として語られることはなく、特に還相回向が衆生の利他行や社会的実践の原理となることはないのである。

寺川は往相還相が衆生相でなく、如来の二種の回向であることを、

これは如来の還相回向の御ちかいなり。これは他力の還相の回向なれば、自利利他ともに行者の願楽にあらず。

『如来二種回向文』『浄真全』二・七二五頁（傍線筆者）

弥陀の回向成就して　往相還相ふたつなり

これらの回向によりてこそ　心行ともにえしむなれ

『高僧和讃』『浄真全』二・四二一頁（傍線筆者）

と『如来二種回向文』や『高僧和讃』を文証とする。しかし、これらはあくまで傍証の一つであり、寺川が最も力点を置くのが、欲生心釈の内容である。寺川は二種回向を、

二種回向は、根源的な如来の願心である大悲回向心が、形をとってはたらいている如来の恩徳であります

〔E 寺川 一九九三〕八五頁

と述べ、如来の大悲回向心が形をとってはたらいている恩徳であると指摘する。その如来の大悲回向心とは、『教行信証』「信巻」三一問答の「欲生」の字訓釈で「大悲回向之心」[70]とあり、また同じく「欲生」の仏意釈で「欲生は即ちこれ回向心なり。これ則ち大悲心なるが故に疑蓋雑わることなし」[71]とあることによる。そして既述のように『教行信証』の中で、『論註』の往相還相の文が揃って引用されるのは、この欲生心釈だけである。寺川は『論註』の往相還相の文にそれぞれ「一切衆生」という言葉が記されている点に注意し、親

鸞はそれを展開して、往相回向も還相回向もともに「回向する主体は如来もしくは菩薩[72]」と受け止めたと了解していくのである。つまり、寺川は往相回向も還相回向も、ともに衆生を抜きて生死海を渡す如来の恩徳とするのである。そして、その上で往相回向とは「願生浄土の大きな道に衆生を立たしめる如来の恩徳[73]」であり、還相回向とは「われらの心を養い育てて、仏道を求めるものとしてくださる教主世尊、或いはよき人の恩徳[74]」や「還相の回向とは、われらを発遣する師父たちのねんごろな教化によって、われらにもたらされる深い大悲の恩徳であります[75]」と押さえている[76]。

最後に一つ、確認しておきたいことは、寺川が二種回向に言及する上で、「恩徳」という表現方法を多く用いることについてである。たとえば寺川は「現生に自証される如来の恩徳[77]」とも述べているように、衆生に現生において自証されるはたらきを「恩徳」という。恩徳とは、如来の「はたらき」に力点が置かれた言葉でなく、むしろそのはたらきが衆生の上に恩と徳として具体化されることを強調した言葉であると言える。つまり、恩徳という語を用いることで、往相と還相という二種類の回向が衆生の相を離れない如来の回向であることを示唆していると考えられる。

（4）幡谷回向説

幡谷は表Ⅰに明らかなように、継続的に二種回向を研究課題とし、今日多くの論考を残している。ただし、幡谷は独自の回向説を提示するというよりも、その関心は『般若経』以降の大乗仏教の大きな展開の中で、曇鸞・親鸞の二種回向を位置づけることにあると言える。それは、「大乗の中の至極なり」と言われる浄土真宗を、その根幹をなす「二種回向」によって探究することとも言える。したがって幡谷の論考は、従来の真宗教学の研究視点とは異なる点が多い[78]。しかし、異なっているからこそ、示唆に富んだ指摘が多数ある。ここでは、「無住処涅槃」と「普賢行」の二点に注目したい。幡谷は、曇鸞の二種回向観を無住処涅槃（無住生死）として捉え、「涅槃」の持つ意味が初期仏教から大乗仏教へと展開する中で、変遷している点を考察しながら、次のように言及する。

大乗仏教における無住処涅槃や、故意受生の概念は、如来や菩薩の向下的な慈悲の用きを表すが、それを中国浄土教において、往相・還相という概念で表したのが六世紀の曇鸞であり

〔G 幡谷 二〇一三〕一一二頁

曇鸞にとって還相回向とは、涅槃にとどまらない菩薩の行であり、「無作の作あるいは無回向の回向[79]」という作心なき利他の実践を意味する。そして、幡谷はその利他行を更に「普賢行」として大乗仏教の思想史の中で位置づけようとする。特に後期無量寿経の中で普賢行が積極的に扱われることに注目し、「大無量寿経が普賢行を菩薩の還相行として積極的に受容し、大乗菩薩道として浄土教を確立したのを承けて[80]」とも述べている。そして、第二十二願文をはじめ、『大経』所説の普賢行に類する用例の意味を確かめていく。このように、幡谷は曇鸞に至るまでの大乗仏教における涅槃や普賢行の在り方を整理し、曇鸞が往相還相にどのような意味を見出していたのかを上記のように論及する。そのうえで、親鸞の還相回向論に言及する。

幡谷は親鸞の三願転入に止目し、罪福信を超える契機を第二十二願と第十七願に見出していく。そして第十七願が念仏者（諸仏）に限られるものであることに対して、第二十二願の還相行は「更に拡大化[81]」し、幅をもって理解すべきことを説いている。これは幡谷が往相還相を大きく三つに分類していることと併せて考える必要がある。幡谷は往相還相を（1）往相の証果としての還相、（2）往相の内徳としての還相、（3）往相の背景としての還相、に分類し三者は円環的であるという。その中で（3）を「これが非常に大事である[82]」としている。（3）でいうところの背景とは「釈尊や諸仏の存在ないしその教化の用きが往相を成りたたしめる背景としての還相[83]」のことで、ここが諸仏のみに限定されない拡大化の意味するところである。一見すると、寺川回向説と同内容にも取れるが、幡谷は（1）や（2）を否定していない。加えて（3）においても、「師教の発遣・養育であるところの還相はただ、往相の背後にある用きというだけでなくて、往相道を歩み念仏往生人にとって、自らが未来に還相するということの確かな証拠であるということでしょう[84]」と述べているのである。つまり、幡谷が回向を三分類したのは、その正否を問うためでなく、親鸞の還相回向論はこの三分類によって理解する必要があることを意味している。

このような円環的理解とは、見方を変えればやや総花的で説得力に欠ける印象もあるが、そういった理解こそが幡谷が論究する大乗的理解なのかもしれない。いずれにせよ、大乗仏教の中に往相還相を位置づけ、また普賢行を大乗経典に照応しながらその意味を求めていくことは、回向研究に新たな視点を提示するものである。

（5）廣瀬回向説

廣瀬もまた表Ⅰから窺えるように、二種回向について多くの論考を発表している。廣瀬は伝統的回向説について「親鸞の二種回向観は尽くせないのではないか[85]」と疑義を呈し、如来の回向に二相があるとおさえている[86]（二回向）。その上で、親鸞の回向に対する表現方法が二通りあることを指摘する。二通りとは（1）如来の事としての二種回向、（2）衆生の事としての二種回向、である。（1）は寺川同様に、『浄土三経往生文類』の文や「弥陀の回向成就して　往相還相ふたつなり　これらの回向によりてこそ　心行ともにえしむなれ[87]」の『高僧和讃』を文証に「行信成就の原理として二種回向が阿弥陀の事として表現されている[88]」と指摘する。往相還相を弥陀の二種類の回向とする寺川回向説と同じである。そして、廣瀬回向説の特徴は（2）にあると言える。廣瀬は（2）の文証の一つに「南無阿弥陀仏の回向の　恩徳広大不思議にて　往相回向の利益には　還相回向に回入せり[89]」の和讃を挙げる。還相回向に回入するのは衆生であり、ここでは衆生の得べきこととして還相回向が説かれている。すなわち、衆生の相として往相還相をみていくのである。つまり二種回向を阿弥陀と衆生の両面から捉えており、従来の表現を用いれば二回向二相説とも言える領解である。

では、上記のように理解する上で、それぞれの「還相回向」を、廣瀬は具体的にどうおさえているのだろうか。（1）については如来が「生死の稠林、すなわち衆生の煩悩的生の現実のただ中・根底に自己を表現する（回入する）相[90]」とし、法性法身の如来が衆生の苦悩に直接はたらくこと、具体的には因位法蔵の相として還相回向を捉えていく（『論註』の二種法身説を背景に考察している）。次に（2）衆生の事としての還相回向について確認していきたい。まず、往相回向については「如来の往相（往生浄土の相）によって衆生が如来と共に浄土に往生せしめられる相[91]」とおさえる。そして還相回向は、この往相回向の利益として回入するという関係性にある。では、その「回入」する還相を衆生の上にどのように見出しているのか。廣瀬は衆生相における還相について「本願を憶念する衆生の上に本願の利他のはたらきが具現すること[92]」や「本願の利他のはたらきが衆生の身を通して作動していること[93]」と説明している。そして、より具体的には、「真実なる本願を顕彰し開顕し続けていく生活[94]」としておさえている。つまり、衆生における還相とは、他を教化するのではなく、どこまでも本願を尋ね歩む姿を取るというのである。ただし、そこに本願の利他のはたらきが作動し、還相の意義が内包されているのである。

廣瀬が回向（特に還相）について論ずる中で特に注意を払っているのが、衆生相への立場である。回向が如来のはたらきである限り、それは衆生への成就をもって、回向としての意味を持つものである。つまり二種回向とは本来、衆生の相を離れては語りえないことを指摘するのである。加えて、還相回向が衆生の利他の課題に応えるものである点も幾度となく確認している。その上で、還相回向を「往相の証果の光の中で如来の還相回向成就の本願を尋ねて歩む人間としての生活に与えられる意義である[95]」と述べる。この表現からも窺えるように、衆生の利他の課題に応えるとは、衆生が自らの能力で自在に他を教化することを意味するのではない。廣瀬は衆生の利他性を理解する上で、「還相の利他性が微塵たりとも私に立場を持った行としての利他性ではないことを、まず十分に承知しておかなければならない[96]」と厳しく注意している。本願を求める歩みの中に利他の成就が内包されている。そして、そのことを尋ねる歩みそのものが、実は衆生の利他の課題に応え満足させるものであるのである。

(6) 長谷回向説

長谷は親鸞の回向観を探求する中で「親鸞の回向の思想を追究する際に、その要のところになると、霞みがかかったようではっきりしないところがあった(97)」と述べている。その原因は回向を「賜ること」として理解することにあるとし、曽我の「回向ということはつまり表現するということである(98)」との言説をうけて、回向を阿弥陀が法蔵と名告る「表現」として捉えていく。その法蔵の名告りが大悲心であり、回向心であるとおさえている。その上で、還相回向に焦点を当てるとき、更に二点の注意すべき事柄をあげている。一つは親鸞の二種回向の記述がアンバランスなこと、二つには二種回向に二様の理解を示す和讃があること、である(99)。その二様の理解とは、既に確認したが、ここではもう少し踏み込んで、長谷の理解を考察したい。二様の理解とは（1）「二種回向とは往相から還相へ回入する理解」（以下、①の理解）、（2）「二種回向はともに衆生の信心獲得に関係するとする理解」（以下、②の理解）である。そして、長谷はそれぞれに該当する複数の和讃を二つに分類している。その中で、①の理解の代表的な用例として次の和讃を挙げている。

南無阿弥陀仏の回向の　恩徳広大不思議にて
往相回向の利益には　還相回向に回入せり

『正像末和讃』『浄真全』二・四九四頁

この回向の表現には、往相から還相へという段階的構造があるとし、それぞれは如来のはたらき（二種の回向）であるが、「信を獲た衆生の身上にあらわれる如来のはたらき[100]」であるとする。よって①の理解は「衆生の生の相[101]」として捉えられ、伝統的回向説の根拠ともなるという。ただし長谷は、あくまでも二種の回向の主体は如来にあることに注意し、鈴木大拙や西田幾多郎の言説に依拠しながら、現生に衆生の内側にはたらく二種回向としておさえていく。具体的には、大般涅槃を証し（往相）、普賢の徳に遵う（還相）ことである。①の理解に対する長谷の見解は「見えない如来のはたらきが効力をもつのは、それが衆生において現実的となることによってです[102]」と述べるように、回向とその成就の在り様に視点があり、廣瀬回向説と軌を一にする。

次に②の理解については、その代表的用例として、

弥陀の回向成就して　往相・還相ふたつなり
これらの回向によりてこそ　心行ともにえしむなれ

『高僧和讃』『浄真全』二・四二二頁

の『高僧和讃』「曇鸞讃」を提示する。②の理解は衆生の信の成立根拠として、衆生の外にはたらく回向（二種の回向）であり、寺川回向説の根拠となるものであるという。そして、長谷は寺川回向説を尋ねることを通して②の理解の内容を確認し「二種回向が獲信を中心にして捉えられるとき、還相回向は「証」でなく、「教」に捉えられます[103]」と結んでいく。

長谷回向説の特徴は、この二様の理解の考察がともに親鸞の和讃に基づいて行われている点である。つまり、二様の理解はともに親鸞の二種回向観を表すものであり、①②の理解の是非を問うのでなく、「統合的理解」（以下③の理解）を見出すことこそが重要であるというのである。そして長谷は③の理解は「第二の理解に立ちながら、そのうちに第一の理解を包み込んで、自らを拡張したもの[104]」という。②の理解を基本的立場として、往生という宗教的生に①の理解との接点をみている。すなわち、信の成立根拠として二種回向を捉え（②の理解）、その信が衆生における「還相回向に回入」する事実となって、「人から人へ、個から個へと衆生の歴史的世界を貫いて展伝してゆく[105]」のである（①の理解の拡張）。これを③の理解とし、親鸞の二種回向観とするのである。

以上、六通りの論考について、その概要を記した。前節で確認したように、還相回向を研究史から見ていくとき、寺川回向説が分水嶺となる。その寺川回向説を基点に見ていくと、既述したが、幡谷回向説、廣瀬回向説、長谷回向説にはいくつかの共通点があることが分かる。一つは、三者ともに寺川の指摘する二種類の回向については肯定的に捉えている点である。その上で、往相還相を衆生の相としても捉えようとする。そこで二つ目の共通点が、如来の二種回向と衆生の二相を融和的に理解しようとする点にある。幡谷は円環的に、廣瀬は視点の違いとして、長谷は統合的に両者を捉えようと試みている。この二つの共通点は、寺川回向説が抱える問題点を明らかにしていると考えられる。回向が往相還相として説示される上で、その往相還相が衆生にどのように「はたらき」として成就するのか。その成就を往相還相の二相を離れて語ることができるのだろうか。このような問題意識が三者には共通していると考えられる。

そして三つに、曽我量深の影響である。第二節で論じたように寺川回向説は主に曽我の「自己の還相回向と聖教」をベースとしている。しかし、幡谷、廣瀬、長谷は「自己の還相回向と聖教」以降の曽我の還相回向理解の変遷にも注目しているのである。たとえば、幡谷は曽我の晩年の二回向論について「決して来生からの還相を否定されたわけではなかったということは心しておくべきだと思います[106]」と記し、「一箇の文章だけで先生の還相回向論を理解するのは一面的でないかと思います[107]」と指摘している。

さて、寺川回向説を基点にいくつか論点を提示した。しかし、本節の目的は上記の六通りの回向理解に対する是非優劣を問うところにあるわけではない。表Ⅰに明らかなように、親鸞の回向観を題材とする論考は決して少なくない。加えて、それぞれが多様な論点のもと、親鸞の言説に依拠にしながら、各々の二種回向観（特には還相回向観）を提示している。そういった状況を鑑み、本節では、現在までの回向研究において先行研究では、どのような考え方や視点が提供されているのか、それを客観的に点検整理することを重視した。やや複雑化しつつある回向研究において、先行研究の整理は研究の進展を考える上でも必須事項の一つである。また、本論末尾に本節の内容を四点に纏め簡略化して表記したので参照されたい（表Ⅱ）。

結論　還相回向研究の展望と課題

今後の展望と課題について、大きく四点から論じ、本論の結びとしたい。

(1) 曇鸞『浄土論註』に対する研究

往相還相という術語は言うまでもなく曇鸞によって生み出された言葉である。よって、親鸞の二種回向観を論究するほぼ全ての先行研究が『論註』(『浄土論』も含めて)に対しての考察を行っている。基本的には『教行信証』への引用、就中、「回向」に関わる用例の訓点に注目しながら、曇鸞との思想的差異を指摘している。欲生心釈を例に挙げるならば、親鸞は二種回向の文を「往生せしめたもうなり」あるいは「仏道に向かえしめたもうなり」と敬語表現で引用する。敬語表現の理由は、回向の主体を法蔵菩薩として見定めていくところにある。そして曇鸞は回向の主体を行者に見ているため、ここに親鸞と曇鸞の受け止めの違いが指摘されるわけである。しかし、ここでの「曇鸞は回向の主体を行者に見ている」という理解は、もはや親鸞独自の回向観の前提的理解となっており、『論註』に遡ってこの点を詳しく論ずる先行研究は僅かしかない(「二 対象文献について」を参照)。

しかし、一方で梶山雄一は早くからこの点に関して、

(世親の本願力の回向について)一般にそれは行者の本願・廻向の意にとられているが、筆者が精査した限りでは、世親はこの書において、「本願」をいう語を阿弥陀仏の本願の意味以外では用いていない。

[梶山 二〇一三] 四六四頁(括弧内の補足は筆者)

と世親(五世紀頃)の本願と回向の理解について記している。また曇鸞についても、

（曇鸞は）浄土往生を願う行者の廻向や、浄土の菩薩の園林遊戯を含むすべては実は阿弥陀仏の本願力、阿弥陀仏の廻向によるのだと解釈した。
［梶山　二〇一三］四六五頁（括弧内の補足は筆者）

とも述べている。この梶山の指摘の重要性について言及する先行研究もあるが(108)、世親や曇鸞の回向論に踏み込んで議論しているわけではない。

そこで、今後の二種回向研究の課題点として提起したいのが、『論註』を曇鸞の立場で読む必要性である。『論註』への検討に曖昧さが残れば、その影響下にある親鸞の二種回向観も当然その輪郭が定まらない。だからこそ、まずもって曇鸞の理解を正確におさえる必要がある。曇鸞の生きた時代の中で、曇鸞に与えたであろう影響（般若経・維摩経・十地経・華厳経・観経・大智度論など）を加味しながら、大乗仏教の大きな流れの中で、『論註』の本来の思想を究明する必要があるのではないか。たとえば、還相の菩薩に関わる展開の中で、曇鸞は「無生法忍」や「大菩薩」について言及するが、それぞれの用例には、それまでの仏教の課題が含まれており、その点に留意しながら読んでいく必要がある。大菩薩に関連して言えば、従来の研究においても、未証浄心の菩薩の作心の有無が議論となる(109)。作心とは、分別心とも言え、衆生の教化に分別心がはたらくことを意味する。そして、その作心を離れた菩薩を浄心の菩薩（平等法身の菩薩）とも、また大菩薩とも言う。その作心を離れる、あるいは無功用の行が、第二十二願文では「遊」の語に、出第五門では「遊戯」として示されているわけである。つまり、七地沈空の難を超え、分別の心を離れ、自在に衆生を教化する還相の菩薩にとっては、留まるべき涅槃も生死も、そこには差異がないわけである。であるならば、曇鸞がいう「彼土」からの還相とは、何を意味するのだろうか。こういった課題を継続的に論究しているのが幡谷であるが、現在、それを引き継ぐような新たな研究は見られない。本研究論集では、この点を特に織田顕祐が着目し、曇鸞の担った課題から二種回向を再検討している。

また、『論註』の組織面についても一言しておきたい。曇鸞は解義分を十章から構成し標題を掲げている。各章の具体的な意味や『論註』全体での位置・役割などを俯瞰的に整理し、曇鸞の基本的な視座を確かめるような作業も必要である。表Ⅰの先行研究には、こういった基礎的な『論註』研究は見当たらない。これは、親鸞への影響（教行信証への引用）を中心に研究が進捗していることからすれば、当然なのかもしれないが、だからこそ、『論註』全体を通して曇鸞の意を尋ねるような方法論が取られていくべきであろう。そして、この課題について本書では黒田浩明が、曇鸞の『浄土論』注釈という視点から、問題提起をしている。

(2) 親鸞当時の『論註』の日本的展開について

次に課題点として共有したいのが、親鸞と同時代における『論註』理解である。既述のように、親鸞の二種回向観はこれまで主に曇鸞との比較の中で考察されてきた。一方で、親鸞と同時代の理解との比較は、ほとんどなされていない。表Ⅰで言えば、わずかに［86 徳平 二〇一七］のみである。[110] これまでに法然（一一三三～一二一二）門下のみならず、親鸞と同時代の二種回向論、あるいは『論註』理解が比較対象として扱われなかったのには理由がある。それは、当時の『論註』流伝に問題があったからである。日本における『論註』の注釈書でいえば、智光（七〇九～七八〇）『無量寿経論釈』から長西（一一八四～一二六六）伝『浄土論注要文集』[111]や良忠（一一九九〜一二八七）『往生論註記』まで約五百年間の空白が存在しているし、『論註』の部分引用についても永観（一〇三三〜一一一一）や珍海（一〇九一〜一一五二）にその跡を見ることができるが、天台学派の中で『論註』がどの程度閲覧できていたのかは不明な点が多い。そもそも『無量寿経』の注釈書という点からみれば、源信（九四二〜一〇一七）などは新羅からの影響が強く、五念門についても『浄土論』をかなり独自な形で注釈している[112]。また、法然も『選択集』で往生浄土を明かす教えとして「三経一論これなり[113]」として浄土三部経と『浄土論』をあげるが、『選択集』の中で『浄土論』および『論註』を引用した形跡は見られない。これらはあくまで一例ではあるが、源信や法然の『論註』に対する依用状況をみると、やはり『論註』の流布に問題があったと推察されるであろう。しかし、『論註』が日本においてどのように流布していたのか、この点に関する研究は遅滞していると言える。そして、本書では、藤村潔が源信『往生要集』を手掛かりに『論註』の日本的展開について論じている。併せて『論註』の流布状況についても、現在の研究状況を整理しつつ検討を加えているので参照されたい。

（3）寺川回向説の再検討

本論では還相回向研究史として寺川回向説を基点に考察を進めてきた。結論として一つ言い得ることは、間違いなくこの寺川回向説が現代の還相回向研究の大きな分岐点となっているということである。そこで本論第二節では寺川回向説に与えた「清沢の影響」に焦点を絞り、当時の時代状況を確認し、社会実践回向説に対する批判を含んでいることを確認した。その上で、ここに二点の課題を提示したい。第一点は寺川の僧伽論についてである。昭和四十四年の開申事件以降、宗門は大きな混乱期にあった。そして、「回向の仏道」発表当時は、宗門内部では機関紙の復刻事業の関連で宗門の近代史の検証が要請されていた。また外部の「ヤスクニ問題」は継続的な課題として『真宗』誌上でも必ず取り上げられている。そういった状況の中で、還相回向を師教の恩厚と捉える寺川が教団、宗門、僧伽をどのように捉えようとしていたのか、この点の究明は欠くことができない。

そして第二点は清沢の還相回向理解の解明についてである。これまでに、清沢の還相回向論を主題として扱った論文は見当たらない。また還相回向のみならず、清沢教学に対する『論註』の影響についても、これまで踏み込んだ研究はなされていない。真宗においても重要な術語である「他力」を巡る注釈態度などは、両者を結ぶ一つの材料ともなるし、寺川回向説や社会実践回向説を再考する上でも、清沢の還相回向観は必要な視点になろう。本書では、川口淳が清沢の『他力門哲学骸骨試稿』などをテキストに、『論註』の影響や清沢の還相回向観について論究している。

(4) その他

最後に「その他」として、いくつかの課題点を提示して本論文の結びとしたい。

一つ目に提示したいのが、表Iにおける一九七〇年代から八〇年代中頃（寺川回向説以前）までの先行研究の共通性についてである。七〇年代から八〇年中頃にかけては、その是非は別としても寺川回向説のような論究の対象となるような理解があったわけではない。したがって、寺川回向説以降に比べると、自由な着想のもと還相回向を論じているものが多い。その中で一つの共通点として挙げられるのが、「利他行」に対する積極的な関心である。利他に対する着目は、還相回向を論ずる以上、当然と言えば当然であるが、他者との関わりを主体的な問いとして提起し、自己の上に二種回向を回向として捉えていこうとする論考が多い。だからこそ、今日では見られない「二種深信」や「回心」を論点に回向を論じるものもある。先人がどういった課題を持ち、二種回向を論じているのか。回向という「はたらき」を探求するからこそ、その立脚点を確認しておくことは必要である。これは親鸞の還相回向を考察する上でも同様であると言えよう。

次に第二十二願文への考察である。親鸞は『浄土三経往生文類』（広本）や『如来二種回向文』に、それぞれ「大慈大悲の願」[114]あるいは「大慈大悲誓願」[115]と名づけ第二十二願文を引用している。しかし『教行信証』には『大経』からの直接引用が無い。それもあってか、第二十二願文を主題にした先行研究は実はそれほど多くない。表Ⅰで言えば、［55　龍　一九九六］や［92　岩田　二〇二〇］をあげることができる。第二十二願文の「除」をどこで読むか、というような訓点はもちろんであるが、他の願文との比較（たとえば三願的証など）を交えた多角的な考察が求められる。

最後に藤原智の指摘についてである。これは既述したが、藤原は［89　藤原　二〇一九②］の結びで近代以降の還相回向に対する諸理解が、実は深励以前の還相回向の諸理解と共通する点が多いことを指摘している。藤原は深励以前の還相回向観を四つに分類しているが（註19を参照）、それらを「先入見を持たず深励以前の思索を辿ってみることが、今後の『教行信証』研究に豊かな実りを齎すことに繋がるであろう」[116]と述べている。この指摘は重要で、従来の理解と照応することで、今日の還相回向の諸理解の持つ特徴や課題、懸念事項を鮮明化することができると考えられる。

以上、還相回向研究の展望と課題について言及した。還相回向を研究史として整理する中で幾度となく圧倒されたことがある。それは、親鸞の二種回向観を明らかにしたいという、先人の意欲と熱意である。ただ一方で、「親鸞の」という点に力点が注がれるほどに、そこに至るまでの世親や曇鸞の回向観や、あるいは第二十二願文、普賢行、無生法忍といった鍵語に対する受け止めが、あるはずのない前提的理解として組み込まれてしまうことがある。「あるはずのない」とは、未解明であるという意味である。そして、未解明ということは、今後解明すべき課題ということである。本研究で、これまでの還相回向についての先学の蓄積を研究史として整理することで、その未解明な点が明らかになった。これらの課題を一つ一つ究明していくことが、複雑に絡み合った還相回向研究の固い結び目を解きほぐすことにも繋がっていくだろう。(117)

註

(1) 坂東本の「教巻」冒頭部分は大きく欠損しているため、高田本や西本願寺本を参照し補った。
(2) 『末燈鈔』第一通(『浄土真宗聖典全書』二　七七九頁。以下『浄真全』)。
(3) 『翻刻編』二〇九~二一〇頁。
(4) 『同』五七~五八頁。
(5) 『同』三四二~三四三頁。
(6) 『教行信証』「行巻」『翻刻編』一〇六頁。

（7）還相を慈悲の側面から論究し、衆生の実践行ではないことの根拠として『歎異抄』第四章が扱われる。ただし、第四章によって聖道の慈悲が語られること自体に、初期真宗において、衆生の利他行が課題となっていたともされる。

（8）［82 長谷　二〇一一・一頁］長谷が指摘する二様の理解とは、①二種回向とは往相から還相へ回入する理解、②二種回向はともに衆生の信心獲得に連関する理解、を指す。

（9）還相回向関係の資料収集に関して、尾畑文正先生に懇切丁寧なご指導を頂き、且つ先行研究の分類についても助言を頂いた。なお、表Ⅰの［95 織田　二〇二二］は、本論集「「回向」の成立背景と「普賢行」への深化」に加筆の上、収録している。

（10）一九九三年に真宗同学会から真宗教学学会へと名称が変更となる。真宗同学会は宗門の外郭団体であったが、名称変更に伴い教育部内の設置となる。新たな規程の第一条（設置及び目的）に「真宗教学の振興を図り、立教開宗の精神を顕揚することに資するため」とある。

（11）『真宗教学研究』十七号・二頁。

（12）本テーマで開催された教学大会の研究発表一覧は、それぞれの『真宗教学研究』の彙報欄に記載されている（十七号・一三四頁、十八号・一四〇頁）。

（13）還相回向に関する研究は、この時点で大きく二つに分類されているのであるが、その内容は、本論「三　還相回向に関する諸理解の整理」において詳説する。

（14）［55 瀧　一九九六］など。

（15）［65 小川　二〇〇五①］など。

（16）［26 池田　一九八八］［72 安藤　二〇〇七］［83 中山　二〇一二］などが挙げられる。

（17）また表Ⅰには記載がないが、岩田香英の博士論文『親鸞の還相回向観』（八～一二頁）（学位請求論文：大谷大学甲第145号）には、還相回向についての先行研究が四つに分類されており示唆的であるので参照されたい。なお当該論文は大谷大学にてリポジトリー化されている。
(18) [81 黒田 二〇一一・一二一頁]。
(19) 四つとは以下の通りである（[89 藤原 二〇一九②・八二頁]）。
① 『論註』の当面に沿った理解。
② 信心の行者の上に往相と還相が現れるとする理解。
③ 還相を現在の信仰課題としての利他の実践に見る理解。
④ 弥陀の力によって娑婆世界に示現するとする理解。
ちなみに深励は①の立場を取っていく。
(20) [89 藤原 二〇一九②・八一頁]。
(21) [26 池田 一九八八・三二頁]。
(22) [26 池田 一九八八・三二頁]。
(23) [E 寺川 一九九三・一〇〜一一頁]。
(24) たとえば、二〇〇三年の「信道講座」では、「自己の還相回向と聖教――曽我量深先生に導かれて――」という講題のもと還相回向について講演している。本講演の中では、清沢の影響についても触れているが、主題はやはり曽我からの影響にあり、より力点が置かれている（[寺川 二〇〇三]）。
(25) [94 藤原 二〇二一・二九〜五〇頁]。
(26) [94 藤原 二〇二一・三〇頁]。
(27) 曽我量深の思想的変遷については、[松山 二〇一四] に詳しいので参照されたい。
(28) [G 幡谷 二〇一三・一三一頁]。
(29) [94 藤原 二〇二一・三六頁]。
(30) [94 藤原 二〇二一・三三頁]。

(31)［曽我　一九七〇a・一五三頁］。
(32)［E 寺川　一九九三・一四頁］。
(33)［26 池田　一九八八・二二～二五頁］。
(34)「真宗大谷派の機関誌を復刻　宗門近代史を検証するために」と題した座談会で、メンバーは柏原祐泉、廣瀬杲、寺川俊昭の三名。蓮如上人五〇〇回御遠忌を見据え、出版部が企画した『配紙』以降の大谷派機関誌の復刻に関連する座談会。
(35)『真宗』一九八七年六月号・一九頁。
(36)『真宗』一九八七年七月号・五〇頁。
(37)『真宗』一九八七年七月号・五四頁。
(38)清沢満之に対する批判については、［久木　一九九五］や［近藤　二〇一三］に詳しいので参照されたい。
(39)一九八五年度第十一回後期修練が一九八六年二月十五～二十一日の日程で行われた。伊香間は「指導」として全五回の講義を担当している。
(40)その他には「浄土の働きをもってこの世の矛盾に働きかけるという社会的実践―還相性を失ってしまった」（五七頁）、「常行大悲とは、この世は大悲が行われなければならない世界であり、また浄土をすてて還って来て還相が行われなければならない世界である」（六三頁）、「清沢先生の信仰というものを見ますと、往生信仰、従って還相回向というものは見られないですね」（八一頁）、「還相性と言ったのは大乗性と言ってもいいと思います（中略）大乗性というものを失ったということを思います」（八二頁）といった言説を見ることができる。
(41)『真宗大谷派法規総覧』「研修条例第四条」に「教師修練は、教師の初補を受けようとする者に対して行う研修をいい、教師の本分と宗門荷負の責務を自覚せしめるために必要な修練を行うものとし、真宗本廟において行う。」とある。
(42)『真宗』一九八六年・四月号の内局座談会「同朋会運動を強力に推進　同朋社会の顕現に向けて」の中で「教師修

練についてもお聞きしたいのですが、清沢満之先生や先覚の教学批判を教師修練の中でやる人がいるということを耳にしましたが（後略）」（二五頁）と触れられているが、その他には確認できなかった。

(43) また当時の寺川の教学的関心が「僧伽論」（教団論）に向けられていることも、重ねて考察すべきであろうが、今回はその指摘のみに留めたい。

(44) その他「表Ⅰ」に記載のない二種回向に関する学習会等の講義録が残っている。教学研究所の御手洗隆明先生にはそれらの資料をご提供いただき、また当時の状況も様々にご教示いただいた。

(45) 『大経』巻下『浄真全』一・四三頁。

(46) 日本印度学仏教学会第六七回学術大会において「親鸞における往生の理解――「即得往生」を中心に――」（『印度仏教学研究』第六五巻　第二号、二〇一七年）と題したパネル発表報告も行われている。仏教学、大谷派近代教学、本願寺派教学の三者の立場からの発表が行われ、親鸞の往生観について議論されている。

(47) ［I　小谷　二〇一七・i頁］。

(48) 小谷は、香月院深励、幡谷明、稲葉秀賢、金子大栄、山辺習学、赤沼智善の理解を取り上げながら、自らの回向理解を展開している。

(49) ［I　小谷　二〇一七・一〇一頁］。

(50) ［香月院　一九七五・二四六頁］。

(51) ［89　藤原　二〇一九②・六五～六六頁］。

(52) ［E　寺川　一九九三・三〇四頁］。

(53) 『末燈鈔』『浄真全』二・七七九頁。

(54) 藤原智［89　藤原　二〇一九②］、菱木政晴［L　菱木　二〇二〇］。

(55) また小谷の問題提起は、寺川回向説を批判的且つ具体的に検証したという点においても、実は重要な意味を持っていると考えられる。それまでも自説を論ずる上で、批判的に寺川回向説を扱う論文はあったが、小谷ほど精微にまた具体的に検証するものはなかった。このような小谷の検証は、還相回向研究に思想史的視点が不足していることを指摘する意味を含んでいたと思われる。そのような面からも、小谷の論考が還相回向研究の一つの分岐点となると言える。

(56) また小谷は寺川や長谷に影響を与えた曽我の回向理解についても検証している。特に「師父の発遣」(［曽我 一九七〇ａ］一五六頁)と「表現回向」(［曽我 一九七〇ｂ］二六三頁)について取り上げ、批判的に検証している。こういった曽我に対する批判的な検証も還相回向研究史という点から見れば、新たな問題提起として、一つの転換点になると考えられる。

(57) 岩田香英は、臨終教化説、師教恩厚説、教化利益説、信前信後説の四つに分類している(『親鸞の還相回向観』八〜一二頁)。

(58) 菱木政晴によると、『入出二門偈講義』『浄土文類聚鈔講義』『広本会読記』『論註講苑』などで言及されている(［L 菱木 二〇二〇・九〇頁］)。

(59) 註(19)を参照。

(60) 藤原智［89 藤原 二〇一九②］に詳しいので参照されたい。

(61) 『浄真全』二・一〇五六頁。

(62) ［I 小谷 二〇一七・一〇九頁］。

(63) 「真宗における往生信仰と歴史との関係についての仮説」(［二葉 二〇〇〇］)。

(64) 『教行信証』「信巻」現生十種の益 『翻刻編』二二六頁。

(65) 『教行信証』「信巻」『翻刻編』二四〇頁。

(66) ［E 寺川 一九九三・二七〇頁］。

(67) ［E 寺川 一九九三・二三九〜二四一頁］。

(68) ［E 寺川 一九九三・八八頁］。

(69) 二種回向に対する衆生の相について、寺川は端的に「『真実の教行信証』でありますが、これはあげて衆生の分際である。衆生の所にあるものと了解すべきだと思います」や「二種回向というのは、衆生に教行信証を回施して、衆生を仏道に立たしめる恩徳である」とも述べている〔47 寺川/池田 一九九四・四~五頁〕。
(70) 『翻刻編』一八七頁。
(71) 『翻刻編』二〇九頁。
(72) 〔47 寺川/池田 一九九四・九頁〕。
(73) 〔47 寺川/池田 一九九四・九頁〕。
(74) 〔47 寺川/池田 一九九四・一六頁〕。
(75) 〔E 寺川 一九九三・二九五頁〕。
(76) ただし寺川は衆生の教化活動を否定しているわけではない。寺川は「自信教人信」や「常行大悲」といった鍵語から衆生の教化について語っている。しかし、それらは還相回向として語られる利他教化と並列に語るべきではなく、一線を画すべきことを指摘している。
(77) 〔E 寺川 一九九三・三〇七頁〕。
(78) たとえば〔G 幡谷 二〇一三〕では、還相回向を論ずるにあたり、仏教の衆生観、仏教の涅槃観、浄土思想の展開といった、仏教の大きな流れの中で、どのように言葉や思想が変遷していくのかを論じている。そして、その展開の上で曇鸞や親鸞が用いる言葉の意味を尋ねている。
(79) 〔16 幡谷 一九八三・一〇頁〕。
(80) 〔18 幡谷 一九八四・五頁〕。
(81) 〔18 幡谷 一九八四・一六頁〕。
(82) 〔G 幡谷 二〇一三・一三〇頁〕。
(83) 〔G 幡谷 二〇一三・一三〇頁〕。

(84)［G 幡谷 二〇一三・一三一頁］（傍線筆者）。
(85)［F 廣瀬 一九九八・一四四頁］。
(86)「（親鸞は）如来の衆生救済のはたらきとして二種の相の回向があると了解していたとするほかはないのである」と述べている［F 廣瀬 一九九八・一四五頁］。
(87)『浄真全』二・四二一頁。
(88)［F 廣瀬 一九九八・一四七頁］。
(89)『浄真全』二・四九四頁。
(90)［F 廣瀬 一九九八・一五三頁］。
(91)［F 廣瀬 一九九八・一七四～一七五頁］。
(92)［F 廣瀬 一九九八・二一八頁］。
(93)［F 廣瀬 一九九八・二一九頁］。
(94)［F 廣瀬 一九九八・二三〇頁］。
(95)［F 廣瀬 一九九八・二二二頁］。
(96)［F 廣瀬 一九九八・一九四頁］。
(97)［J 長谷 二〇一八・一四四頁］。
(98)［曽我 一九七〇b・二六二～二六三頁］（傍点ママ）。
(99)［82 長谷 二〇一一・二～三頁］。
(100)［82 長谷 二〇一一・五頁］。
(101)［82 長谷 二〇一一・五頁］。
(102)［82 長谷 二〇一一・八頁］。
(103)［82 長谷 二〇一一・一〇頁］。

(104) [82 長谷 二〇一一・一一頁]。
(105) [82 長谷 二〇一一・一三頁]。
(106) [G 幡谷 二〇一三・一三三頁]。
(107) [G 幡谷 二〇一三・一三一頁]。
(108) [J 長谷 二〇一八・一四二頁]。
(109) 『論註』下巻「観察体相章」『浄真全』一・五一〇~五一二頁。
(110) 徳平は法然門下(隆寛、幸西、証空、長西、良忠)の理解と比較し、親鸞の還相回向理解の特徴に言及している。そして「親鸞と同時代の法然門下諸師の間では善導の回向発願心釈を注釈する中で還相回向を用いるのが一般的であり、『往生論註』によって還相回向を解釈していたのは親鸞のみである」([86 徳平 二〇一七・一〇九頁])と結論付けているが、そもそも対象の法然門下諸師が『浄土論註』をどの程度、披閲可能であったかについては触れていない。
(111) 『浄土論注要文集』を長西の撰述にすることについては疑義がある。[佐竹 二〇一二]を参照されたい。
(112) [梯 二〇〇八・一九九~二二五頁]。
(113) 『浄真全』一・一二五五頁。
(114) 『浄真全』一・五八四頁。
(115) 『浄真全』一・七二五頁。
(116) [89 藤原 二〇一九②・八二頁]。
(117) また、本研究論集に収録されている論文は、ここで提示した課題に応える内容となっている。本論も含め本論集が今後の回向研究に対して一つの問題提起となることを期待している。

表Ⅰ　還相回向に関する先行研究一覧

	発行年	書籍名／論文名	著者	出版社／収録雑誌	論文内表記［番号　氏名　発行年］
1	一九七〇年一月	荘厳と回向（3）	安田理深	親鸞教学一五号	［1 安田　一九七〇］
2	一九七二年一二月	本願力回向	林一宗	親鸞教学二一号	［2 林　一九七二］
3	一九七二年一二月	還相回向の問題	小野蓮明	親鸞教学二一号	［3 小野　一九七二］
4	一九七三年六月	還相回向の一考察	波佐間正己	龍谷教学八号	［4 波佐間　一九七三］
5	一九七三年一二月	真宗の証果論	寺倉襄	同朋大学論叢二九号	［5 寺倉　一九七三］
6	一九七四年三月	真実教の原理としての二回向について	本多弘之	真宗研究一八輯	［6 本多　一九七四］
7	一九七四年三月	還相回向について	堤玄立	真宗研究一八輯	［7 堤　一九七四］
8	一九七四年一二月	真宗における往生浄土の目的——還相回向の意義について——	岡邦俊	相愛女子大学研究論集二二巻	［8 岡　一九七四］
9	一九七六年三月	曇鸞発揮による往還二回向義の意義	桑原浄昭	印度学仏教学研究二四巻二号	［9 桑原　一九七六］
10	一九七六年六月	往相と還相	武内義範	親鸞教学二八号	［10 武内　一九七六］
11	一九七六年一二月	還相回向の課題	井上恵樹	印度学仏教学研究二五巻一号	［11 井上　一九七六］
12	一九七八年三月	二回向としての二種深信	井上恵樹	印度学仏教学研究二六巻二号	［12 井上　一九七八］

A	一九七八年九月	歎異抄の思想的解明	寺川俊昭	法藏館	[A 寺川 一九七八]
13	一九八〇年一一月	回向論序説	江上浄信	大谷学報六〇巻三号	[13 江上 一九八〇]
14	一九八二年一二月	『大無量寿経』の回向思想	幡谷明	親鸞教学四〇・四一号	[14 幡谷 一九八二]
15	一九八二年一二月	親鸞の二種回向について	仁科弘	印度学仏教学研究三一巻一号	[15 仁科 一九八二]
16	一九八三年一二月	親鸞の還相回向論	幡谷明	親鸞教学四三号	[16 幡谷 一九八三]
17	一九八四年一二月	大乗仏教の人間理解——還相回向の実義について——	橋本芳契	印度学仏教学研究三三巻一号	[17 橋本 一九八四]
18	一九八四年一二月	大無量寿経における普賢行——親鸞の還相回向論の思想史的背景——	幡谷明	大谷学報六四巻四号	[18 幡谷 一九八四]
19	一九八五年一二月	還相回向と常行大悲	藤原幸章	親鸞教学四七号	[19 藤原 一九八五]
20	一九八五年一二月	往還二回向との値遇	本多弘之	親鸞教学四七号	[20 本多 一九八五]
21	一九八六年五月	親鸞の二種回向観——凡夫往生道の確立——	廣瀬惺	同朋仏教二〇・二一号	[21 廣瀬 一九八六]
B	一九八六年八月	教学を問いなおす——国家と宗教——	伊香間祐学	法光寺	[B 伊香間 一九八六]
22	一九八七年一月	往相道の根拠——『浄土論註』を中心として——	延塚知道	親鸞教学四九号	[22 延塚 一九八七]
23	一九八七年七月	回向の仏道	寺川俊昭	親鸞教学五〇号	[23 寺川 一九八七]

24	一九八八年一月	還相の利益	一楽真	親鸞教学五一号	[24 一楽 一九八八]
25	一九八八年二月	親鸞、還相の眼差	佐藤正英	国文学三三巻二号	[25 佐藤 一九八八]
26	一九八八年三月	還相回向論の検討	池田真	真宗研究会紀要二一号	[26 池田 一九八八]
27	一九八八年一二月	真実証――如来回向の利益としての「真実」――	瀧弘信	大谷学報六八巻三号	[27 瀧 一九八八]
28	一九八九年一月	真宗仏道の成就――「如来の回向に二種の相あり」――	瀧弘信	親鸞教学五三号	[28 瀧 一九八九]
29	一九八九年一月	曇鸞の仏道観――『浄土論註』二道釈を中心として――	延塚知道	親鸞教学五三号	[29 延塚 一九八九]
30	一九八九年一月	回向論――聖徳太子の示現――	神戸和麿	親鸞教学五三号	[30 神戸 一九八九]
31	一九八九年三月	還相回向の研究　創造的真宗学の理論的根拠	松尾哲成	龍谷大学大学院文学研究科紀要一〇集	[31 松尾 一九八九]
32	一九八九年一二月	往還二回向と浄土	菊村紀彦	印度学仏教学研究三八巻一号	[32 菊村 一九八九]
33	一九九〇年三月	親鸞の二種回向観について――『入出二門偈頌』における菩薩の入出――	瀧弘信	印度学仏教学研究三八巻二号	[33 瀧 一九九〇]
C	一九九〇年四月	教行信証の思想	寺川俊昭	文栄堂書店	[C 寺川 一九九〇]
34	一九九一年一月	信に内観される如来――法蔵菩薩永劫修行の内景としての「還相回向釈」――	瀧弘信	親鸞教学五七号	[34 瀧 一九九一]
35	一九九一年一月	荘厳の願から回向の願へ	本多弘之	親鸞教学五七号	[35 本多 一九九一]

36	一九九一年三月	還相回向について	西山光憲	京都女子大学研究紀要四号	[36 西山 一九九一]
37	一九九一年七月	親鸞における還相回向の思想	信楽峻麿	龍谷大学論集四三八号	[37 信楽 一九九一]
38	一九九一年一〇月	還相回向の研究（一）	藤岡隆章	真宗研究会紀要二三号	[38 藤岡 一九九一]
39	一九九一年一二月	往還二回向と浄土（二）	菊村紀彦	印度学仏教学研究四〇巻一号	[39 菊村 一九九一]
D	一九九二年一月	「精神主義」を問い直す　近代教学は社会の問題にどう答えたか	伊香間祐学	北陸聞法道場出版部	[D 伊香間 一九九二]
40	一九九二年一二月	往還二回向と浄土（三）	菊村紀彦	印度学仏教学研究四一巻一号	[40 菊村 一九九二]
41	一九九二年一二月	還相回向の研究	三尾淳慈	真宗学八七号	[41 三尾 一九九二]
42	一九九三年一月	親鸞の還相回向観	廣瀬惺	真宗研究三七輯	[42 廣瀬 一九九三]
43	一九九三年六月	還相回向の現実的意義	奥田謙敬	龍谷教学二八号	[43 奥田 一九九三]
44	一九九三年九月	如来二種の回向	一楽真	親鸞教学六二号	[44 一楽 一九九三]
E	一九九三年一二月	親鸞の信のダイナミックス——往還二種回向の仏道——	寺川俊昭	草光舎	[E 寺川 一九九三]
45	一九九四年二月	滅度および還相回向に関する平川博士の新説について	桜部建	真宗教学研究一七号	[45 桜部 一九九四]

46	一九九四年二月	大悲往還の回向	一楽真	真宗教学研究一七号	[46 一楽 一九九四]
47	一九九四年二月	浄土――「還相回向」をめぐって――	寺川俊昭 池田勇諦	真宗教学研究一七号	[47 寺川/池田 一九九四]
48	一九九四年一二月	親鸞の還相回向、その発展	玉城康四郎	印度学仏教学研究四三巻一号	[48 玉城 一九九四]
49	一九九五年三月	無量寿の生命観――親鸞の還相回向義を中心として――	雲藤義道	印度学仏教学研究四三巻二号	[49 雲藤 一九九五]
50	一九九五年三月	親鸞思想に見る「往相と還相」(上)	岡亮二	真宗学九一・九二号	[50 岡 一九九五①]
51	一九九五年六月	親鸞思想に見る「往相と還相」(下)	岡亮二	龍谷大学論集四四六号	[51 岡 一九九五②]
52	一九九五年一二月	浄土真宗の二種回向について	武田晋	印度学仏教学研究四四巻一号	[52 武田 一九九五]
53	一九九六年一月	還相回向論	普賢晃寿	真宗学九三号	[53 普賢 一九九六]
54	一九九六年三月	二種回向と往生浄土	武田晋	宗学院論集六八	[54 武田 一九九六]
55	一九九六年一〇月	親鸞の還相回向観――願文の訓点を手掛かりにして――	瀧弘信	真宗教学研究一八号	[55 瀧 一九九六]

56	一九九六年一〇月	浄土――「還相回向」をめぐって――	石田慶和 平野修 本多弘之	真宗教学研究一八号	[56 石田／平野／本多 一九九六]
57	一九九六年一〇月	還相回向の課題――特に、「還相回向は利他の正意を顕すなり」の確認を通して――	廣瀬惺	真宗教学研究一八号	[57 廣瀬 一九九六]
58	一九九七年一月	往生浄土	寺川俊昭	親鸞教学六九号	[58 寺川 一九九七]
59	一九九七年三月	親鸞の往還二回向について	長谷川憲章	宗学院論集六九	[59 長谷川 一九九七]
60	一九九七年六月	「他力回向の信心」の中での「還相回向」	宇野恵教	龍谷教学三二号	[60 宇野 一九九七]
61	一九九七年七月	如来の作願をたずぬれば――往相回向の行信――	神戸和磨	親鸞教学七〇号	[61 神戸 一九九七]
62	一九九八年一月	「証文類」所説の還相回向義について	殿内恒	真宗研究四二輯	[62 殿内 一九九八]
F	一九九八年一〇月	本願の仏道	廣瀬惺	文栄堂	[F 廣瀬 一九九八]
63	二〇〇〇年一月	難思議往生を遂げんと欲う	寺川俊昭	真宗研究四四輯	[63 寺川 二〇〇〇]
64	二〇〇二年一月	親鸞聖人における『往生論註』受容の視点――回向論を中心として――	武田晋	真宗研究四六輯	[64 武田 二〇〇二]
65	二〇〇五年三月	還相回向についての一考察――「証巻」所引『浄土論註』「畢竟平等」の語に注目して――	小川直人	印度学仏教学研究五三巻二号	[65 小川 二〇〇五①]
66	二〇〇五年三月	現生正定聚――「還相回向釈」「観察体相章」の引文に注目して――	小川直人	親鸞教学八四号	[66 小川 二〇〇五②]
67	二〇〇五年六月	『浄土論註』と二種回向	坂東性純	現代と親鸞八号	[67 坂東 二〇〇五]

68	二〇〇五年六月	還相の時間論	武田定光	現代と親鸞八号	[68 武田 二〇〇五]
69	二〇〇五年一二月	『往生論註』における往相・還相について	石川琢道	印度学仏教学研究五四巻一号	[69 石川 二〇〇五]
70	二〇〇六年三月	還相の利益――「還相回向釈」「善巧摂化章」から「障菩提門」への展開を中心として――	小川直人	親鸞教学八七号	[70 小川 二〇〇六]
71	二〇〇六年一二月	二種回向の考察	安藤義浩	大谷大学大学院研究紀要二三号	[71 安藤 二〇〇六]
72	二〇〇七年一月	二種回向について「信巻」欲生釈の文を中心として	安藤義浩	真宗研究五一輯	[72 安藤 二〇〇七]
73	二〇〇七年一二月	還相の利益について	今村幸次郎	大谷大学大学院研究紀要二四号	[73 今村 二〇〇七]
74	二〇〇九年一月	親鸞の二種回向観――特に還相回向について――	廣瀬惺	真宗研究五三輯	[74 廣瀬 二〇〇九①]
75	二〇〇九年二月	還相回向論私解	幡谷明	宗祖上人御逮夜御法話	[75 幡谷 二〇〇九]
76	二〇〇九年三月	親鸞における二種回向と菩薩道の課題――『末燈抄』第八通を機として――	廣瀬惺	同朋大学論叢九三号	[76 廣瀬 二〇〇九②]
77	二〇〇九年一二月	親鸞浄土教における回向の問題	石川真也	龍谷大学大学院文学研究科紀要三一集	[77 石川 二〇〇九]
78	二〇一〇年八月	親鸞の和讃にみられる、二種回向の二様の理解をめぐって	長谷正當	ともしび 二〇一〇年八月号	[78 長谷 二〇一〇]

79	二〇一一年三月	還相回向の研究	小池秀章	京都女子大学研究紀要	[79 小池 二〇一一]
80	二〇一一年三月	親鸞における還相回向	斎藤真希	倫理学年報六〇集	[80 斎藤 二〇一一]
81	二〇一一年七月	還相回向論に関する現代大谷派教学の課題	黒田浩明	同朋仏教四六・四七号	[81 黒田 二〇一一]
82	二〇一一年一一月	『教行信証』と二種回向の問題	長谷正當	真宗教学研究三二号	[82 長谷 二〇一一]
83	二〇一二年三月	『教行信証』における還相回向について	中山彰信	九州情報大学研究論集一四巻	[83 中山 二〇一二]
84	二〇一二年一一月	生死を超えて生死に還る——無住処涅槃と還相回向——	幡谷明	信道　二〇一二年度	[84 幡谷 二〇一二]
G	二〇一三年一二月	増補　大乗至極の真宗——無住処涅槃と還相回向——	幡谷明	方丈堂出版	[G 幡谷 二〇一三]
H	二〇一五年六月	真宗の往生論——親鸞は「現世往生」を説いたか——	小谷信千代	法藏館	[H 小谷 二〇一五]
85	二〇一七年三月	勅命に二種あり	一楽真	親鸞教学一〇七号	[85 一楽 二〇一七]
I	二〇一七年六月	親鸞の還相回向論	小谷信千代	法藏館	[I 小谷 二〇一七]
86	二〇一七年一二月	親鸞における還相回向の意義　法然門下の還相回向義をめぐって	徳平美月	龍谷大学大学院文学研究科紀要三九集	[86 徳平 二〇一七]
J	二〇一八年六月	親鸞の往生と回向の思想——道としての往生を表現としての回向——	長谷正當	方丈堂出版	[J 長谷 二〇一八]

87	二〇一九年三月	曽我量深の「往生と成仏」論について――その影響としての鈴木大拙――	藤原智	親鸞教学一一〇号	[87 藤原 二〇一九①]
88	二〇一九年三月	難思議往生（上）――還相回向釈の展開を通して――	小川直人	親鸞教学一一一号	[88 小川 二〇一九]
89	二〇一九年七月	真宗教学史の天轍点――相伝教学批判たる香月院深励の還相回向論――	藤原智	近現代『教行信証』研究プロジェクト研究紀要二号	[89 藤原 二〇一九②]
90	二〇一九年一二月	親鸞における「応化身」の領解	岩田香英	大谷大学大学院研究紀要三六号	[90 岩田 二〇一九]
91	二〇二〇年一月	還相回向の成就	加来雄之	真宗研究六四輯	[91 加来 二〇二〇]
92	二〇二〇年一月	親鸞における第二十二願理解――「顕論註」の語に注目して――	岩田香英	真宗研究六四輯	[92 岩田 二〇二〇]
93	二〇二〇年二月	難思議往生（下）――還相回向釈の展開を通して――	小川直人	親鸞教学一一二号	[93 小川 二〇二〇]
K	二〇二〇年三月	曇鸞浄土論註の研究　親鸞「凡夫が仏となる」思想の原点	小谷信千代	法藏館	[K 小谷 二〇二〇]
L	二〇二〇年九月	平和と平等の浄土論　真宗伝統教学再考	菱木政晴	白澤社	[L 菱木 二〇二〇]
94	二〇二一年四月	曽我量深の「還相回向」理解をめぐって	藤原智	教化研究一六七号	[94 藤原 二〇二一]
95	二〇二二年三月	「廻向」の成立背景と「普賢行」への深化――曇鸞の五念門を考えるために――	織田顕祐	同朋大学論叢一〇七号	[95 織田 二〇二二]

表Ⅱ

	❶還相回向理解の概要	❷衆生相の扱いについて	❸根拠とする親鸞の言説	❹その他留意すべき点
伝統的回向説	一回向二相（回向は弥陀に往相還相は衆生に）と捉え、往相は浄土往生の姿を示し、還相は往生の後（死後）に娑婆へ還って衆生を教化する還来穢国の姿とする。	往相還相を衆生の相として捉える。往相は浄土往生の相を示し、還相は娑婆へ還来する姿とする。また、還相は来世（死後）の事とする。	『歎異抄』第四章の「いそぎ仏になりて、大慈大悲心をもて、衆生を利益する」に言及するものが多い。	往相還相を衆生相とするとき、「証巻」の「報・応・化なる種々の身を示現したもうなり」の一節（弥陀の種々の相を還相回向と捉えることも可能）をどう捉えるのかが議論となる。
社会実践回向説	二種回向については基本的に一回向二相を取るが、還相回向を現生において捉えていく。そして還相の内実を、仏道実践を含めつつも社会的実践としてより具体化していく点が特徴である。	往相還相ともに衆生の相として捉える。還相は穢土における差別や苦悩という具体的な課題への実践の原理として捉えられる。	『悲華経』や「信巻」の常行大悲の言葉に注目し、社会的実践の根拠の一つに据える。	二種回向を主題とするというよりも、真宗において社会的実践をどう位置付けるべきかに関心が向けられている。
寺川回向説	二回向四法（二種類の回向）を提示し、特に還相回向を師教の恩厚（教主）として捉える。何よりも二種回向を、如来の二種類の回向とする点に特徴がある。	往相還相はどちらも如来のはたらきの相であり、衆生相ではないとする。特に還相（利他教化）を衆生相とする点は許容できないと強調している。あくまでも教行信証の四法を衆生の上にみていく。	『如来二種回向文』「自利利他ともに行者の願楽にあらず」や『高僧和讃』「往相還相ふたつなり」に注目し、如来の二種の回向であることを強調する。	寺川は衆生の利他性を否定しているわけではない。たとえば「自信教人信」や「常行大悲」を衆生の利他を表す言葉と許容するが、還相回向とは一線を画すものとしている。

幡谷回向説	大乗仏教の展開の中で還相回向を論じることに視点を置き、無住処涅槃をその内容とする。また還相を①往相の証果として②往相の内徳として③往相の背景として、に三分類し全てを認めつつ③を重視する。	還相を師教の発遣としながら、同時に「自らが未来に還相する」証拠とし衆生の相にもまた見出していく。	難思議往生については『浄土三経往生文類』に依拠し、また普賢行については『大経』や『唯信鈔文意』『高僧和讃』から考察している。その他、親鸞の言説とは異なるが、広く大乗の諸経論を引用している。	曇鸞の文脈の中で二種回向をおさえる点や、また第二十二願文への丁寧な考察など、従来十分な考察がなされなかった点を究明している。
廣瀬回向説	二種回向（特に還相）に二種の表現方法があることを指摘（二回向二相とも言える）。そして、衆生の事として還相を「還相回向成就の本願を尋ねて歩む人間としての生活」とおさえている。	「衆生の事としての二種回向」と示し、往相還相ともに衆生の相としても言及する。ただし、還相の利他性が私（自我）を立場とする利他性ではないことには注意を払っている。	二回向に依拠するものとして『浄土三経往生文類』や『高僧和讃』「往相還相ふたつなり」をあげる。二種相に依拠するものとして、『正像末和讃』「還相回向に回入せり」をあげる。	一貫して回向を論ずることの土台に問題意識が向けられている。回向を理解するということがどこで成り立つのか。そこから二回向二相の両面をもって考察している。
長谷回向説	回向を二様に分類し、還相を①往相から回入する還相②信心の成立根拠、とおさえる。①は衆生相として②は如来のはたらきとしておさえている。その上で②を基本に①を内包するという③統合的理解を提示している。	衆生の生の相として還相をおさえ、「人から人へ、個から個へ」はたらきの展伝として具体化している。	和讃を基本とし、上記①については『正像末和讃』「還相回向に回入せり」をあげる。また、②については『高僧和讃』「往相還相ふたつなり」をあげる。	和讃をテキストに親鸞の回向理解に二様あることを指摘し、その正否を問うのではなく、両者を統合的に理解する必要性を示す。和讃を二様に分類した点も参考となる。

参照文献（表Ⅰに記載のないもの）

梯信暁［二〇〇八］『奈良・平安期浄土教展開論』（法藏館）
梶山雄一［二〇一三］『梶山雄一著作集第六巻　浄土の思想』（春秋社）

香月院深励［一九七三］『浄土論註講義（講苑）』（法藏館）
香月院深励［一九七五］『教行信証講義集成　第一巻　教行Ⅰ』（法藏館）
近藤俊太郎［二〇一三］『天皇制国家と「精神主義」』（法藏館）
佐竹真城［二〇一二］「金沢文庫蔵『浄土論注要文抄』の諸問題」『真宗研究』五十六輯
曽我量深［一九七〇ａ］『曽我量深選集　第三巻』（彌生書房）
曽我量深［一九七〇ｂ］『曽我量深選集　第五巻』（彌生書房）
寺川俊昭［一九八三ａ］「僧伽の学――真宗学方法論序説（三）――」『親鸞教学』四十二号
寺川俊昭［一九八三ｂ］「往相回向の行人」『大谷学報』第六二巻
寺川俊昭［二〇〇三］「自己の還相回向と聖教――曽我量深先生に導かれて――」『信道講座』八六号
久木幸男［一九九五］『検証清沢満之批判』（法藏館）
二葉憲香［二〇〇〇］『二葉憲香著作集　第五巻』（永田文昌堂）
松山大　［二〇一四］「曽我量深の思索展開に関する一考察」中村薫編『華厳思想と浄土教』所収（文理閣）

「回向」の成立背景と「普賢行」への深化
――曇鸞の五念門を考えるために――

織田顕祐

本稿では、親鸞の「如来二種回向」思想の背景となった曇鸞の「往相還相回向」説の原意を大乗仏教の思想史から解明する。

梶山雄一によれば、原始大乗経典には回向という用語は登場せず、鳩摩羅什訳の『般若経』によって初めて回向という用語が用いられたが、そこには内容転換の回向（善根を無上菩提に振り向ける）、方向転換の回向（善根を他者に振り向ける）の二つの段階があり、前者が基本であったとされる。

『般若経』の方向転換の回向思想は、『三曼陀跋陀羅菩薩経』などによって法施与という概念に深化し、これが四悔過法と重なりながら『文殊師利発願経』へと展開する。『華厳経』の十回向品はその延長にある。曇鸞が五念門の回向門で示す往相還相の回向とは、この菩薩行を有為（曇鸞は作心と称する）・無為の面から説いたものであり、『十地経』における八地菩薩における無生法忍の転換を独自表現したものと言える。

問題の所在

親鸞が明らかにした浄土真宗という仏教が、「如来の二種回向」を基盤として成り立っていることは既によく理解されている。しかしながら、その二種回向の了解については以前から様々に異なった了解が存在する。(1)それは一体どのような理由によるのであろうか。「回向」とは、大乗仏教において説かれた概念であるが、そこでは「如来の回向」と説かれることはない。「回向」は菩薩が阿耨多羅三藐三菩提に回向するという文脈で用いられるのである。そうであれば、親鸞の思想は「回向」という概念の新たな創造的使用法であると言える。その背景に曇鸞『浄土論註』の五念門における回向の解釈が存在することは容易に推察されるが、曇鸞は「回向に二種の相有り」と言って、菩薩の回向に「往相」と「還相」の二面を説くのである。親鸞の「如来二種の回向」が、この曇鸞の思想を基盤としていることは、例えば、大正大蔵経のテキストデータベースを検索してみても、往相と還相という概念で「回向」を解釈する経典論書は全く存在しないことによって明らかである。したがって、曇鸞の「回向に二種の相有り」という思想も曇鸞独自の思想表現であり、その真意は「往還」という言葉の用語的解釈からは見出せないことが予想される。つまり、親鸞の思想を明確にするには曇鸞思想の解明が必要であり、その曇鸞の言葉遣いを明確にするには大乗経典の思想を踏まえる必要があるということである。

言語学者である丸山圭三郎は、ソシュールの言語理論を紹介しながら、我々が言葉を通して何らかのことを探求する場合に決して看過してはならない点をいくつか指摘しているが、本稿の課題から言えば、次のような点が特に重要であろう。まず、言葉は物や概念の単なる名前ではなく、全体の中において他の語との関係において価値や意味が成り立つこと。(2) したがって、思想の変化を理解するには、まずある時点における体系内において当該言語の意味を共時的にとらえた上で、もう一つの体系への移行を通時的に理解しなければならないこと。(3) さらに、第三のコノテーション（内示的意味）として、固定化した体系内の差異を用いて新たな差異化を創造することができる点も指摘している。(4) 蓋し、親鸞の「如来二種の回向」とは正しく、丸山のいう第三のコノテーションの創造に他ならないのではなかろうか。

こうした問題意識に立って、まず大乗仏教における「回向」概念の周辺を検討した上で曇鸞の「往相還相」の意味を共時的に明らかにし、次にそれがどのように親鸞に受容されて新たな使用法を生み、結果として何を表現しているのかを通時的に検討したい。

一　施与から「回向」へ

『般若経』研究の泰斗である梶山雄一は、回向という概念は大乗仏教で、特に『般若経』において初めて現れた思想であると指摘している。(5) また別の箇所では最初期の大乗経典の一つと考えられる『阿閦仏国経』のなかに「善根を、無上にして完全なさとりに回向する思想」があると指摘しているが、(6) 実際に同経典を確認してみると後々回向に相当する概念はあるもののそれが「回向」という言葉で説かれているわけではない。

この点は、大乗仏教におけるある思想（ここでは課題を明確にするために仮にそれを「思想X」と考える）が、『般若経』で回向という用語に結実するまでには「思想X」の深化の歴史があるということを意味している。おそらく梶山氏が指摘する『阿閦仏国経』の回向表現とは、

我、常に法施を持ちて某に与えて、法施を持ちて某に与えず。

我常持法施与某、不持法施与某。（大正11・七五三c）

といった表現を指すものと考えられるが、こうした表現は梶山氏が指摘するように初期の『般若経』と親近性を持つものなのであろう。

そこでまず、鳩摩羅什の小品『摩訶般若波羅蜜経』（以下、『小品般若』と略称）の用例と異訳の旧訳『般若経』の用例との比較検討から始めたい。鳩摩羅什訳『小品般若』における回向の用例とは次のようなものである。

菩薩は随喜の福徳もて応に是の如く薩婆若に回向す。所用の心の回向は、是の心即ち尽し即ち滅す。何等の心か是れ阿耨多羅三藐三菩提に回向するや。若し用心と心の回向と是の二心倶ならず、又心性の不可得もて回向す。

菩薩随喜福徳応如是回向薩婆若。所用心回向、是心即尽即滅。何等心是回向阿耨多羅三藐三菩提。若

用心心回向、是二心不俱、又心性不可得回向。（傍線筆者、以下も同じ。大正8・五四八a）

この『小品般若』の所説に該当する支婁迦讖訳『道行般若経』は次の通りである。

菩薩摩訶薩は能く勧助して為に薩云若を持する心を作す。是の勧助を作して心亦滅尽して所有無く所見無し。何等の心か当に阿耨多羅三耶三菩を作すべきや、当に何の心を以て之を作すやとならば、心に両対無し、心の自然にして乃ち能く作す所なり。

菩薩摩訶薩能勧助為作薩云若持心。作是勧助心亦滅尽無所有無所見。何等心当作阿耨多羅三耶三菩者、当以何心作之、心無両対、心之自然乃能所作。（大正8・四三八b）

文中に傍線を引いた通り、『小品般若経』の「回向」という概念は、『道行般若経』では「勧助して為に薩云若を持する心を作す」という一連の文章で表現されている。これらは『小品般若』では「回向品」と称し、『道行般若経』では「漚和拘舎羅勧助品」という名称の品の中の所説である。さらに、『道行般若経』のこの引用文の直前では菩薩の功徳のうちで「勧助」が最も尊いとも言っている。[7] そこで、『道行般若経』における「勧助」の意味について示唆を与える文を取り上げてみたい。

（一）勧助し已りて持して阿耨多羅三藐三菩を作す。

勧助已持作阿耨多羅三藐三菩。（同四三八ａ）

（二）是（＝一切法の無所取〜無所得）の勧助を為して是の施を作さば、疾く阿耨多羅三藐三菩を作すことを得。

是（＝一切法の無所取〜無所得）為勧助作是施者、疾得作阿耨多羅三藐三菩。（同四四〇ａ）

「勧助」という用語がどのような理由によって仏教語となったのか。現時点で明確な視点を持っていないが、辞書によれば中国の古典に背景を持つ言葉である。[8] その意味は「導き誘って助ける」とあるから、（一）の用例は、「菩薩が自らの福徳によって衆生を導き助けることを継続して無上菩提を得る」といった意味であると考えられる。（二）の用例は「一切諸法は無所得であるという真実によって施をなすものは速やかに無上菩提を得る」といった意味になろう。

『道行般若経』『放光般若経』『光讃般若経』と鳩摩羅什の『摩訶般若』（小品、大品を含む）の中で、「回向」を用いるのは鳩摩羅什訳のみである。他は全て「勧助」という用語が使用されているのである。そこで「勧助」を念頭におきながら旧訳を検索してみると、その使用例はあまりに多くここで全てを紹介することはできないが、代表的なものに次のような例がある。

・『放光般若経』（西晋　無羅叉訳）勧助品第四十（大正8・五七ａ〜、鳩摩羅什訳の大品『摩訶般若』の随喜品第三十九に相当）

・『正法華経』（西晋　竺法護訳）勧助品第十七　（大正9・一一八a～、鳩摩羅什訳の『妙法蓮華経』随喜功徳品第十八に相当。ここでは「勧助」と「随喜」がほぼパラレルに対応する）

・『般舟三昧経』（後漢　支婁迦讖訳）勧助品第十三　（大正13・九一七b～、菩薩が過去現在未来の諸仏の功徳を衆生に施して平等覚にいたらしめることを「勧助」とする）

などである。

この中、『般舟三昧経』の所説は先の『道行般若経』の所説を理解する上で参考になると思われるので、若干補足しておく。『般舟三昧経』勧助品の結論は、同品の最後に説かれる偈頌にあると思われる。偈頌の冒頭は次の通りである。

是の経教の中に於いて　持するに四事の歓有り
過去及び当来　現在の諸世尊は
功徳行を勧助して　諸の十方の
蜎飛の蠕動を度脱して　悉く平等覚に逮ばしめん
於是経教中　持有四事歓

過去及当来　現在諸世尊
勧助功徳行　度脱諸十方
蜎飛之蠕動　悉逮平等覚
（大正13・九一七c）

この偈頌はそれ以前の長行をまとめたものであり、「四事」とは、過去現在未来の諸仏が等しく般舟三昧を実践して無上菩提に至った事と（これが三事）、十方の一切衆生が般舟三昧を得て同じように無上菩提にいたることを「功徳行を勧助する」と言うのである。これは後の言葉で言うなら、「菩薩行の自利と利他」ということであり、それが「勧助」という用語で表現されているのである。この初期大乗経典には当然「回向」という用語は用いられていないが、それと同様の意味を含んでいることが明らかとなる。第一行目の「持するに」という言葉の意味が今ひとつ理解しにくいが、この言葉は最初に触れた『道行般若経』の傍線部にも登場していた。『般舟三昧経』の長行中には「過去の仏の時は是の三昧を持して歓喜を助け……自ら阿耨多羅三耶三菩阿惟三仏に到る[9]」とあり、第四事の利他を表す文中では「（一切衆生に阿耨多羅三耶三菩を得させんとして）是の三昧を持して……阿耨多羅三耶三菩阿惟三仏を得せしめん[10]」とある。これは「功徳を持して無上菩提に到る（自利）」「無上菩提を得させる（利他）」という意味であるから、「持して」は功徳と菩提の連続性を意味していると考えられる。

ここから、冒頭の『道行般若経』の棒線部「勧助して為に薩云若を持する心を作す」の意味を考察するならば、「自己の功徳を薩云若に到るまで保つことが勧助である」という意味になるであろう。

梶山氏は、「回向」という訳語を最初に用いたのは鳩摩羅什であるとし、それ以前は「持作」「持心作」「作」などという訳語が使われているとしているが、[11]ここに示したように梶山氏の所説には若干の補説が必要であろう。「持作」は「功徳を保って無上菩提を作（な）す」という意味であり、それが「勧助」という訳語で表現されていると見るべきである。その上で、梶山氏が「ふりむけ（回向）」の思想に二つの段階があると指摘しているのは極めて重要である。[12]その二段階とは、①善根を自分の幸福から無上菩提にふりむける回向と、②自分の幸福から他者の至福にふりむける回向とがあり、①がより基本的なものであるということである。この点について更に先行研究を点検した上で、「回向に二義あること、それは同時に回向の二つの型をあらわすことを確認する必要がある」とする。[13]そして、結論的に①を「内容転換の回向」、②を「方向転換の回向」と提起している。[14]「内容転換」とは、自己の「有為の善根功徳」を「無為無漏の無上菩提」にふりむけるという意味であり、「方向転換」とは自己から他者へとふりむけるので方向が転換するという意味である。本稿の文脈においては、この「回向の二つの型」という視点が特に重要であると思われる。なぜなら、後の時代にこれらが総合されて「回向」と表現されると、その「回向」という言葉の中にこの二点が隠れてしまい、余程丹念に考察しなければその本来の意味が分からなくなってしまう可能性があるからである。このような内容転換と方向転換の回向が、一切は無所得・不可得であるという思想と重なって表現されたのが鳩摩羅什の『般若経』における「阿耨多羅三藐三菩提に回向する」という思想なのである。曇鸞の「回向の二相」はこの点を踏まえて考察する必要があると思われるが、この点は最後に触れることにする。

また次に触れる「普賢行」への深化の過程では、「施与」という用語が重要であるが『道行般若経』においては、「譬えることができないような恒河沙の如き財物の施与も菩薩の勧助の所施には全く及ばない[15]」といった文脈で用いられており、施与と勧助に明確な区別を立てているので特に注意が必要である。

二　回向から「普賢行」への深化

大乗仏教は、『般若経』が一つの大きな転換点となって衆多の経典として結実していくのであるが、その代表的な深化形として『華厳経』を挙げることができよう[16]。『般若経』から『華厳経』へという展開は大乗仏教の本質的な問題であり、ここでその詳細を検討することはできないので稿を改めたい。しかしながら、『華厳経』を一貫する中心的な課題が「普賢願行」という問題であり、そして普賢願行は『華厳経』以外の経典には説かれていない[17]。その上で普賢願行は菩薩道の「回向」の問題と密接に関係していると考えられる。また「普賢願行」は『無量寿経』の第二十二願の基本的な課題であり[18]、それは曇鸞と親鸞の思想の軸となるものである。このような背景を持つ大きな課題であるので、その基本的な視点を以下に提示したい。

既にいくつかの先行研究によって示されているように、普賢菩薩または普賢行に言及する最も古い経典は西晋聶道真訳の『三曼陀跋陀羅菩薩経』である[19]。この経典の最も核心部分は「法行品第五（大正蔵の底本にはこの品名がない。宋元明版によって補われている）」に説かれる「法施与」である。この経典が説く法施与とは、「昼夜三回十方の諸仏に向かって、悔過・忍・礼・願楽・請勧し、その功徳を一切集めて「福味」として、諸仏の法、諸仏の所知の如くにするならば、この功徳によって諸仏の相を生ずるに至る。この諸仏の相

（つまり功徳）を「法」として施与するならば、自らも既に施与を受け、施与ということが成り立つ。この施与を「正しい施与」と為すのである[20]」ということである。その上で、

某、是の法施与の功徳を持して、一切人をして皆与（とも）に法を逮得せしめ、皆意を起こさしめ、薩云若の如く施与等しければ、今某の施与は三曼陀跋陀羅菩薩の所行の如くにならしむ。

某持是法施与功徳、令一切人皆逮得与法、皆令起意、如薩云若施与等者、今某施与令如三曼陀跋陀羅菩薩所行。（大正14・六六八a）

とする。ここには『道行般若経』などと同様に、「回向」という用語は使われていないが同じ意味が「法施与を持す」という概念によって表現されていることを読み取ることができる。

この「法施与」の前提となる「悔過・忍・礼・願楽・請勧」に法施与を回向として付加し内容を整えたものが『文殊師利発願経』に説かれる「悔過・随喜・勧請・回向」の四悔過法である[21]。『文殊師利発願経』は『普賢行願讃』に先行する異訳経典であることが既に先学によって明らかにされている[22]。そして『三曼陀跋陀羅菩薩経』は、『舎利弗悔過経』との親近性が既に先行研究によって指摘されている[23]。『舎利弗悔過経』は『道行般若経』と同時代の翻訳であるから、ここで内容を検討しながら「回向」の問題が「普賢行願」に展開する道筋を確認したいと思う。

『舎利弗悔過経』は、舎利弗が世尊に向かって「善男子善女人がこれまで為してきた悪を止めて仏道を求

める為にはどうすればいいか」と問うことから始まっている。[24] 全体は大きく五つの段落によって構成されている。①罪悪をなしてきたことの実感、②悔過して覆蔵しない、③一日三回十方の諸仏に礼拝し悪をなす衆生には善を勧め歓喜を得るよう助け、善をなすものには歓喜を助ける、④十方諸仏に説法を勧請する、⑤好心を持ち一切衆生に自らの福を施与する、の五つである。この中の③の所説が本稿の文脈では特に重要であると思われる。そこでは、布施という善をなす者については、

某等、其の作善を勧めて其の歓喜を助けん。

某等勧其作善助其歓喜。（大正24・一〇九〇ｃ）

と言い、仏が教化すべき衆生に対しては、

某等、皆に楽を勧めて善を作らしめて其の歓喜を助けん。

某等皆勧楽作善助其歓喜。（同前）

と言うのである。これは前節に触れた『道行般若経』の「勧助」という概念の具体的な意味を示すものと解されよう。また、⑤の後半では一切の福徳について、

皆、集聚し合会して好心を持して以て天下の十方の人民父母蜎飛蠕動の類に施与して、皆其の福を得せしめん。

皆集聚合会以持好心施与天下十方人民父母蜎飛蠕動之類、皆令得其福。（同一〇九一a）

としている。これは『般舟三昧経』の「勧助」の概念に通じるであろう。このように考察してみると、『道行般若経』『般舟三昧経』の「勧助」という概念は後の「随喜」（③に示した例）と「回向」（⑤に示した例）を併せ持つような概念であることが了解される。竺法護『正法華経』の勧助品を鳩摩羅什が随喜功徳品と訳したこともこれによって頷くことができる。そして、『舎利弗悔過経』の③の段落を「随喜」とみなすならば、『舎利弗悔過経』が悔過・随喜・勧請・回向という四悔過を中心課題とする『文殊師利発願経』に先行する経典であることが首肯される。この「四悔過」は龍樹『十住毘婆沙論』除業品、(25)『大乗起信論』の解釈分分別発趣道相(26)にも説かれる大乗菩薩道の基本的な概念であるが、やや傍論にわたるので詳細は稿を改めることにしたい。

以上によって、『舎利弗悔過経』によって提起された四悔過法は具悪の凡夫が仏道を求めることの中にある課題と言えるが、そこに説かれる「施与」は『般若経』のような無所得・不可得を内実とするものではない。「福徳を施与する」とか「所作の善を施与」するといった有為の善を内容とするものである。それが『三曼陀跋陀羅菩薩経』では「法施与」という内容に深化したのである。そして、この四悔過法はそのまま展転して『華厳経』十回向品中の第五「無尽功徳蔵回向」や第九「無縛無著解脱回向」に登場するのである。(27)

テキストデータベースを検索すれば一目瞭然であるが、『華厳経』が十回向品以外で菩薩の課題として「回向」を説く箇所は僅かである。鳩摩羅什以降の『般若経』が至るところで「阿耨多羅三藐三菩提に回向す」と説くのとは対照的である。その原因は一体どこにあるのであろうか。まず、こうした視点に立って『華厳経』における「阿耨多羅三藐三菩提に回向す」という文を検索してみると、十回向品の最初と十地品の初歓喜地にしか説かれていないことが了解できる。十回向品の当該経文は次の通りである。

諸の善根を以て、阿耨多羅三藐三菩提に回向す。
以諸善根、回向阿耨多羅三藐三菩提。

（大正9・四八九a）

これは菩薩が六波羅蜜所修の善根を以て一切衆生を平等に饒益するために用いよと説く段落の最後に説かれる文である。経典は丁寧に「一切」の意味を開いて、「一衆生、一仏刹、一仏、一仏法、一願」の為ではなく、「一切の衆生、一切の仏刹、……」の為に菩提心を起こして阿耨多羅三藐三菩提に回向すると説いている。また、十地品の用例は次の通りである。

是の福徳を以て、皆阿耨多羅三藐三菩提に回向す。
以是福徳、皆回向阿耨多羅三藐三菩提。

（同五四六c）

文中の「是の福徳」とは、初歓喜地の菩薩が一切衆生を救済せんという願力によって、少しの見仏によって無数の諸仏世尊を見て喜び供養する「福徳」のことである。つまり、菩薩が為す功徳は有量であるが、それを阿耨多羅三藐三菩提に回向することで結果的に無量と等しくなるとするのである。有限をいくら重ねても無限にはならないが、「回向」することによって有限は無限と等しくなるという『般若経』の論理と同じことが説かれているのである。これ以外では十地品第七地で初地以降の歩みを振り返る中で説かれる例が一箇所あるだけである。(28) こうした事実によって、『華厳経』は『般若経』のように「阿耨多羅三藐三菩提に回向する」ということを表立って課題とするものではないことが首肯されるであろう。

『華厳経』の構成上は、十回向品が十地品に先立って説かれているが、内容的には十回向品の方が遥かに後の成立であると思われる。法蔵が言うように『華厳経』は巻舒自在であるから、(29) 順にしたがって始めから読んで理解できるようなものではない。それ故、その構成を思想史的に読み直すことが非常に重要なのである。今は、こうした視点に立って『華厳経』が何故「阿耨多羅三藐三菩提に回向する」という表現を用いないのかという点に焦点を当てて考察を進める。

既に幾つかの先行論文で指摘したように、(30)『華厳経』は非常に複雑な構成を持っているが、それを読み解く鍵もいくつかある。『華厳経』は大きく、マガダ国寂滅道場の地上・天上で展開する前半と、祇園精舎を会処とする入法界品の後半によって成り立っている。更に、前半の構成は次のようになっている。

寂滅道場会

普光法堂会

天上四会（忉利天・夜摩天・兜率天・他化天）

第二普光法堂会（新訳は第二と第三に分かれる）

この構成は、文殊師利と普賢菩薩を軸として考えてみると非常に分かりやすい[31]。ここでは寂滅道場をいったん保留する。その理由は『華厳経』の中でも同処は最も後に成立した所説であると考えられるからである。文殊師利は普光法堂会冒頭の名号品に登場した後全く登場しない。一方、普賢菩薩は第二普光法堂会に登場するとそれ以降はすべて普賢菩薩の所説である。そして天上四会には二人とも一切登場しないのである。簡潔に言えば、文殊師利が開いた法門は天上四会を経て普賢菩薩に結実するという粗筋なのである。先に取り上げた『華厳経』における回向の用例は、天上四会の兜率天会（十回向品）と他化天会（十地品）の所説であった。さらに検討を加えると、十回向品以前で回向に触れる箇所はわずか数例しか存在せず、ほとんどが法門名の一部であり、内容を伴うのは明法品の一例のみである[32]。十地品以降では、先に触れた十地品の二つの用例は重要であるが、それ以外では性起品の用例[33]、離世間品に法門の名称の一部として多少の用例がある程度である[34]。このように検討してみると、『華厳経』における回向の思想は十回向品に集中していると言える。

十回向品は、①救護一切衆生離衆生相回向、②不壊回向、③等一切仏回向、④至一切処回向、⑤無尽功徳蔵回向、⑥随順平等善根回向、⑦随順平等観一切衆生回向、⑧如相回向、⑨無縛無著解脱回向、⑩法界等無量回向の十よりなっている[35]。先に触れた四悔過法はこの中の⑤と⑨で説かれている。これらはいずれも甚深の内容を孕んでいるが一応、①は衆生済度、②〜⑤は諸仏供養、⑥以降はいわゆる実際回向を表していると考えることができる。十回向品の教説は『華厳経』の中でも特に長広舌で、膨大なものであるが本稿の文脈から特に注目すべき文を取り上げてみよう。

菩薩摩訶薩は是の如き等の衆妙の宝車を以て諸仏に施す時、是の如く回向す。この善根を以て……一切衆生をして普賢行を行じて彼岸に到り一切種智を退転せざることを得せしめん。

菩薩摩訶薩以如是等衆妙宝車、施諸仏時、如是回向。以此善根……令一切衆生行普賢行到於彼岸得不退転一切種智。（大正9・五〇二c〜五〇三a）

これは、⑥随順平等善根回向の中の文で、菩薩は衆生のあらゆる行動がすべて普賢行にかなうように善根を回向することを説くものである。

一切衆生に悉く所著無く、一切衆生をして普賢行を行ぜしめんとして回向す。

回向一切衆生悉無所著、令一切衆生行普賢行。（同五二七a）

これは、⑧如相回向の中の文である。この段落では菩薩が一切の善根を回向して無礙身を得ることを説いているので、「善根を回向する」という概念から善根が抜けて回向のみの表現となっている。

菩薩摩訶薩は無縛無著解脱心を以て彼の善根を回向して普賢の身口意業を具足す。

菩薩摩訶薩以無縛無著解脱心、彼善根回向具足普賢身口意業。

（同五二八b）

これは、⑨無縛無著解脱回向の冒頭の文で、これ以降、普賢○○と名付けられた多くの功徳が説かれ、菩薩が普賢行を修習していくことが説かれる。この段落中には「普賢菩薩無量大願」（五二九c）「普賢菩薩行門」（五三一c）といった用例も存在するので、天上四会に「普賢菩薩」という言葉が全く存在しないわけではない。しかし、普光法堂会のように普賢菩薩が説主となって法門が説かれているのではない。

法界に随順するが如く悉く一切に至て、一切衆生をして普賢菩薩行を行ぜしむること亦復た是の如し。

如法界随順悉至一切、令一切衆生行普賢菩薩行亦復如是。

（同五三五a）

これは、⑩法界等無量回向の中の文である。この法門の中心は「法界等」という概念である。「無量の一切法」は、無量であるから全体的には「一」である。しかしながら、具体的には個々別々である。その個々の一々がそれぞれ無所得であるから一切は無礙であり無量である。この全体的一と個々を合わせて「法界」と称し、法界が周きように菩薩はその善根をすべてに至らしめ、衆生に普賢行を実践せしめるよう回向するという意味である。以上の用例は、十回向品中で「普賢行」に触れながら回向を説く箇所を取り上げたものである。

十回向品の十門にはそれぞれの段落末に偈頌が備わっており、当該門の所説を要約していると考えられるが、十回向品の末期の偈頌は一切諸仏への供養を一通り頌した後で、菩薩の回向をまとめて次のように説く。

普賢菩薩の所行に安住して悉く能く一切の諸仏を観見し、……普賢菩薩の所行を修習して普賢菩薩の諸地に安住し、……悉く智慧妙達を成就すること猶普賢菩薩の所得の如し、……悉く一切無余の衆生をして皆普賢菩薩と斉等ならしめん。

安住普賢　菩薩所行　悉能観見　一切諸仏、……修習普賢　菩薩所行　安住普賢　菩薩諸地、……悉令成就　智慧妙達　猶如普賢　菩薩所得、……悉令一切　無余衆生　皆与普賢　菩薩斉等。

（同五四一b）

この偈頌は、経典の流れから見れば、第十門の偈頌という限定的な意味ではなく、十回向品全体を総括していると思われる。その上で振り返ってみると、十回向品の冒頭の問題提起は次のようなものであった。

菩薩摩訶薩は此の願を立て已りて、三世諸仏の回向を修学せよ。仏子よ、何等か菩薩摩訶薩の回向と為すやとならば、菩薩摩訶薩の回向に十有り。

菩薩摩訶薩立此願已、修学三世諸仏回向。仏子何等為菩薩摩訶薩回向、菩薩摩訶薩回向有十。

（同四八八c）

つまり、菩薩が三世諸仏の回向を修学することは、菩薩自身が普賢行を実践すると同時に、一切衆生が普賢行を実践するよう導くこと、というのが十回向品の骨子なのである。文中の「此の願」とは、「悉く普く一切衆生を救護せん」ということであるから、十回向品は先に触れた「回向の二つの型」の中の他者へ振りむける面が深化して普賢行という概念に結実したものということができる。つまり、『華厳経』の回向思想は『般若経』における衆生済度を課題とする面が「普賢行願」という概念に深化したものと見ることができる。この点から見れば、『華厳経』に「阿耨多羅三藐三菩提に回向する」という『般若経』の回向表現がないのはむしろ当然と言えよう。

三　「仏力」と「法門」の大乗的意味

以上のような『華厳経』における、菩薩の回向と普賢行願の関係に注目すると、曇鸞が『浄土論』総説分の観察門で「勝過三界道」を解釈して次のように述べることが重要であると思われる。

此の三界は蓋し是れ生死の凡夫流転の闇宅なり。復た苦楽少しく殊り脩短暫く異なると雖も統て之を観ずるに有漏に非ざる莫し。……安楽は是れ菩薩の慈悲の正観の由より生ず。如来神力・本願の建つる所なり。胎卵湿の生も茲れに縁りて高揖し、業繋の長維も此れ従って永断す。続括の権は勧むを待たずして弓を彎き、労謙善譲して普賢に斉くして徳を同じくす。

此三界蓋是生死凡夫流転之闇宅。雖復苦楽少殊脩短暫異、統而観察之莫非有漏。……安楽是菩薩慈悲正観之由生。如来神力本願之所建。胎卵湿生縁茲高揖、業繫長維従此永断。続括之権不待勧而待彎弓、労謙善譲斉普賢而同徳。

（大正40・八二八a、『浄真全』一・四五七頁）

前半は凡夫の住処である三界と阿弥陀の本願による安楽国土を対比し、後半の「胎卵湿の生」以下は安楽国土が三界を超え、衆生の業繫を断ち切ることを示し、傍線部は仏菩薩の慈悲は衆生の求めを待つことなく連続して衆生に向けられ、凡夫のわずかな善根を普賢の徳に同ずるものとする、といったことを表している。要するに「三界の衆生に安楽を示して衆生の小善を普賢の徳に同ぜしめる」ということである。『華厳経』十回向品には「安楽国土」こそ説かれてはいなかったが、菩薩が衆生に随順して様々な方便を通して衆生を救済することが延々と説かれていた。ここではその方便が具体的に「安楽世界」と説かれているのである。

この三界の衆生を救済するために方便を示し、そこから抜け出させた後に大きな功徳を与えるという文脈は、若干飛躍するようであるが『法華経』譬喩品所説の「火宅三車の譬喩」[36]や『維摩経』仏国品の浄土建立の四義と相応するように思われる。それは、火宅内の子どもたちに対して門外に羊鹿牛の三車があることを教えて導き出した上で、平等に「大白牛車」を与えるという譬喩であるが、経典では後に火宅が三界を意味していることが明かされている[37]。つまり、「三界を出る」というコンテキストにおいて両者は共通しているのである。その上で平等に与えられたものは、『法華経』では「大白牛車」であり、曇鸞『論註』では「徳を普賢に斉しくする」ということである。この三界外の大白牛車の理解については、中国・日本で多くの議論があったが[38]「三界を出てからの菩薩道」という視点はかつて存在しただろうか。多くの議論は、三界内の三乗と三界外の一仏乗の同異の問題として受け止められてきたのではなかったか。今後は、この三界外の菩薩道（＝仏道）という視点に立って、他の大乗経典との関係が考察されるべきであろう。

『法華経』では、火宅三車の譬喩に先立って方便品で諸仏出世の一大事因縁は衆生に仏智見を開・示・悟・入することにあると明示される[39]。この点は後に法師品において「此経、開方便門　示真実相[40]」とも表現されるが、仏と衆生の関係を考える時には看過できない視点である。世親は『法華経論』において、この「開示悟入」の「示す」を解釈して次のように言う。

復た、示すとは諸菩薩の疑心有る者の為に、如実修行を知らしめんが故なり。

又復示者、為諸菩薩有疑心者、令知如実修行故。　（大正26・七b）

また、仏力と法門の関係については次のように言う。

此より已下は、法力・持力・修行力を示現す、当に知るべし。法力とは五門示現す。一は証門、二は信門、三は供養門、四は聞法門、五は読誦持説門なり。

自此已下、示現法力持力修行力、応当。法力者五門示現。一者証門、二者信門、三者供養門、四者聞法門、五者読誦持説門。　（同九c）

これは、如来寿量品以下の各品が、『法華経』の持つ様々な功徳の力を広く説いていると解釈する箇所である。ここでの「力」とは直接的には『法華経』の力であるが、『法華経』を説いている釈迦牟尼仏の仏力を反映していると考えられよう。また「門」とは対告衆に対して開かれたそれぞれの教説を指している。このような視点に立つ時、曇鸞が世親の『浄土論』の解義分の起観生信章の冒頭で『論』の五念門を解釈して、

起観生信とは此の分の中に又二重有り。一は五念力を示し、二は五念門を出だす。
起観生信者此分中又有二重。一者示五念力、二者出五念門。
（大正40・八三五a、『浄真全』一・四八七頁）

とすることには極めて重要な意味がある。先の『法華経論』の所説を踏まえるならば、「五念力を示す」というのは、単純に五念門を修行せよと言うのではなくて、「五念」は阿弥陀仏の如実修行であることを衆生に示すという意味に理解されるからである。その上で教説としての「五念門」を開いて、安楽世界をよく観察して信心を生ぜよと説くのが『浄土論』であると曇鸞は言うのであろう。これまでの曇鸞『論註』研究はこのような視点を踏まえていただろうか。今後はこうした点を看過せずに『論註』研究を進める必要があろう。

結論　『論註』の回向二相の意味

「門」が衆生に開かれた仏の教説であるという視点に立って、曇鸞の回向門を考察するために看過できない点を提示して本稿の結論としたい。曇鸞が二種相の回向を説くのは『論註』下巻起観生信章の最後にある次の文である。


回向に二種相有り。一は往相、二は還相なり。

往相とは己が功徳を以て一切衆生に回施して作願して共に彼の阿弥陀如来の安楽浄土に往生せんとなり。

還相とは彼の土に生じ已りて、奢摩他・毘婆舎那を得て方便力成就して、生死の稠林に回入して一切衆生を教化して共に仏道に向かうなり。

若しは往、若しは還、皆衆生を抜きて生死海を渡せんが為なり。

是の故に、回向を首と為して大悲心を成就するを得んが故と言うなり。


回向有二種相。一者往相、二者還相。

往相者以己功徳、回施一切衆生、作願共往生彼阿弥陀如来安楽浄土。

還相者生彼土已、得奢摩他毘婆舎那方便力成就、回入生死稠林教化一切衆生共向仏道。

若往若還、皆為抜衆生渡生死海。

是故、言回向為首得成就大悲心故。（大正40・八三六a、『浄真全』一・四九二〜四九三頁）

傍線を付したところに、曇鸞の回向観がよく表れている。仮に曇鸞の回向観が『般若経』などを基本とするなら、回向の往相面は阿耨多羅三藐三菩提に回向すると表現されるであろう。しかし、そのようには説かれず、往相面も還相面も衆生救済が基調となっている。これは本稿の文脈から見れば『華厳経』十回向品の所説と相応していると言えよう。そして往相の「作願」と還相の「方便力」が合わされば、そのまま「本願・力」回向という表現になることは容易に理解される。この点は如来と菩薩が絶対不二であるという視点から考察を加えるべきであるが、これが親鸞の「如来二種回向＝本願力回向」に展開することは容易に推察されるであろう。この点について、次の「善賢行と曇鸞の往還回向」では世親『浄土論』の基本思想を確認したうえで、曇鸞の思想の独自性と親鸞への展開について考察する。

註

（1）この問題については、本書の市野論文において体系的に整理され、問題点が指摘されている。
（2）丸山［二〇〇八］の全体にわたってこうした課題が示されている。具体的には一〇〜一一頁を参照。
（3）同書八六〜八七頁参照。
（4）同書一三九頁参照。
（5）梶山［二〇一二］・一二四頁参照。
（6）同書七八〜七九頁参照。

（7）同所に、

不可計の仏天中天所説の法、其の法中に於て復た学ぶ所有の功徳、乃し諸般泥洹、仏所作の功徳、都て之を計し之を合するに、勧助を尊と為す。種種の徳の中、極是上と為す。（大正8・四三八a）

とある。

（8）『大漢和辞典』巻二・四二一頁第二段参照。

（9）大正13・九一七b。

（10）同右。

（11）梶山［二〇一二］・二二五頁参照。

（12）同書一三九頁参照。

（13）同書二三一頁参照。

（14）同書二三二頁参照。

（15）『道行般若経』巻第三漚惒拘舎羅勧助品に、

（様々な財施を）供養すること恒辺沙劫の如くして喜楽する所に随て是の施与を作し、若しは是に過ぐる者も、菩薩摩訶薩の勧助の所施に及ばず。（大正8・四四〇a）

とある。

（16）この点は、本稿の課題である回向の問題や、般若波羅蜜を象徴する文殊師利から方便を象徴する普賢菩薩へと展開する全体的なコンテキスト、『般若経』の六波羅蜜が『十地経』（十地品）の十波羅蜜へと展開すること、これらが総合して入法界品を成立せしめていること、などから考察されるが、具体的には織田［二〇二三］の第二章参照。

（17）名称そのものは『法華経』等にも出るが、大菩薩の方便を象徴する点は『華厳経』の成立と相依相待の関係にある。

（18）現行の『無量寿経』第二十二願（大正12・二六八b）は、本来一生補処の願と呼ばれ、他方仏土の諸菩薩たちが阿弥陀仏の国土に生まれて、「現前に普賢の徳を修習せん」ことを阿弥陀仏が願ったものである。
(19) 大正蔵14巻(No. 483)所収。
(20) 大正14・六六八aの四行目「三曼陀跋陀羅菩薩言」から一一行目の「是施与為正施与」の趣意。
(21) 大正10・八七九aに説かれる。この四悔過の展開については、静谷[一九七四]の第三章附録一　悔過法史上における舎利弗悔過経の地位(一三二〜一四七頁)に考察がある。
(22) この問題については、①泉[一九二九]、②高峯[一九五〇]の一八七〜一八八頁、③中御門[二〇〇二]などに言及されている。
(23)『舎利弗悔過経』は後漢安世高訳、大正蔵24巻所収。両者の関係については、註(21)の静谷[一九七四]、註(22)の高峯[一九五〇]などで言及されている。他に藤近[一九九七]でも関説されている。
(24) 舎利弗の質問は次の通り。
若し善男子善女人有りて意に仏道を求めんと欲して、前世に悪を為すが若きは、当に何ぞ用って之を悔せんや。(大正24・一〇九〇a)
(25) 大正26・四五a。
(26) 大正32・五八〇c、なおここでは回向を用いず「大願平等方便」としている。この点には用語の変化を見ることができるように思われる。
(27) 第五門は大正9・四九七a、第九門は同五二八b。
(28) 大正9・五六二a。
(29)『華厳経探玄記』巻第十八(大正35・四五五b)に説かれる。そこでは入法界品の善知識の説く法門が自由自在で、一多・前後が無礙であることを意味している。
(30) 織田[二〇一五][二〇一八a]等参照。
(31) この問題については、織田[二〇一八b]参照。

(32) 世間浄眼品の法門名の一部として二例（いずれも大正9・四〇〇b）、名号品における菩薩の法門の一部として（同四一八b）、四諦品に説かれる他方世界の四諦として（同四二一b）、明法品（同四六一c）、十無尽蔵品（同四七五b）のみである。この中では明法品の用例が注目される。『華厳経』は十地品以前では波羅蜜思想を説いていないが、明法品だけが十波羅蜜を説いている。『華厳経』の全体的な文脈から見ておそらく「十住」説を補完するため後に編入されたものと考えらえる。

(33) 三例あるが、六一四bに説かれる二例のみが内容を伴う用例である。

(34) 離世間品には比較的多数の用例があるが、ほとんどは「善根を回向する」という用例か、他は法門名の一部として用いられている。この点は離世間品の基調を表すものと理解される。

(35) 大正9・四八八b～c。

(36) 当該所説は、大正9・一二b～一三a。

(37) この点は次のように説かれている。

（如来は一切世間の父として）恒に善事を求めて一切を利益せんとして三界の朽ち故りたる火宅に生ず。（大正9・一三a）

(38) 中国・日本における三車家四車家の論争（＝法華権実論争）や賢首法蔵の同別二教判などはその典型的な例と考えられる。

(39) 大正9・七a。

(40) 大正9・三一c。

参照文献

泉芳璟　［一九二九］「梵文普賢行願讃」『大谷学報』通巻三四号

織田顕祐［二〇一五］「七処八会の構造から見た『華厳経』の基本思想について」『仏教学セミナー』一〇二号

織田顕祐［二〇一八ａ］「『華厳経』天上篇の思想史的意味について」『大谷学報』第九八巻一号
織田顕祐［二〇一八ｂ］「『華厳経』における文殊師利と普賢菩薩」『仏教学セミナー』一〇七号
織田顕祐［二〇二三］『『華厳経』綱要』（東本願寺出版）
梶山雄一［二〇一二］『梶山雄一著作集第二巻　般若の思想』（春秋社）
静谷正雄［一九七四］『初期大乗仏教の成立過程』（百華苑）
高峯了州［一九五〇］「普賢行願品の地位」『般若と念仏』所収（永田文昌堂）
中御門敬教［二〇〇二］「普賢行と普賢行願」『仏教文化研究』四六号
藤近恵市［一九九七］「初期大乗経典における普賢行の一考察」『印度学仏教学研究』第四五巻第二号
丸山圭三郎［二〇〇八］『言葉とは何か』（ちくま学芸文庫）

本稿は、もともと本書のために構想したものであるが、別の論文に示す必要があり、本書に先立って『同朋大学論叢』（第一〇七号、二〇二二年）に掲載した。それに若干の修正を加えたものである。

普賢行と曇鸞の往還回向

織田顕祐

本稿では前稿を踏まえて、曇鸞の往相還相回向の内容を検討する。まず、世親（天親とも。以下世親とする）『浄土論』と曇鸞『論註』の差異を確認する。『論註』は「五念門行」を修するものと理解してきた誤りを指摘する。『浄土論』には「五念門行」という概念は存在せず、法蔵所修は「五門行」、行者の課題は「五念門」と区別して説かれている。この混同が『論註』理解を錯綜させてきたのである。

曇鸞は『浄土論』の基本思想が「起観生信」にあり、法蔵の五門行成就の安楽浄土を観察して信心を生ずることは、衆生に開かれた五念門と相応することを冒頭の「五念配釈」によって明らかにした。曇鸞にとって「安楽浄土」は衆生の境界である三界と仏・菩薩の境界である安楽仏土を結節する「門」であり、衆生は安楽浄土に往生することによって、三界を出ると同時に普賢行を修して仏になることが開かれるのである。これが曇鸞の「往相還相回向」という概念である。これに対して、親鸞の本願力回向に基づく「如来二種の回向」論は、菩薩行の成就の点からこの内容を再表現したものである。

問題の所在

前稿を踏まえて、次の課題に進んでいきたい。それについて、前稿の要点を再度整理すれば次の通りである。

ア、回向思想にはもともと内容転換と方向転換の二面があった。

イ、『華厳経』の十回向品は明らかに『般若経』の回向思想の延長上に存在し、その最終目的は一切衆生に普賢行を行ぜしめることである。これは方向転換の回向が深化したものと言える。曇鸞の往還二回向も衆生救済が課題となっている点でこれを踏まえている。

こうした点を踏まえながら、曇鸞の往還二回向の内実を世親の思想に遡って検討するのが本稿の課題である。その上で、親鸞の「如来二種回向」説への展望を示したい。

一　世親『浄土論』における五念門と五門行

曇鸞『論註』の本来の思想を検討するために、ここではまず曇鸞の解釈を一旦外して、世親の『浄土論』

の思想そのものを考察したい。それに当たって、本稿では次の点に特に注意して論考を進めていきたいと考える。

・世親『浄土論』には阿弥陀仏国を「浄土」とする表現がない。
・安楽世界と安楽仏国を区別している。
・五念門と五門行を区別している。
・蓮華蔵世界に言及するが普賢行を説くことはない。

世親『浄土論』を読んで、まず気づくことは『浄土論』と称しながら、『浄土論』の中に文字通りの意味で「浄土」に言及する箇所が存在しないことである。もっとも世親自身が『浄土論』と称しているわけではないので、注意が必要であるがこの点は曇鸞と大きく異なる点である。この視点に立って『無量寿経優波提舎願生偈』（以下、『願生偈』と略す）を振り返ってみると、それは「安楽国」とか「安楽世界」と称されていることに気がつく。これは『無量寿経』の当相にそのようにあるのだから当然である。曇鸞は常に「安楽浄土」と受け止めて理解を進めているが(1)、これを一旦外して考察を進めたいと思う。この「安楽国」と「安楽世界」という言葉を世親は区別して用いているようである。そこでまず、『願生偈』における両者の用例を検討してみたい。『願生偈』全二十四偈の冒頭の偈頌は、通常の論であれば帰敬偈と呼ばれる箇所であるが、次のようにある。なお、『願生偈』には本文の校異や種々の立場による訓読の異なりが存在するので、ここでは一応標準を期する意味で『大正蔵』を用いる。

世尊よ我れ一心に　尽十方の　無礙光如来に帰命して　安楽国に願生せん。

世尊我一心　帰命尽十方　無礙光如来　願生安楽国。（大正26・二三〇c）

次に第二偈において「優波提舎」の意義を示した後の、第三偈では、

彼の世界相を観ずるに　三界道を勝過せり。

観彼世界相　勝過三界道。（同前）

としている。これと全く同じ用例が『願生偈』論部（曇鸞が解義分と称する部分）のいわゆる「五功徳門」の入第一門にも存在する。

阿弥陀仏を礼拝して、彼の国に生まれんと為すを以ての故、安楽世界に生まれることを得る。是れを入第一門と名づく。

以礼拝阿弥陀仏、為生彼国故、得生安楽世界。是名入第一門。（同二三三a）

この文は、「阿弥陀仏を礼拝し、彼の国に生ぜんと為すを以ての故に、安楽世界に生ずることを得。是れを入第一門と名づく。」（『浄真全』一・五二五）と訓読するのが通例であるが、かりに「彼の国」と「安楽世界」が同じならば同語反復となり、この文を理解することができない。その上で偈と論のすべてにおいて「安楽世界」という用例はこの二箇所しかないのである。偈頌の正宗分の開始と五功徳門の第一にのみ安楽国と安楽世界を区別する用例が存在するのである。同じような問題は「阿弥陀仏」と「阿弥陀如来応正遍知」(2)、「五念門」と「五門行」(3)の間にも存在する。この点について、曇鸞は第三偈の「観彼世界相」を釈して、

彼は彼の安楽国なり。世界相とは彼の安楽世界清浄の相なり。

彼者彼安楽国也。世界相者彼安楽世界清浄相也。

（大正40・八二八a、『浄真全』一・四五六頁）

と言っている。これは仏国土荘厳功徳十七種のうちの第一清浄功徳成就を念頭においた解釈である。つまり、曇鸞は「安楽国土とは、安楽世界の清浄なるすがたである」と言っているわけである。二十九種の荘厳功徳は「清浄」という一法句に収まるというのが世親の根本思想であり、この「清浄」という概念が無所得空・第一義諦を意味するのであるから、「安楽国」と「安楽世界」は具体的な「相」という問題を介して真実と方便の関係にあると言える。分別心の中にある衆生にとって、真実そのものである無所得空の仏国土は直接に認識の対象とならないから、方便としての「安楽世界」が如来によって開示されたという意味になるであろう。

この方便として「安楽世界」を開示するという視点から『無量寿経』の所説を考察するなら、因位法蔵菩薩の求道は正しく、礼拝・讃嘆・作願・観察・回向であると言える。『維摩経』仏国品における宝積とそれ以下の維摩詰の関係がそれに相当することをかつて論じたが、[4]その『維摩経』の文脈と『無量寿経』の法蔵比丘の物語はパラレルである。具体的な解釈には多少の幅があるかもしれないが、『無量寿経』に説かれる一人の国王が沙門となって世自在王仏の足を稽首して（**礼拝**）、嘆仏の偈を歌い（**讃嘆**）、一切の生死勤苦の本を抜かしめんと願い（**作願**）、二百一十億の諸仏の刹土と天人の善悪を覩見して（**観察**）、願と行を摂取して兆載永劫に徳を積み重ねる（**回向**）という過程は『維摩経』の所説と全く重なっていると言える。『維摩経』は無生法忍の大菩薩が浄土を建立して一切の衆生を済度することが基本思想であるが、これを法蔵菩薩の物語として一層具体的に開示するのが『無量寿経』であると言えよう。最初に触れたように、世親が『願生偈』の中で安楽国土・安楽世界を「浄土」という言葉で解釈する場面は存在しないが、浄土に相当する内容が存在しないわけではないのである。そして、この点を後に曇鸞が明らかにすることになるのである。

世親は、この法蔵菩薩の五つの求道の過程を「説ける礼拝等の五種の修行」（大正26・二三二c、『浄真全』一・四四一頁）によって一切衆生を摂取することが菩薩の善巧方便回向成就であると言っている。また、論の最後には「菩薩は是の如く五門の行を修して自利利他す」（大正26・二三三a、『浄真全』一・四四三頁）と言っている。この「五門行」を「五念門行」とするテキストが存在するが、[5]大正蔵には特別な注記は存在しない。親鸞加点本には「五念門行」[6]とあるが、おそらく世親の原意は「五門行」であったはずである。ちなみに親鸞は『入出二門偈頌文』においては当該箇所を「五種の門」としている。[7]おそらく源信『往生要集』

が大文第四の正修念仏において「五念門行を修して[8]」と解釈して、行者の念仏行の根拠としたことがこれらの問題の背景にあると推察されるが、この問題については稿を改めることにしたい。

「法蔵の五門行」が世親の原意であるとすると、「五念門」はどのような意味になるのであろうか。そこで改めて『願生偈』の偈と論のつながりを考えてみたい。第一偈の「願生安楽国」と第三偈「観彼世界相」の間に、「優波提舎」の意味を述べる一偈がある。曇鸞が「成上起下」と称する部分である。

我れ修多羅　真実功徳相に依りて　願偈総持を説きて　仏教と相応せん。

我依修多羅　真実功徳相　説願偈総持　与仏教相応。（大正26・二三〇c）

世親は全二十四偈の後に「無量寿修多羅の章句、我偈を以て総説し畢る」（同二三一b）と言っているから、「修多羅」は『無量寿経』、「与仏教相応」は「『無量寿経』を説かれた仏世尊の教えに相応したい」といった意味になるであろう。これを再度解釈したのが、論部の冒頭にある次の文である。

論じて曰く、此の願偈は何の義を明かす。（彼）の安楽世界を観じて、阿弥陀仏を見たてまつらん（示現す）。彼の国土に生まれんと願ずる故なり。

論曰、此願偈明何義。（示現）観（彼）安楽世界、見阿弥陀仏。願生彼国土故。

（大正26・二三一b、『浄真全』一・四三五頁）

この箇所は大正蔵と流布本に文字の異りがある。大正蔵には（　）で示した「示現」と「彼」という文字がなく、最後の「彼国土」は流布本には「彼国」とのみあって「土」が削除されている。その上で大正蔵には校勘等が全く存在しないにもかかわらず、『浄真全』一・四三五頁では各種流布本の激しい同異を挙げている。どのような理由によってこのような加除がなされたのか不詳であるが、長い解釈史を有する浄土教の研究・理解について、原典であるテキストそのものにまずこのような課題があるのである。文意を推察するに、「示現」は経典中では応化身の仏・菩薩が衆生済度のために様々な姿をとる時に用いられる言葉であり、親鸞が証巻冒頭の御自釈の最後に「報・応・化種々の身を示し現したまうなり」（『定親全』一・一九五頁）のように用いる言葉である。安楽世界を観じ、阿弥陀仏に見えようとして安楽国土に願生しようとすることは決して応化身の具体的なすがたを表すことではないから、この付加は疑問である。また、安楽世界に付された「彼」は直後の「彼の国土」に合わせたものと推察される。既に述べたように安楽世界の清浄の相が安楽国土を意味するものであれば、「清浄」は観察の対象とはならないから「彼」という代名詞を付することは不適当である。このように考えると、我が国で流布している諸版本は世親の原意に何らかの意図が加えられたものであると考えられるのである。この点は問題の指摘に留め、大正蔵の文章に従って論旨を進めることにする。

「安楽国土」が仏国土として第一義諦であるならば、それを分別世界において観察の対象とすることはできない。それで「観安楽世界」とか「観彼世界相」と言って「観察」としないのはこの意味であると思われる。それゆえ次の「五念門」において観察が説かれるのは方便としての「世界」が開かれたことによると考えられるのである。世親は、如来の真実功徳である第一義諦が仏によって安楽世界として開かれたので、それを二十九種荘厳に要約して、安楽仏国に生れて阿弥陀仏を見たてまつらんとすることは仏世尊の教えに相応することであり、そのために「優波提舎」を作成するのであるというのが第二偈の意味であろう。この二十九種荘厳功徳は法蔵菩薩の礼拝等の五門行の成就であるから、五門行は安楽国土の因である。その因を衆生に開くのが「五念門」なのである。それ故、論部の冒頭では、

云何が観じ、云何が信心を生ずるや。若し善男子善女人、五念門を修して（行）成就せば、畢竟じて安楽国土に生じて、阿弥陀仏を見ることを得る。

云何観、云何生信心。若善男子善女人、修五念門（行）成就者、畢竟得生安楽国土、見阿弥陀仏。

（大正26・二三一b、『浄真全』一・四三五頁）

と言うのである。この「修五念門」を「修五念門行」とするテキストがあるが、[9] 先程の「示現」「彼」と同様である。この論部冒頭の「五念門」と最後の「五門行」をいずれも「五念門行」と改めたために、種々の混乱が生じたのであろう。「五念門」が凡夫の通常の修行内容でないことは、各説の一々によって明瞭である。礼拝門では凡夫の身業によって「阿弥陀如来応正遍知」を礼拝するとするが、ここでは安楽国土の阿弥陀仏とは説かれていない。讃嘆・作願・観察門では「如実修行に相応」することが具体的な内容であるが、これは衆生の有漏行ではない。また回向門は一切衆生の救済を内容としている。これらが娑婆世界における

凡夫の通常の実践行でないことは明白であろう。

法蔵菩薩は世自在王仏に出遇って五門行を修行して安楽国土を成就して阿弥陀仏となられた。それが衆生に開かれた安楽世界の観察を通して、安楽国に生まれて仏に出会い仏道を成就する道であることを信心するのが、衆生に開かれた課題としての「五念門」なのである。世親の説いた「五念門」を行者の念仏行と理解してきた歴史があるが、世親は本来そのようなことを説いてはいないというのが本論考の最初の確認点である。

二　曇鸞の『浄土論』理解の中心

曇鸞は世親のように「安楽世界」という言葉を用いない。上に述べたように、世親にとって「安楽国土」と「安楽世界」は勝義諦と世俗諦のような関係にあり、切り離すことのできない概念であった。ところが曇鸞は「安楽世界」という言葉を用いないのである。曇鸞『論註』の中には「安楽世界」が三箇所使われているが、全て『論』文の引用である。(10)これに代えて曇鸞は先に触れたように「安楽浄土」という概念を基本としている。この点をはじめに考察しておきたい。「浄土」という概念を最初に説くのは鳩摩羅什訳の『維摩詰所説経』(以下『維摩経』と略す)である。曇鸞において『無量寿経』と『維摩経』が深い関係にあることは、(11)例えば大菩薩(無生法忍の菩薩)の「五門行」が『維摩経』全体の当相に現れていると考えらえることや、法蔵菩薩が世自在王仏に出遇って無生法忍の菩薩になったと曇鸞が解釈することなどによく現れている。

『維摩経』仏国品は、主人公の宝積が世尊に対して「菩薩の浄土の行を説いてほしい[12]」と要請することをきっかけとして、菩薩が浄土を建設する意義とそのための行が説かれている。宝積の質問に対して、世尊は行の内容を説くのでなく、浄土建立の意義を四つ説き始める。次のような文である。

宝積よ、衆生の類は是れ菩薩の仏土なり。所以は何ん。①菩薩は所化の衆生に随って仏土を取る。②調伏する所の衆生に随って仏土を取る。③諸の衆生の応に何れの国を以て仏智慧に入るべきやに随って仏土を取る。④諸の衆生の応に何れの国を以て菩薩の根を起こすべきやに随って仏土を取る。

宝積、衆生之類是菩薩仏土。所以者何。菩薩随所化衆生而取仏土。随所調伏衆生而取仏土。随諸衆生応以何国入仏智慧而取仏土。随諸衆生応以何国起菩薩根而取仏土。

（大正14・五三八a、文中の番号は筆者）

つまり、菩薩が仏国を成就して衆生を済度するのに四つの理由があると言うのである。この内、①②は三界の苦しみに沈む衆生を済度するという意味である。③は衆生が菩薩道を成就するための根拠という意味、④は衆生が菩薩としての位につく（＝正定聚に住する）ための根拠という意味であろう。このように考えてみると、曇鸞が『論註』の最後、「三願的証」において示す所の、法蔵菩薩の第十八願（三界輪転の事を免れる[13]）は①②に相当し、第十一願（正定聚に住する故に必ず滅度に至る[14]）は④に相当し、第二十二願（究竟して必ず一生補処に至る)[15]は③に相当するとみることができる。つまり、曇鸞は『無量寿経』の四十八願の中から、『維摩経』に説かれる菩薩の仏国建立の目的を特別に選び出していると考えられるのである。『維摩経』はこの後、仏国建立の行として十七の課題を提示するのであるが、これらを菩薩の本願であると説くことはない。何故なら、『維摩経』は菩薩の課題を説くのみで、それが成就することを説かないからである。「本願」は果位に立って始めて「本願」と言い得るのであって、『維摩経』は菩薩行の「成就」を説くことがないのである。『維摩経』は阿閦仏国のような他方の仏の国土を浄土として説く場面はあるが、[16]曇鸞が言うような「菩薩の願行と仏国土の不二」を説く場面は存在しない。「浄土の行」としての菩薩の行と仏国土としての浄土をそれぞれ別の文脈で説く場面は存在するが、両者を一体として説くことは無いのである。このように考えてみると、『維摩経』が後に「入不二法門品」[17]を説くことが、曇鸞にとっては極めて大きな意味を持ったであろうと推察される。「不二」は、『般若経』の無所得空・不可得空を受けて龍樹が中観思想を展開したその中心の思想であるが、[18]それを明確に説くのは『維摩経』である。般若波羅蜜→不二→「性の思想」と発展・展開した大乗仏教思想史の中で、[19]極めて重要な位置に立つ経典なのである。

曇鸞の思想においては、仏土と本願の不二(安楽浄土という概念)、穢土と浄土の仮名人の不二(往生の定義)、器世間清浄と衆生世間清浄の不二(一法句の意味内容)といった根本的課題は全て「不二」という概念が基盤である。この点について幾つか教証を上げて確認しておきたい。

安楽浄土は此の大悲より生ずるが故なり、故に此の大悲を謂いて浄土の根と為す。

安楽浄土従此大悲生故、故謂此大悲為浄土之根。
（大正40・八二八c、『浄真全』一・四五九頁）

これは総説分の「性功徳」の結論の文章である。ここでは『華厳経』の如来性起品を教証に上げて、法蔵菩薩が無生法忍の菩薩となって功徳を積み上げてこの安楽浄土を修起したことを説いている。仏果を成り立たせている因位の善根を課題としているので、因果不二において「果の中に因を説いた」ものであるから、それを「性」とすると言うのである。この文意を背後で支えているのは、『維摩経』『十地経』（＝『華厳経』十地品）『華厳経』如来性起品などである。同様の用例に、「安楽浄土は是れ無生忍菩薩の浄業の所起なり」（「妙色功徳」、大正40・八二九a、『浄真全』一・四六一頁）などがある。解義分では「観察体相」で仏土の不可思議力を解釈して次のように言う。

此の中、仏土不可思議に二種の力有り。一に業力、謂く法蔵菩薩の出世善根大願業力の所成なり。二に正覚阿弥陀法王善住持力の所摂なり。

此中仏土不可思議有二種力。一者業力、謂法蔵菩薩出世善根大願業力所成。二者正覚阿弥陀法王善住持力所摂。
（大正40・八三六b、『浄真全』一・四九三～四九四頁）

ここでは観察の対象となっている国土なので「安楽浄土」とは言わず、単に「仏土」とするのである。安楽仏土は因としての法蔵菩薩の善根力と、果としての阿弥陀仏の住持力によって成り立っていると言うのであり、それが不二であることを表す場合に「安楽浄土」と言うのである。この点は仏功徳の第八である「不虚作住持功徳」を釈す箇所でも全く同じように説かれている（大正40・八四〇a、『浄真全』一・五一〇頁）。世親における安楽世界と安楽国土の関係が「不二の浄土」という概念によって願力と国土の不二という視点に深化したのである。

またこの「安楽浄土に往生する」という概念の中にも不二が説かれている。『論註』冒頭の第一偈の「願生安楽国」を釈して次のように言う。

穢土の仮名人と浄土の仮名人と決定して一なるを得ず、決定して異なるを得ず。前心と後心も亦是の如し。何を以ての故に。若し一なれば則ち因果無し。若し異なれば則ち相続に非ず。

穢土仮名人浄土仮名人不得決定一、不得決定異。前心後心亦如是。何以故。若一則無因果、若異則非相続。

（大正40・八二七b・c、『浄真全』一・四五四頁）

曇鸞はこの点について「論の中に委曲なり」としており、この論は龍樹の『中論』を指すと考えられる。[20]器世間清浄と衆生世間清浄についても次のように言う。

夫れ、衆生を別報の体と為し、国土を共報の用と為す。体・用は一ならず。所以に「知るべし」という。然るに諸法は心もて成ず。余の境界無し。衆生と及び器と復た異なることを得ず、一なることを得ず。

一ならざれば則ち義もて分かつ、異ならざれば同じく清浄なり。

夫、衆生為別報之体、国土為共報之用。体用不一。所以応知。然諸法心成。無余境界。衆生及器、復不得異、不得一。不一則義分、不異同清浄。

（大正40・八四一c、『浄真全』一・五一七頁）

このように曇鸞の思想の中心には「不一不異（不二）」という思想が存在するのである。この点が世親と異なる点の第一である。「不二」という思想を基盤とすることによって、「安楽浄土」は凡夫の三界世界と仏・菩薩の清浄土を仲介する概念となったのである。

この「安楽浄土」が凡夫の三界と仏菩薩の清浄土の接点に相当するということを曇鸞は総説分大義門功徳において次のように表現する。

若し人、安楽に生まるるを得ば、是れ則ち大乗の門を成就するなり。

若人、得生安楽者、是則成就大乗之門。

（大正40・八三〇c、『浄真全』一・四六八頁）

文末は「大乗を成就するの門なり」とする読み方もあろうが、漢文の構文から見て「大乗の門を成就するなり」と読む方が自然であろう。また解義分順菩提門では同様に、

大乗門とは謂く彼の安楽仏国土是れなり。

大乗門者謂彼安楽仏国土是也。

（大正40・八四二c、『浄真全』一・五二一頁）

と言う。つまり、安楽国土とは空間的な場所のようなことではなく、凡夫の三界と仏・菩薩の境界である大乗界の接点としての門を意味するということである。このような、浄土が大乗の門であるという視点は、『法華経』譬喩品の火宅内に示された三車と門外の露地に示された一仏乗の関係を念頭におけば比較的理解しやすいであろう。中国・日本の仏教者はこれを「三車家四車家の同異」や「一乗三乗権実論」として議論したが、[21]『法華経』の所説はそのようなことを意味するのではない。それは一切衆生を平等に仏にするための方便と目的が説かれているのであり、その最終目的こそが一切諸仏の悲願であるということを表しているのである。ここに菩薩道と仏道を区別する必要が生ずる。つまり、「菩薩道」は三界と三界外に共通するが、仏道は三界の外において初めて成り立つということである。この点から菩薩についても三界内の菩薩道と三界外の菩薩道とを区別する必要があり、龍樹は前者を「小菩薩」、後者を「大菩薩」と呼んで明確に区別しているのである。世親が安楽国土と安楽世界と区別したのもこのような意味においてであろう。

このように考えてみると、「安楽浄土」には二つの意味があることが明らかになる。一つ目は三界の衆生がそこを抜け出すように示された国土と、二つ目は大菩薩となって阿耨多羅三藐三菩提を成就する「仏道」の出発点という意味の二つである。これは既に触れたように、『維摩経』が仏国土を建立する目的として挙げたことと同じである。不二＝浄土という視点が導入されることによって、世親が三界内では仏道が完結しないために「畢竟往生」（大正26・二三一b）「畢竟得生」（同）と記していたことが、『論註』では「必定得生」(大正40・三八九a、『浄真全』一・五〇六頁)と表現されることになり、「畢竟」は「畢竟当得清浄法身」(大正40・四八一c、『浄真全』一・五一八頁)のように用いられることになったのである。言い換えれば、「畢竟往生」という表現は往生を今ではなく将来の「果」と理解することを表すのであるが、「必定往生」はそれを今における純粋未来として表すことになるということである。それ故、曇鸞は「清浄法身」という究極について「畢竟」を用いることになったのである。

このような安楽国土に対する視点の深化が最も端的に現れているのが、『論註』冒頭の五念配釈と解義分の起観生信章であると思われる。すでに述べたように、論書の通常の構成から見れば、「世尊我一心」に始まる第一偈は帰敬頌であり、「我作論説偈」に始まる第二十四偈は流通頌である。その間が正宗分に相当し、そこに安楽国土の二十九種荘厳功徳が説かれているということになる。すでに述べたように二十九種荘厳功徳は法蔵菩薩の五門行の成就であり、それを五念門として修することが衆生の安楽国土往生の課題であった。ところが『論』における回向門の説明は、

一切苦悩の衆生を捨てずして、心常に作願して回向を首として大悲心を成就するが故に。

不捨一切苦悩衆生、心常作願回向為首成就大悲心故。(大正26・二三一b)

とあって、衆生の課題が説かれているとは思われない。念仏の因縁を回向して阿弥陀仏の極楽国土に生れんと願ずることは、『大乗起信論』修行信心分の所説[22]などと重ねて理解されてきたが[23]、『起信論』に説かれる回

向とは「菩提に回向すべし」（大正32・五八二a）とか、「修する所の善根を回向して彼の世界に生まれんと願ずれば即ち往生を得る」（同五八三a）とあって、行者の自利の回向が説かれているのであり、世親『浄土論』のような衆生回向ではない。『起信論』の回向は明らかに凡夫の菩提回向であるが、それでは『浄土論』五念門における衆生回向とは一体どのような意味であろうか。この点を掘り下げたのが『論註』の五念配釈であると考えられる。

すでによく知られているように、曇鸞は論の第一偈を礼拝・讃嘆・作願門と解釈し、第三偈以下を観察・回向門と解釈している。(24)さらに最後の二十四偈は「論主の回向門なり」(25)と明言して五念門の回向門とは見ていない。それ故、中間の第三偈〜第二十三偈までを観察・回向門と理解していることになるが、解義分では『論註』の第三観察体相章に相当する『論』文のあとは第四浄入願心章と位置付け、次の第五善巧摂化章と位置付ける箇所の中で『論』の「菩薩善巧方便回向成就」について触れている。この善巧方便とは明らかに衆生の菩提回向ではなく仏菩薩の衆生済度の方便を意味している。この箇所が曇鸞五念配釈の回向門に相当すると見ると、第六門以降は大菩薩の衆生済度の菩薩行の内容と理解することができる。ところで、世親は解釈分の最初に「云如が観じ、云何が信心を生ずるや」と言って、「観」と「生信心」が解釈分の課題であるとしていたのであるが、以上のような理解に立つと、この「信心」の課題は論の当相には明確に説かれていないように思われるのである。そこで注目されるのは、『論註』がこの第一偈と第二偈の間の第二偈について「成上起下」(26)という解釈を施していることである。そしてこの箇所を親鸞は真実行の根拠として引用するのである。『論』の、

我れ修多羅　真実功徳相に依りて　願偈総持を説きて　仏の教と相応せん。
我依修多羅　真実功徳相　説願偈総持　与仏教相応
（大正26・二三〇c）

の「依」に対して、曇鸞は「何所依」「何故依」「云何依」の三点を開いて、

云何が依るとは五念門を修して相応するが故なり。成上起下竟りぬ。
云何依者、修五念門相応故。成上起下竟。
（大正40・八二七c、『浄真全』一・四五五頁）

とする。そして、この直後から二十九種荘厳の観察が始まるのであるから、二十九種荘厳の観察は「五念門相応である」ということになる。流布本によって「修五念門相応故」を前掲のように訓読したが、「五念門を修すると相応するが故に」と訓読すれば、その意味が一層明らかになるであろう。このような理解が可能であるとすると、ここには大きな転換があることになる。何故なら、法蔵所修の五門行における「観察」は、「法蔵菩薩が衆生を観察する」ことであったが、ここでは法蔵所修の五門行の成就である「二十九種荘厳功徳を衆生が観察する」ことが五念門相応であるという意味になるからである。このような視点は既に世親『浄土論』において「云何が信心を生ずるや」と提議されていたから、暗に説かれていたとみることができるが、曇鸞の解釈によってその意味が明確になったと言えよう。

この点は解釈分の五念門の解釈にも明確に現れている。曇鸞は『論』が五念門を提示して意味内容を解釈

する箇所を「起観生信」と名付けているが、最初に次のように言う。

起観生信とは、此の分中に又二重有り。一は五念力を示し、二は五念門を出だす。

起観生信者、此分中又有二重。一者示五念力、二者出五念門。

（大正40・八三五ａ、『浄真全』一・四八七頁）

とある。そして、「五念力を示すとは」と見出しをつけて、

五念力を示すとは

云何が観じ、云何が信心を生ずるや。若し善男子善女人ありて五念門（行）を修して成就すれば畢竟して安楽国土に生まれることを得て彼の阿弥陀仏を見たてまつるなり。

示五念力者

云何観云何生信心。若善男子善女人修五念門（行）成就畢竟得生安楽国土見彼阿弥陀仏。（同前）

と解釈する。その上で「五念門を出だす」として礼拝以下を提示するのである。つまり、曇鸞は『論』の課題を「起観生信」と解釈した上で、『論』文を二段に分けて理解すべきことを提示しているのである。『論』文に先立って見出しをつけることは、『論』文の理解の仕方を指示していると言える。この点は『論註』が

単なる『浄土論』の解釈書ではないことを意味している。この「起観生信」とは文字通り、「安楽国土を観察して信心を生ずる」という意味であると考えられるから、世親では暗示されていた「信」の課題を曇鸞が積極的に掘り起していることを確認できるのである。したがって、この起観生信章冒頭の「二重有り」は『論註』という著述の基本的な姿勢を窺うための最も重要な箇所であると思われるのであるが、近年はあまり積極的に言及されることがないように思われる(27)。

『論註』について最も古い解釈を伝えているのは、奈良時代の南都の元興寺智光の『無量寿経論釈』であるが、起観生信については、「観とはこれ解、信とはこれ行なり」と解釈して「二重」については言及していないことが知られる(28)。またこの智光の解釈を浄土宗鎮西派の良忠が批判して、「起観は是れ起行、生信は是れ安心なり」と言っていることも知られる(29)。香月院深励などもこの解釈を参考として、

この論にとく所の観に二種があり。一には安心の観、二には起行の観なり。

（香月院〔一九七三〕・三八五頁）

などと言っていることを確認できるが、果たして曇鸞の意図はこのようなことであろうか。世親『浄土論』の所説に立って『論註』の解釈を考えるならば、「二十九種荘厳功徳成就の阿弥陀仏土を五念門として観察することは如来の真実功徳相に相応するから、衆生を安楽国土に生まれしめる力がある、その力を信心せよ」というのが曇鸞の言いたいことではないだろうか。先掲一一三頁の『論』の文に（　）で示したが、

『論註』の諸版本にはここに「行」という字が挿入されていたようであるが、『論』本にはそのような文字は当初から存在しないのである。ここ「行」の字があることによって「五念門行」という曖昧な概念が生まれ、それに基づいて「安心と起行」といった解釈が生まれたのではなかろうか。

そして、更に注意すべき点は、これまで述べてきたような曇鸞の五念配釈による五念門の中には「世尊我一心」の一句が含まれていないことである。このことから曇鸞が世親『浄土論』から読み取ったことを推察するなら、『浄土論』全体は冒頭の一句「世尊我一心」に集約され、それは如来の方便に帰依する信心が「一心」に結実したものであり、それを具体的に開いたものが以下の展開であるということになると考えられる。そうだとすると「五念門成就の一心」という了解は、一般に言われているように親鸞独自の曇鸞解釈などではなく、もともとの世親の思想を受けた曇鸞の思想であるということになる。

三　曇鸞における『無量寿経』第二十二願の問題（仏前普賢と仏後普賢）

曇鸞は法蔵菩薩の菩薩行について次のように言う。

序め法蔵菩薩は世自在王仏の所に於て無生法忍を悟れり。爾の時の位を聖種性と名づく。
序法蔵菩薩於世自在王仏所悟無生法忍。爾時位名聖種性。
（大正40・八二八c、『浄真全』一・四五八～四五九頁）

この「無生法忍」という概念は『般若経』→『維摩経』→『十地経』と深化して、『華厳経』に至って「普賢行願」という用語によって集大成される菩薩行の内容である。[30]『無量寿経』の第二十二願はこうした展開の中に位置し、曇鸞の理解はその延長上にあると言えよう。曇鸞は『無量寿経』第二十二願を二箇所に引用している。一は解義分の「不虚作住持功徳」を解釈する場面であり、[31]今一つは解義分の三願的証を説く場面である。[32]『無量寿経』第二十二願は、親鸞の基本思想と重要な関係があるから、これまでにも様々に研究されているが、その根源に遡ってその意味を解釈したものは寡聞にして前例がない。ここではそのような視点に立って、これまでの解釈を一旦留保し、大乗仏教思想史の上からこの曇鸞と二十二願の問題を検討し、親鸞思想を考えるための前提を整理したい。

曇鸞が「不虚作住持功徳」において二十二願を引用する文意は、世親の『論』に「安楽国土で阿弥陀仏を見るならば、未証浄心菩薩が最終的に平等法身を得て、八地の菩薩と同じく寂滅平等を得る」ことを論証するために引用されている。また、三願的証の段落では、阿弥陀の本願力が人天・菩薩といったあらゆる衆生を救済の対象としていることを論証するためである。前者の用例では八地以上の菩薩と普賢行の対応関係について特に言及しているわけではないが、後者の用例では「現前に普賢の徳を修習する」ことが引用の意図であると思われる。二十二願にはかねてより問題となっている「〜を除く」という表現があって、理解が分かれているようである。この点については、近年これらの議論をまとめた論考が提示されたので、[33]それを参照しながら本論文の課題を進めていきたい。『無量寿経』の二十二願とは次のようなものである。

設い我、仏を得んに、他方の仏土の諸の菩薩衆、我が国に来生して、究竟して必ず一生補処に至らん。其の本願の自在の所化、衆生の為の故に、弘誓の鎧を被て、徳本を積累し、一切を度脱し、諸仏の国に遊んで、菩薩の行を修し、十方の諸仏如来を供養し、恒沙無量の衆生を開化して、無上正真の道を立てしめんをば除かん。常倫に超出し、諸地の行現前し、普賢の徳を修習せん。若し爾らずんば、正覚を取らじ。

設我得仏、他方仏土諸菩薩衆来生我国、究竟必至一生補処。除其本願自在所化、為衆生故、被弘誓鎧、積累徳本度脱一切、遊諸仏国修菩薩行、供養十方諸仏如来、開化恒沙無量衆生、使立無上正真之道。超出常倫、諸地之行現前、修習普賢之徳。若不爾者不取正覚。（大正12・二六八b）

この願文は通常「一生補処の願」と称されのであるが、親鸞がこれを「還相回向の願」と呼んでいることは周知の事柄である。そして、「～を除く」とされる部分は囲った箇所である。この内容を取り除いて諸菩薩を「一生補処の菩薩にしたい」というのが、この願の本意である。これらが取り除かれるよう願われねばならない理由は、この中の「衆生の為の故に弘誓の鎧を被て」という箇所にあると考えられる。何故なら「衆生の為に」「弘誓の鎧を被て」というのは、救済対象としての「衆生」を見て、何かに邪魔されないよう「弘誓の鎧」を身に付けて菩薩道を忍辱精進するという意味だからである。この願文のみからはその願いが起こる背景を知ることはできないが、この「弘誓の鎧」を身につけるという表現は初期大乗経典では頻繁に説かれるものである。(34) 例えば最初期の大乗経典である『道行般若経』には次のようにある。

般若波羅蜜を守る者は空を守るが為の故に、一切は皆当に菩薩摩訶薩と為して礼をなす。僧那大鎧を被るが故に。

守般若波羅蜜者、為守空故、一切皆当為菩薩摩訶薩作礼。用被僧那大鎧故。（大正8・四四三a）

この中の「僧那大鎧」とは、mahā-saṃnāha-saṃnaddha のことで「偉大なる誓願の鎧」という意味である。初期の菩薩は大乗の教えを守る為に誓願の鎧を着て、魔・外道や二乗と闘ったのである。このように誓願の鎧を着て忍辱・精進するものを「菩薩」と称したのである。こうした表現は、多少の言葉の違いはあっても鳩摩羅什以前の『般若経』には頻繁に説かれている。初期の『般若経』は菩薩の階梯を、初発心・行六波羅蜜・阿毘跋致・一生補処として四つのカテゴリーに分けるが(35)、この内の前二者が「誓願の鎧」を着て精進するとされる。それが鳩摩羅什訳の大品『般若経』になると、無所得・不可得の空＝不生不滅に立脚して回向することが菩薩の課題であると説かれるようになる。「無所得・不可得の空」に立脚すれば本来的に何にも邪魔されることがないので、「誓願の鎧」をきて忍辱・精進することは説く必要がないのである。鳩摩羅什の小品『般若経』では、先ほどの四類の菩薩のうち、阿毘跋致の菩薩は空を信解するも未だ自在ではないとし、空において自在なのは一生補処の菩薩だけであると言う。同じように『般若経』といってもこのような深化があり、『華厳経』や『無量寿経』はこうした『般若経』の深化を共有し、その延長に位置していると考えられるのである。『維摩経』はこの点を「愛見の大悲」と称し(36)、愛見の大悲は生死において疲厭の心があるので大悲が成就しないとしている。龍樹は菩薩の諸法性空には二種があり、小菩薩が学ぶ対象としての空性と、既に空性を得て活動する大菩薩の空性とがあると言っている。[37]

このような点を総合して考えるならば、『無量寿経』の二十二願は、「小菩薩（第七地までの菩薩）を大菩薩にしたい」ということを意味していると理解されよう。この大菩薩の菩薩道を普賢行願として開くのが『華厳経』なのである。

『華厳経』に説かれる「普賢菩薩」には二重の面がある。一つは寂滅道場会において盧舎那仏の蓮華蔵世界海を娑婆世界に開く役割を担う普賢菩薩であり、[38] 二つは入法界品において善財童子の求道の意味を明らかにする普賢菩薩である。[39] 前者を「果中説因の普賢」、後者を「因中説果の普賢」と呼んでもいいと思う。これについて中国の華厳教学者である澄観は普賢菩薩に次のような二面を見ている。

曲済して遺すこと無きを普と曰い、極に隣して聖に亜ぐを賢と曰う、此れは諸位普賢に約す。（中略）又果として窮まらざること無きを普と曰い、因門を捨てざるを賢と曰う、此れは仏後普賢に約す。

曲済無遺曰普、隣極亜聖曰賢、此約諸位普賢。（中略）又果無不窮曰普、不捨因門曰賢、此約仏後普賢。

（大正35・五三五b）

ここで、「諸位普賢」というのは、菩薩が諸課題を残さず身につけて仏に至ることであり、これは「因中説果」の面である。「仏後普賢」とは仏果に等しいけれども因の面を捨てないことであり、これは「果中説因」の面である。それ故、先の二十二願の文末の「現前に普賢の徳を修習する」ことの意味も両面を考えることができるのではなかろうか。つまり、仏後普賢の立場からみれば「法蔵菩薩が普賢の徳を修習する」という意味となり、諸位普賢の立場からみれば「法蔵菩薩は諸菩薩が普賢の徳を修習するようにする」という意味となる。前稿で示したように、『華厳経』中の十回向品の最終的な目的は「一切衆生が普賢行を修習するようにさせる」ことであった。このように考えてくると、曇鸞が説いているのはこの「不虚作住持功徳」においても「三願的証」においても諸位普賢の面であって、「仏後普賢」の面ではない点が明らかになるであろう。そして、『華厳経』の所説を念頭に置くなら「普賢の徳を修習すること」が成仏のための筋道であり、それが「一生補処の菩薩」であるから、「畢竟成仏の道路」ということになるのである。また、曇鸞が二十二願を「還相回向の願」と称していないことも以上の検討によって明らかである。

四　往還回向に関する曇鸞と親鸞の相違

以上の点を踏まえて曇鸞が二回向を説く場面を振り返ってみよう。この点は前稿の結論（本書九八頁）でも先行的に言及したところであるが、改めて言及したい。世親『浄土論』の五念門を解釈する次の文である。

回向に二種の相有り。一は往相、二は還相なり。往相とは己が功徳を以て一切衆生に回施して作願して共に彼の阿弥陀如来安楽浄土に往生せんとなり。還相とは彼の土に生じ已りて、奢摩他・毘婆舎那を得て方便力成就して、生死の稠林に回入して一切衆生を教化して共に仏道に向かうなり。

回向有二種相。一者往相、二者還相。往相者以己功徳回施一切衆生、作願共往生彼阿弥陀如来安楽浄土。還相者生彼土已、得奢摩他・毘婆舎那、方便力成就、回入生死稠林、教化一切衆生、共向仏道。

（大正40・八三六a、『浄真全』一・四九二～四九三頁）

曇鸞は「安楽浄土は大乗の門」であるとしていたから、往相は衆生と共に大乗の門に至ろうとすること、還相は大乗の門から衆生教化に出ることであり、その門は奢摩他・毘婆舎那の獲得と方便力成就を前提としている。「奢摩他・毘婆舎那の獲得」とは如実修行のことであり、不可得・無所得空のことである。そこに立って方便によって衆生済度する、これは大乗仏教の菩薩道の基本であり、至る所に同様の表現を見ることができる。例えば、『十地経』（『華厳経』十地品）では、第六現前地において、勝空三昧・性空三昧・第一義空三昧などが現前し、これを菩薩が大悲心を行ずるための出発点であると言っている。(40) 第七地では空・無相・無願の三解脱を修して慈悲心によって衆生に処することを説き、一切法空を知りながら方便によって衆生を済度することが無功用行であるとする。(41) この第七地で「無生法忍」を説きながら、第八地において「既に無生法忍を得て」と言うのである。(42) 空→方便→無生法忍の過程は、もともと不可得の過程であるから言語分別によって顕説できないので、このような次第になっているのである。この八地無生法忍の菩薩とそれ以前の菩薩の菩薩行の根本的異なりについて、世親『十地経論』は「有功用行」と「無功用自然行」と称している。(43) この視点から見れば、曇鸞の「回向二相」とは菩薩行における有功用行と無功用行の関係を意味するものであると言える。

この有功用行と無功用行の異なりは、『無量寿経』の法蔵菩薩の「兆載永劫の積徳」を説く段落にも現れている。やや長文であるが重要なのでそのまま引用して解説を加える。

不可思議兆載永劫に於て、菩薩の無量徳行を積殖して、欲覚瞋覚害覚を生ぜず。欲想瞋想害想を起こさず。色声香味触の法に著せず。忍力成就して衆苦を計らず。少欲知足にして染恚痴無し。三昧常寂にして智慧無礙なり。虚僞諂曲の心有ること無く、和顔軟語にして意を先にして承問す。勇猛精進して志願惓むこと無し。専ら清白の法を求めて、以て群生を慧利す。三宝を恭敬し師長に奉事す。大荘厳を以て衆行を具足し、諸の衆生をして功徳を成就せしむ。

於不可思議兆載永劫、積殖菩薩無量徳行、不生欲覚瞋覚害覚。不起欲想瞋想害想。不著色声香味触之法。忍力成就不計衆苦。少欲知足無染恚痴。三昧常寂智慧無礙。無有虚僞諂曲之心和顔軟語先意承問。勇猛精進志願無惓。専求清白之法、以慧利群生。恭敬三宝奉事師長。以大荘厳具足衆行、令諸衆生功徳成就。

空無相無願の法に住して、無作無起にして法は化の如しと観ず。麁言の自ら害し彼を害し彼此倶に害するを遠離し、善語の自ら利し人を利し彼我兼ねて利するを修習す。国を棄て王を捐て財色を絶し去り、自ら六波羅蜜を行じて、人に教えて行ぜしむ。無央数劫に功を積み徳を累ぬ。其の生処に随いて意の所欲に在り。無量の宝蔵自然に発し応ず。無数衆生を教化安立し、無上正真の道に住せしむ。或は長者居士豪姓尊貴と為り、或は刹利国君転輪聖帝と為り、或は六欲天主乃至梵王と為りて、常に四事を以て一切の諸仏を供養恭敬す。是の如き功徳は称説すべからず。
住空無相無願之法、無作無起観法如化。遠離麁言自害害彼彼此倶害、修習善語自利利人彼我兼利。棄国捐王絶去財色、自行六波羅蜜、教人令行。無央数劫積功累徳。随其生処在意所欲。無量宝蔵自然発応。教化安立無数衆生、住於無上正真之道。或為長者居士豪姓尊貴、或為刹利国君転輪聖帝、或為六欲天主乃至梵王、常以四事供養恭敬一切諸仏。如是功徳不可称説。（大正12・二六九c）

引用文を二段に区切り、最後を若干省略した。前半部分は傍線部以下に明瞭なように、菩薩は煩悩を離れた無漏の有功用行を実践して衆生が功徳を積むようにすることが説かれている。後半部分は三解脱門に始まる無漏の無功用行の実践が説かれている。途中傍線部の「無央数劫～」は後に「意生身の菩薩」とか「変易生死の菩薩」(44)と称される概念であり、これは八地以上の菩薩のすがたである。後半部分のさらに後半にある「或は～」以下の所説は、変化身によって様々な衆生を教化することであり、これらは『維摩経』(45)や『華厳経』入法界品の夜天善知識の段落(46)などに具体的に説かれることに相当する。この無漏の無功用行について『十地経』はそれを普賢行と説くことはないが、『華厳経』では十地品が終わると直ちに普賢菩薩が登場して宝王如来性起品まで連続して説法するのである(47)。

このように考えてみると、曇鸞の往還二回向説は、無漏の有功用行（往相）から無漏の無功用行（還相）へと転換する門として「安楽浄土」という方便が示されているものと理解することができる。つまり、曇鸞の「往還二回向論」とは、娑婆と安楽国土を往復するようなことではなく、菩薩の衆生済度の行には、衆生を三界から離れしめることと、三界を出た後に無生法忍の菩薩となって大乗を実践せしめて仏にするという二つの課題があることを表していると了解されるのである。

これに対して、親鸞の二種回向論は「如来の回向に二種あり[48]」とするものであり、基本的な立ち位置が異なっている。言葉の共通性のみで両者を混同してはならないのである。親鸞は『如来二種回向文』において、まず世親『浄土論』の五念門中の回向門の文を挙げる。

云何が回向する、一切苦悩の衆生を捨てずして、心に常に作願すらく、回向を首と為して、大悲心を成就することを得るが故にと。

云何回向、不捨一切苦悩衆生、心常作願、回向為首、得成就大悲心故。

（『定親全』三和文篇・二一七頁）

この文に対して、いきなり「この本願力の回向をもて如来の回向に二種あり」（同前）とする。「本願力回向」は世親『浄土論』における出第五門を表す言葉であるが、曇鸞によれば「法蔵菩薩の願力」と「正覚阿弥陀の善住持力」の不二によって成り立つものである。五念門は法蔵菩薩の五門行の成就が衆生に開かれたものであり、一応衆生の課題である。それに対し出第五門の本願力回向は大菩薩の衆生済度の行である。この両者はそのまま直ちに一つであるという訳にはいかないと思われる。世親が五念門として開く大菩薩の衆生済度の行がいきなり衆生の課題であるとは思えないからである。それではそこにどのような展開が含まれているのだろうか。すでに触れたように、世親の五念門中の観察門は法蔵菩薩の五門行（当然、法蔵菩薩の回向行はこの中に含まれる）に相応すると曇鸞は理解した。これによって、五念門中の回向門は観察門の二十九種荘厳功徳の観察とは一応区別されることになる。その上で曇鸞は『願生偈』の論部をよく知られるように十章に分け、世親の五念門解釈の部分を「起観生信章」と名付け、次に二十九種荘厳功徳の観察を解釈すると、先の五功徳門の直前までを「浄入願心～願事成就」の六門に配当している。つまり、この「浄入願心～願事成就」を曇鸞は法蔵の願心の内景の次第と解釈したのである。その上で五功徳門を「利行満足」として法蔵菩薩の自利・利他行の成就と見たのである。入四門は法蔵菩薩の自利行が成就して仏の菩提を成就する過程、出第五門は成仏して阿弥陀となった仏の衆生済度の回向行ということとなる。ここに至って世親『浄土論』の回向門（大正26・二三一b）と『論註』利行満足章の出第五門は同じ内容を表すことになる。

親鸞は「この本願力の回向をもて如来の回向に二種あり。一には往相回向、二には還相回向なり。」（同前）とするから、阿弥陀の因位である法蔵菩薩の自利の入四門が往相回向、出第五門が還相回向ということになる。この点を、親鸞の根本思想である「本願の名号」において言い換えるならば、「名号が本願として衆生に成就する過程」が往相であり、「成就した名号が衆生済度して本願とひとつになる」ことが還相回向ということになるのではなかろうか。この点については、曇鸞と親鸞の間にある「本願の名号」の確立という面からの考察が必要であるが、ここでは控えたい。

結論

若干複雑な論考になったが、結論は至って単純である。この往相還相回向の「往還」について、親鸞自身の文章から考察したい。よく知られた文であるが、親鸞は阿弥陀如来と法蔵菩薩の関係について次のように言う。

法身はいろもなし、かたちもましまさず。しかればこころもおよばれずことばもたえたり。この一如よりかたちをあらわして、方便法身とまふす御すがたをしめして、法蔵比丘となのりたまいて、不可思議の大誓願をおこしてあらわれたもう御かたちおば、世親菩薩は尽十方無碍光如来となづけたてまつりたまえり。

（『唯信鈔文意』『定親全』三和文篇・一七一頁）

色も形もない法性法身が、衆生済度のために法蔵菩薩というすがたを取って誓願とその成就を示したと言うのである。この衆生済度の二面について、

来の字は衆生利益のためには「きたる」ともうす、方便なり。さとりをひらきては「かえる」ともうす。ときにしたがひて、「きたる」とも「かえる」とももうすとみえてそうろう。

（「　」は筆者、『親鸞聖人御消息集』『定親全』三書簡篇・一五七頁）

とも言っている。つまり法蔵菩薩の衆生済度は「来（往相）」、阿弥陀仏の衆生済度は「かえる（還相）」と称し、「ときにしたがい」て区別すると言うのである。「かえる」については、「法性のみやこにかえる」とも言っているから、色も形もない法性法身が衆生済度のために法蔵菩薩（往相）というすがたを取って、衆生とともに本来にかえることを「還相」と言うのであろう。その心が二十二願の「普賢の徳を修習する（修習せしむ）」に現れていると考えられるのである。それは衆生の本来性である仏性が「法性（大般涅槃）にかえる」すがたでもあると言えよう。

ここに提示した結論は、既に常識といえば常識であろうが、その常識が様々に錯綜しているという現実がある。どのように考えてみても、「往還回向」は実体化された娑婆世界と阿弥陀仏国を往復するような思想でないことは明らかである。

註

（1）　この点については織田［二〇〇六］参照。

（2）　世親は『浄土論』解義分の曇鸞が起観生信章と釈する箇所の総説では「彼の阿弥陀仏を見るを得」としながら、五念門各説の礼拝門では「身業もて阿弥陀如来応正遍知を礼拝す」（いずれも大正26・二三一b）とする。

（3）　同様に起観生信章では「五念門」（大正26・二三一b）と言い、『論』末後の自利利他を釈する箇所では「五門行」（同二三三a）とする。後に触れるように流布本の中にはこれを「五念門行」と改めているものがあり、「五念門」

理解に関する様々な混乱の原因となっていると思われる。この点について筆者は近年、五念門を法蔵菩薩の所行とみて『維摩経』との関係を考察したが織田［二〇二〇］、「五念門」を「五門行」に修正すべきであると考えている。

（4）この点については織田［二〇一九］参照。

（5）例えば『真宗聖教全書』一所収の『往生論註』所釈の『往生（浄土）論』の文は「五念門行を修して」（同三四六頁）とある。『大正蔵』所収も同様（大正40・八四三c）。

（6）『親鸞聖人真蹟集成』（法藏館、二〇〇六年）第七巻・三九八頁。

（7）『定親全』二漢文篇・一一四頁。

（8）世親の『浄土論』に「五念門を修して」とあるところを「五念門行を修して」（大正84・四七c）と引用している。ここに曇鸞浄土教と天台浄土教の分岐点があるように思われる。

（9）註（5）と同様に、『真聖全』一・三一二頁、『大正蔵』40・八三五aなど。最新の『浄真全』所収の『往生論註』所釈の『論』文（一・四八八頁）も同様である。

（10）大正40・八二八a、八三五a、八四三bの三箇所。

（11）註（4）の前掲拙稿参照。

（12）『維摩経』の本文には「唯だ願わくは世尊よ、諸菩薩の浄土の行を説きたまえ」（大正14・五三八a）とある。

（13）第十八願を挙げて「十方衆生が三界輪転の事を免ること」を第一証とする（大正40・八四四a、『浄真全』一・五二八頁）。

（14）第十一願を挙げて「国中の人天が正定聚に住して必ず滅度に至ること」を第二証とする（同右）。

（15）第二十二願を挙げて「他方仏国の諸菩薩が現前に普賢の徳を修習すること」を第三証とする（大正40・八四四a、『浄真全』一・五二八～五二九頁）。

（16）用例としては次の通り。「他方浄土の諸の来れる菩薩」（大正14・五四二a）、「諸仏の浄土も皆中に於いて現ず」（同五四八b）など。

(17) 大正14・五五〇b〜。

(18) ちなみに龍樹の主著である『根本中論』冒頭の帰敬頌（大正30・一b）の八不の思想は四対の不二によって成り立っている。

(19) 極めて大づかみで正確性に欠ける表現であるが、『般若経』の思想は龍樹『根本中論』、『維摩経』の入不二の思想を経て、それが『華厳経』の普賢行と如来性起の不二へと展開し、一方では「我（大般涅槃）と無我と性相に二無し」（『大般涅槃経』如来性品、大正12・六五一c）として仏性思想を展開する。ここではこの性起と仏性を合わせて「性の思想」と呼んだ。

(20) 神戸［一九九三］・二二頁参照。

(21) 『法華経』方便品所説の火宅内の三車と露地の大白牛車の関係をめぐって、火宅内の三車と露地の大白牛車は同一とする立場を三車家、異なるとする立場を四車家と称して、中国・日本で大いに論争した。その足跡は膨大であり委曲を尽くすことはできないが、例えば横超［一九七五］・二二五〜二三一頁に基本的なことが簡潔にまとめられている。一乗と三乗の権実論争は、中国では天台系の旧仏教者と玄奘系の新仏教者の論争として、日本では南都法相宗と比叡山天台宗の論争として展開した。この論争についての研究も膨大であり、ここで網羅することはできない。藤村［二〇二〇］に基本的なことがまとめられている。

(22) 『大乗起信論』の修行信心分の最後に、怯弱の衆生が大乗の正信を求める為に「西方極楽世界阿弥陀仏を専念して、その善根の回向によって彼の世界に往生すれば、常に仏に見える故に決して退転することがない」（大正32・五八三a）と説いている。

(23) 例えば小川［二〇一三］の始めに、『浄土論註』の往生思想が仏道の方便であることを『起信論』の所説を例として挙げている。

(24) 『浄真全』一・四五一頁。

(25) 『浄真全』一・四八一頁。

(26) 行巻における『浄土論』の引用は『親聖全』一・三二頁、『論註』の引用は同三六頁。いずれも真実行の論文証、釈文証として引かれている。

(27) そこでまず、次に挙げる『論註』解説書の当該箇所を調べてみた。
①『浄土論註講義（講苑）』香月院深励［一七九三年］
②『往生論註講判』吉谷覚寿［一九一四年］
③『往生論註講要』稲葉円成［一九五七年］
④『往生論註解説』神子上恵龍［一九六九年］
⑤『曇鸞の浄土論註』舟橋一哉［一九七二年］
⑥『往生論註の研究』福原亮厳［一九七八年］
⑦『往生論註大綱』大江淳誠［一九七九年］
⑧『一心ノ華』本多弘之［一九九九年］
これらの中で、①香月院書と⑧本多書のみが「五念力」「五念門」に言及しているが「二重有り」について考察することはない。③稲葉書のみが「二重有り」に言及しているが、五念力を「得生見仏」に相当せしめて五功徳門の所説と解釈して「本願力即五念力」と理解しているから（一三八頁）、信心に関する問題とは見ていない。この他の諸書はこれらの問題について一切言及しない。また近年の研究として、
⑨『『浄土論註』の思想究明――親鸞の視点から――』延塚知道［二〇〇八年］
⑩『曇鸞『往生論註』の講究』相馬一意［二〇一三年］
⑪『曇鸞浄土論註の研究』小谷信千代［二〇二〇年］
などがある。⑩の相馬書は五念力と五念門に言及するが、「示五念力については何の釈も加えていない」（二九五頁）とする。他の二書はこれらについて全く言及しない。

(28) 恵谷［一九七六］・四六三頁。

(29) 良忠『無量寿経論註記』(『浄土宗全書』一)の三一〇頁。
(30) 織田[二〇二三]の第二章の二を参照。
(31) 大正40・八四〇b、『浄真全』一・五一一~五一二頁。
(32) 大正40・八四四a、『浄真全』一・五二八~五二九頁。
(33) 岩田[二〇二〇]参照。
(34) 例えば、支謙訳『大明度経』には「弘誓鎧」が数例あり(大正8・四八〇bなど)、無羅叉訳『放光般若経』には僧那僧涅品(大正8・二一b)があるほか、「功徳之鎧」(同二一c)、「大乗之鎧」(同二一cに多出)といった用例がある。竺法護訳『光讃般若経』には「僧那鎧」が多出する(大正8・一八〇c、一八二cなど)。その他にも後漢支婁迦讖訳『阿閦仏国経』(大正11・七五二a)、同『般舟三昧経』(大正13・九〇四a)などにも用例がある。しかしながら、鳩摩羅什訳の『小品般若経』『大品般若経』には一切「鎧」の用例がない。
(35) 山田[一九五九]・二一二頁参照。
(36) 『維摩経』文殊師利問疾品第五(大正14・五四五a~b)。
(37) 『大智度論』巻第七十一善知識品(大正25・五五七c)。
(38) 同第二章の一参照。
(39) 織田[二〇二三]第二章の三参照。
(40) 大正9・五五九b。
(41) 大正9・五六一a~b。
(42) 大正9・五六四b。
(43) 『十地経論』巻第八に、

仏子よ、菩薩も亦是の如し。是の第八菩薩不動地に住して即ち一切有功用行及び諸の憶念を離れて無功用を得。(大正26・一七九c)

とある。

(44)「意生身」は『勝鬘経』一乗章(大正12・二二〇a)、「変易生死」は同じく一乗章(同二一九c)などに説かれている、いずれも二乗の灰身滅智の涅槃を超えて仏になるための課題として説かれている。

(45) 織田[二〇一九]参照。

(46) 織田[二〇二一]の三以降を参照。

(47) この点は、十定品を含んで七処九会となった八十巻『華厳経』に依るべきである。六十巻の構成では十地品と如来性起品が同じ他化天宮会となっており、普賢菩薩の位置付けが曖昧である。

(48)『如来二種回向文』(『定親全』三和文篇・二一七頁)

参照文献

岩田香英[二〇二〇]「親鸞における二十二願理解――「顕註論」の語に注目して――」『真宗研究』第六四輯

恵谷隆戒[一九七六]『浄土教の新研究』「元興寺智光撰無量寿経論釈の復元について」(山喜房仏書林)

横超慧日[一九七五]『法華思想の研究』(平楽寺書店)

小川直人[二〇一三]「畢竟成仏の道路――『浄土論註』親鸞加点本に注目して――」『親鸞教学』一〇一号

織田顕祐[二〇〇六]「『浄土論註』と『維摩経』」『仏教学セミナー』第八三号

織田顕祐[二〇一九]「鳩摩羅什『維摩詰所説経』の基本思想」同朋大学大学院文学研究科研究紀要『閲蔵』一五号

織田顕祐[二〇二〇]「世親の五念門と『維摩経』」『東海仏教』第六五輯

織田顕祐[二〇二一]「『華厳経』入法界品における善知識拡充の意味――『羅摩伽経』との比較から――」同朋大学大学院人間学研究科研究紀要『閲蔵』一六・一七合併号

織田顕祐[二〇二三]『『華厳経』綱要』(東本願寺出版)

神戸和麿[一九九三]『大乗仏典　中国・日本篇第五巻　浄土論註』(中央公論社)

香月院深励［一九七三］『浄土論註講義（講苑）』（法藏館）
吉谷覚寿［一九一四］『往生論註講判』（法藏館）
稲葉円成［一九七六］『往生論註講要』（西村為法館、ただし初版は一九五七年）
神子上恵龍［一九六九］『往生論註解説』（永田文昌堂）
舟橋一哉［一九七二］『曇鸞の浄土論註』（東本願寺出版部）
福原亮厳［一九七八］『往生論註の研究』（永田文昌堂）
大江淳誠［一九七九］『往生論註大綱』（永田文昌堂）
本多弘之［一九九九］『一心ノ華』（歎異の会事務局）
延塚知道［二〇〇八］『『浄土論註』の思想究明――親鸞の視点から――』（文栄堂）
相馬一意［二〇一三］『曇鸞『往生論註』の講究』（永田文昌堂）
小谷信千代［二〇二〇］『曇鸞浄土論註の研究』（法藏館）
藤村潔　［二〇二〇］「『一乗要決』の二種生死説に関する試論」『現代と親鸞』四五号
山田龍城［一九五九］『大乗仏教成立論序説』（平楽寺書店）

仏典「解釈」とその可能性——曇鸞の『浄土論』註釈を通して——

黒田浩明

本論文は、『浄土論註』の『浄土論』解釈が、どのようなスタンスで行われたものであるのか、という両テキストの比較検討を行ったものである。そこから曇鸞の『浄土論註』製作に伴う思想的営為がどのようなものであったのかということを確認する。

曇鸞によって独自に施設された段落である、『浄土論註』冒頭の①「難易二道判」、上巻末の②「八番問答」、下巻末の③「覈求其本釈」は、天親による『浄土論』の論旨に照らしてみると、意図的な解釈である可能性が非常に高く、それ故に曇鸞の思想性が如実に表れるものであると考えられる。

さらに、「十門分科」や「五念配釈」とよばれる、原典である『浄土論』の文脈や文章構成そのものに対する独自の把握方法も、非常に特徴的であることが見受けられるため、それらについても検討する。

結論として、天親と曇鸞、両者の間に相違点を生じさせているものとは、浄土経典に説かれる、法蔵菩薩が発願修行して阿弥陀仏となっている、という内容を重視するか否か、ということにあることを述べる。

問題の所在

中国南北朝時代の浄土教の祖師・曇鸞の主著である『無量寿経優婆提舎願生偈註』（以下、『浄土論註』）は、千部の論師とうたわれた天親（世親）が、無量寿経について註釈を施した『無量寿経優婆提舎願生偈』（以下、『浄土論』）に対して、さらに註釈を行った書である。

天親・曇鸞二師は、宗祖親鸞聖人（以下、親鸞）が真宗七高僧に数え上げられることもあり、両師の著作である『浄土論』『浄土論註』は、真宗の学問的研究の対象として大いに取り上げられるところである。ただ、近年その研究方法については、宗学的関心に基づくものから、より客観性のある史料批判やテキスト批判に基づく学問研究が重視されつつあるように思われる。

石川琢道『曇鸞浄土教形成論――その思想的背景――』［石川　二〇〇九］によれば、とくに近世以前の『浄土論註』研究の特徴を、①逐文解釈の形式をとる、②文章理解を行う際の時代性の欠如、③顕在的もしくは潜在的な宗派意識、等と指摘し、全体的に「祖師鑽仰としての曇鸞研究」であると総括しているが、(1) 近年の研究の傾向は、こうした問題意識故に宗派性に偏らないよう学際的側面を重視しているのだといえるだろう。

ただ、真宗の一門徒である筆者の立場としては、『浄土論』『浄土論註』をテーマとするのは、あくまで真宗の宗学を明らかにするという関心に基づくものでありたいと思う。なぜなら、親鸞が七高僧として、祖師として仰がれていった人々には、たとえ表層的な表現の異なりがあったとしても、根本的な課題性や、その課題への展望を浄土教に見出していった姿勢については、貫かれたものがある（そしてそれこそが、親鸞と今日の私たちの間においても共有されるものである）と確信するからである。

一方で、だからこそ天親・曇鸞そして親鸞の、時代性や教学的背景・おかれた立場・主体的問題意識の違いを明確にしなくてはならないのではないだろうか。

その理由は、天親・曇鸞のテキストを親鸞の思想信仰に沿うように会通するよりも、それぞれのテキストにおける表現の落差を確認することで、祖師たちがどのように先行するテキストを「解釈」していったのかという思想的営為を明らかにするほうが、より多くの宗学研究における意義、すなわち宗教的気づきをもたらすと考えられるからである。

もとの文章と異なる解釈を施す場合、完全に原文の意図を無視した理解を示すのであれば、そのテキストを題材として取り上げた意味はなくなってしまう。もちろん、高名な祖師を著者として仮託するような場合と同様に、テキストの内容に権威や説得力・影響力を持たせたいという理由で原典を題材とする場合もあるであろうが、仮にそのような動機の下に行われた解釈であれば、祖師の信用を損ねる悪質な改変でしかない。

本論が取り扱おうとする曇鸞の『浄土論註』製作の姿勢が、悪質な改変であった可能性も「客観的には」ないとはいえない。しかし宗学研究の立場からは、その可能性について検討する余地はない。なぜなら、天親と曇鸞を同じく祖師として仰がれた親鸞の立場を、我々の宗学は大前提とするからである。であれば、曇鸞にとっての『浄土論』は、学問的研究の対象にとどまるものではなく、わが身の救済をたずねていく聖教として捉えられていた、と親鸞は見ていたのであるから、『浄土論』と『浄土論註』の間に恣意性の認められる表現の乖離があったとしても、曇鸞が悪意ある解釈者である可能性は考慮する必要がないのである。であればむしろ、そこにある表現の異なりは、解釈によって曇鸞が示そうとした宗教的内容を含んでいるものとして見ていかなければならない。

そもそも、原文の持つ課題性を単純否定するのではなく、むしろその課題を意味として内包しつつ、止揚的に新たな見地を示すことで、解釈者自身の抱える課題への答えを見出していくことこそ、宗教的テキストを新たに別の視点から「解釈」するという営為の持つ、大きな意義である。思うにそれは、学の側面において、聖典にわが身を聞いていく、ということの実際ではなかろうか。

そこで本論は、親鸞の理解を考察するのに先立って、『浄土論註』の『浄土論』解釈が、どのようなスタンスで行われたものであるのか、という両テキストの比較、換言すれば曇鸞の『浄土論註』製作に伴う思想的営為がどのようなものであったのかということの確認に重点を置いて『浄土論註』の検討を行っていきたい。

一　註釈書を研究する、ということ

『浄土論』『浄土論註』両者の相違点を検討する場合、まず前提として、逐文解釈の形式をとっていないと思われる個所を列挙してみたいと思う。原文と解釈に対照関係がある場合は、仮に内容的乖離がみられる場合であっても、それが意図的なものであるのか、時代や国や思想背景の異なりによって生じた不作為の相違であるのかは判断が難しいためである。その点でいえば、原文の展開に則さず、曇鸞によって独自に施設された段落は、意図的な解釈である可能性が非常に高く、それ故に曇鸞自身の思想性が如実に表れるものであると考えられる。本論では中心的に、それについて確かめていきたい。

さらに、この『浄土論註』に関していえば、「十門分科」や「五念配釈」とよばれる、原典である『浄土論』の文脈や文章構成そのものに対する独自の把握方法も、非常に特徴的であることが見受けられるため、それらについても検討しなくてはならない。

その他、原文の展開に従った逐文解釈の部分や、原文の掘り下げに関係するとみられる問答などについて、『浄土論』本文の内容を明らかに逸脱するとみられる部分があるとすれば、そうした内容も曇鸞の発揮の説であると同定してよいと思う。しかし紙幅の関係で、そのすべてを網羅することはできないので、本論では取り扱わないこととする。

ただ、その際に問題となるのは、先にも述べたように、天親（五世紀前半　インド北西部）と曇鸞（四七六～五四二？　中国北部）、国も時代も、学問的素地や文化的背景など思想的基盤も、それぞれに異なるがゆえに、意図せずにテキスト間の内容の乖離が起こっているのか、それとも解釈者である曇鸞が、あえて意識的に換骨奪胎した解釈を施そうとしているのかの見極めが非常に難しい、ということである。

これに関しては、より多くの状況証拠を提示し、確度の高いであろうと思われる推論を述べることしかできない。しかしそうした場合であっても、先述のような思想的落差を「意図的なものである」と断ずること自体が、宗学的関心に引き寄せて考えようとする態度である、という誹りは免れないのかもしれない。しかし、そうした指摘も、本論が、宗学研究の一環として『浄土論註』を取り上げる以上、甘受していかねばならない、ということはまず述べておかねばならないことである。

また、曇鸞の解釈が独自性を持つものと認め、かつそれを（親鸞思想につながるものとして）肯定的に受け取る場合、本来『浄土論』という著作によって示された内容の意義を軽視してしまうことにもつながりかねないことにも注意が必要であろう。それはかえって『浄土論』を根本聖典と見定め、天親を祖師の一人と位置付ける、親鸞の意図を取りこぼすことになるからである。

いずれにせよ、解釈書を課題として取り上げる場合には、著者や読み手である我々自身にどのようなバイアスがかかっているのか、という多角的な検討が必要であるため、論理を決着させることよりも、条件を洗い出す作業がより求められるものと考えられる。

二　曇鸞が独自に施設する一段について

『浄土論』は一般に、天親が自身の瑜伽唯識思想に基づいて、『仏説無量寿経』『仏説阿弥陀経』等の無量寿経典の意趣を解釈したものと理解されている。浄土の荘厳功徳についての内容が文面の大半を占めることから考えても、実践の中心を観察行におく唯識思想の影響が強いと判ずることは妥当なものであると言えるだろう。

しかし曇鸞による解釈は、観察の実践を中心課題に据える、『浄土論』の元々の意図を大きく転回させて、仏力他力をたのむこと、つまり信心の課題に焦点をあてているように見受けられる。

そうした事実が端的にうかがえるのが、『浄土論註』のうち、『浄土論』の原文に依拠しない、その意味で曇鸞の創意といえる、

①冒頭の「難易二道判」
②上巻末の「八番問答」
③下巻末の「覈《かく》求其本釈」

などの段落である。これらの解釈によって曇鸞は、独自の視点によって『浄土論』を解釈するに至った、その課題的背景、および根拠とする道理を明らかにしているのだとみることができる。

中でも「覈求其本釈」は、願生者の自利利他二利満足は他力を根拠としなければ成り立たないものであること、そして他力の本源は法蔵菩薩の四十八願にあることを明かす一段であることから、教学的な意味では最も注目すべき内容を持つ箇所であるといえる。

これらの段落は、一つ一つが大きな課題を持っているため、本来はそれぞれに詳細な検討を要するところである。しかし、本論ではその概要を押さえたうえでの、『浄土論』と『浄土論註』のスタンスの異なりに焦点を当てて検討していきたい。

三　難易二道判が『浄土論註』冒頭に配置される意図について

『浄土論註』本文は、一般的な仏教テキストのように、序文として帰敬の言辞や製作の意図が示されるのではなく、冒頭において龍樹の『十住毘婆沙論』「易行品」に示される、難易二道の分判を取り上げている。そこでは大乗菩薩の不退転位＝阿毘跋致（阿惟越致）が、「五濁の世無仏の時」においては求めることが困難であると述べ、難行道（自ら修業し功徳を積んでいくという一般的な仏道実践）が難行たる所以を、外道や小乗の教えなど様々な思想信仰に妨げられるから等という、五つの理由をもって説明している。そして、対する易行道について、

易行道とは、謂わく但信仏の因縁を以て浄土に生ぜんと願ずれば、仏の願力に乗じて便ち彼の清浄の土に往生を得。仏力住持して即ち大乗正定の聚に入る。正定は即ち是れ阿毘跋致なり。

易行道者、謂但以信仏因縁願生浄土、乗仏願力、便得往生彼清浄土、仏力住持、即入大乗正定之聚。正定即是阿毘跋致。

（『浄土真宗聖典全書』〈以下『浄真全』〉一・四四九頁）

というように、信じれば阿弥陀仏の本願力によって浄土往生でき、大乗正定聚という不退転位に入ることができる、と明らかにしている。

この一段が冒頭に示される意義を推察するに、『浄土論』所説の浄土往生の意義、および往生のための行業について、信方便易行をもって大乗正定聚に入る、という内容のものであると曇鸞がみていることを宣揚することにあると考えられる。有体に言えば、『浄土論』というテキストをどのようなスタンスで読むのか、という曇鸞の宣言である。

当然ながら、こうした宣言が必要である理由は、原文の当相をうかがう限りでは曇鸞の主張する内容と受け取ることは困難だからである。たとえば、信心については、『浄土論』原文においても重視されてはいる。しかし、それは、

この願偈は何の義をか明かす。かの安楽世界を観じて、阿弥陀如来を見たてまつり、かの国に生まれんと願ずることを示現するがゆえなり。いかんが観じ、いかんが信心を生ずる。もし善男子・善女人、五念門を修して、行成就しぬれば、畢竟じて安楽国土に生まれて、かの阿弥陀仏を見たてまつることを得となり。

此願偈明何義。示現観彼安楽世界見阿弥陀仏、願生彼国故。云何観、云何生信心。若善男子・善女人修五念門行成就、畢竟得生安楽国土、見彼阿弥陀仏。

（『浄真全』一・四三五頁）

とされるように、観察の結果として得られる見仏によって、信心・願生心が生じるものと示されているのである。これは曇鸞の「信仏の因縁を以て浄土に生ぜんと願ずれば、仏の願力に乗じて便ち彼の清浄の土に往

生を得」るという主張と比べると、因果関係が逆転しているし、不退転を得る道理も異なっている。『浄土論』の当面の表現によれば、見仏によって得られる信心・願生心はまさしく菩提心であり金剛のごとく堅固であるから、というのが不退転の根拠であるのに対し、『浄土論註』の表現は、仏を信じる上は仏の願力の側からのはたらきによって「仏力住持」するがゆえに不退転が成り立つとするのである。また不退転を得るための手立てとしては、前者が見仏のための観察行、後者が仏力を蒙る信心、というように位置付けられている。

もちろん両者は全く別の方向性をもっているわけではなく、明らかに共通する課題を持っているということも踏まえておかなければならない。それは、阿弥陀仏の浄土に往生することを願う、という浄土経典所説の内容とはすなわち、大乗菩薩道としての内容を持っている、という理解である。これは後の道綽・善導の時代に摂論学派からの浄土教批判によって明確に課題化されることではあるが、浄土往生による救済を説く浄土教は凡夫を仏道に誘引するための寓宗ではなく、そのままに菩薩として修業しやがて仏になっていくこと＝成仏道であることが、明確に意識されている、ということであろう。

ただ、『浄土論』『浄土論註』の共通項が、浄土教をして大乗菩薩道成就のための一方途と見定めていることにあるとしても、主な関心事はやはり両者で異なっている。『浄土論』長行では、先に確認した通り冒頭に、善男子・善女人の五念門の実修により畢竟じて安楽国土に生まれ阿弥陀仏を見る、という実践論が説かれ、結びの一段でも、菩薩、かくのごとく五門の行を修して、自利利他して速やかに阿耨多羅三藐三菩提を成就したまえることを得たまえるがゆえに。

菩薩如是修五門行、自利利他速得成就阿耨多羅三藐三菩提故。

（『浄真全』一・四四三頁）

とするように、此土→彼土、善男子・善女人→菩薩という変遷に拘わらず、一貫して五念門行の実修が内容とされている。これは天親が浄土教典を解釈するうえで、五念門という実践を通して凡夫が菩薩となっていく過程を、念仏して此土から彼土へ往生していくと経に説かれることの実質的な意味と読み取っていったことを表している。しかも、「菩薩、かくのごとく五念門の行を修して」と菩薩の位においても引き続き五念門が実践され、それにより仏智であるところの阿耨多羅三藐三菩提を得るとされていることから、当初の目的である「浄土に往生する」とか「菩薩となり不退転地を得る」ということだけが語られているのではなく、そこから仏になるまでの道程をも含んで論じられているのである。

ここでいう五念門とは身業（礼拝門）・口業（讃嘆門）・意業（作願門）・智業（観察門）・方便智業（回向門）の完成を意味しており、その利益としての自利利他円満（五功徳門）という内容を含んでいる。したがって、（「生死の園・煩悩の林の中に回入して、神通に遊戯し教化地に至る」という還来生死の内容まで含め）浄土に往生していくという事態全体をもって、そのまま大乗菩薩道であるということが論証されているわけである。つまり、『浄土論』の立場としては、浄土往生を主題として取り上げつつも、菩薩となり仏道を歩んでいくための実修の内容がどのような内容なのか、ということを明らかにすることに主眼が置かれている、ということになる。

これに対し、曇鸞の『浄土論註』は、

菩薩阿毘跋致を求むるに二種の道あり。一には難行道、二には易行道なり。

菩薩求阿毘跋致有二種道。一者難行道、二者易行道。

（『浄真全』一・四四九頁）

と初めに提起するように、菩薩になることで確約されるとする阿毘跋致、すなわち不退転がどのように成り立つのか、ということが論点となっている。要するに、菩薩道の実践内容云々以前の問題として、仏道成就の実現性はいかにして担保されるか、ということを課題としているのである。ここには、仏法が廃れつつある時代の、仏ましまさぬ地において、大乗菩薩道を本当に歩みうるのか、という根源的な危機意識が表れている。そのことは、『浄土論註』冒頭の難易二道判において、五種の難という、時機の観点からみた修道の困難性が挙げられていることからも明白である。

先に述べたような曇鸞の課題意識は、時と機ということについて、特に時の問題、すなわち曇鸞の置かれた時代環境故に惹起されたるものであり、したがって明確に天親のスタンスとは異なると言いうるのである。そして、時と機ということについての後者、機根に関する問題は、上巻末の八番問答において課題化されることとなる。

四　曇鸞の時代背景

ところで、曇鸞が置かれた中国南北朝時代の時代環境として、よく指摘される問題として、短期間に王朝が変遷するという不安定な政治状況や、三武一宗の廃仏（北魏の太武帝・北周の武帝・唐の武宗および、後周の世宗による四度の廃仏事件）という仏教弾圧などがある。こうした指摘には大筋で異論はないものの、曇鸞個人の生涯に沿って考えると、もう少しその意味が明確になってくるのではないだろうか。

曇鸞の在世は西暦四七六〜五四二年とされ、五世紀後半から六世紀半ばまでを生きた人物である。先述の廃仏事件で言えば、北魏の太武帝の廃仏と北周の武帝による廃仏のちょうど間の時期にあたり、曇鸞自身は大規模な政治的仏教弾圧を経験していないのである。むしろ、北魏の太武帝から二代後の文成帝の時代には仏教は復興され、国家との結びつきも強くなっていた。雲崗石窟がこの時期に作られたことからわかるように、むしろ曇鸞前半生の時期についてみると、北地においては特に、鳩摩羅什とその門下の訳経事業の成果等が実を結び、中国独自の仏教が興隆しつつある時代を生きていたわけである。

しかし、曇鸞の後半生を見てみると、大きな社会的変革が起きることとなる。会田大輔『南北朝時代――五胡十六国から隋の統一まで――』によれば、

孝文帝が親政を開始したころの北魏は、建国当初の遊牧中心の社会から、華北支配の浸透による農耕経

> 済中心の社会へ変貌しつつあった。また、北族と漢人の通婚も増え、中国文化の受容も進んでいた。経書や史書を修めて中国文化に精通していた孝文帝は、親政後、中国化政策を次々と進めていった。
> ［会田　二〇二一・一〇九頁］

とある。こうした中国化政策は、南朝を併合し中華全土を統一するという目標のためと考えられるが、政治経済から生活文化に至るまで多岐にわたる改革は、大きな軋轢を生んだとされる。特に問題となったのは、平城から洛陽への遷都、および貴族制の導入である。

> 貴族制を導入した結果、高官は皇族や北族・漢人の貴族で占められるようになり、改革から取り残された中下層北族の不満が徐々に高まってしまった。そして五二三年に六鎮の乱が発生した結果、瞬く間に華北は戦乱に陥り、北魏の分裂という事態に発展してしまうのである。
> ［会田　二〇二一・一二三頁］

つまり、曇鸞の場合、後半生において社会における価値観の揺らぎ、政治状況の不安定化という問題に直面していたのである。また、南北の関係からみると、

五世紀後半の中国では、むしろ遊牧民の支配する北魏の方が相対的に安定していたのである。ところが六世紀に入ると事態は逆転する。孝文帝改革の反動で北魏が混乱状態に陥ったあげく東魏・西魏に分裂

したのに対し、南朝の梁では約半世紀にわたって王朝が安定し、文化面で最盛期を迎えたのだ。その立役者が梁の武帝である。梁の建国後、彼は淀みつつあった貴族社会の立て直しを目指して改革を進めた。また、仏教に傾倒し、皇帝菩薩として君臨し、対外的にも影響を持った。［会田　二〇二一・一七一頁］

というように、曇鸞の後半生の時期には、むしろ南朝の方が政治的に安定し、仏教も興隆していたのである。『続高僧伝』などの伝記によれば、曇鸞の南方への旅は病に侵されたが故の健康法を求めたもの、とされているが、こうした社会情勢の変化を背景に、仏教、およびそれ以外の内容も含めて、北地で学び続けるよりも南方文化に学ぶことの方に可能性を求めたため、ということは十分考えられるだろう。

さらに言えば、浄土教への回心の背景も、政情や人々の価値観の不安定化する北地の状況故に自力的仏道成就が限りなく困難に感じられるものとなっていたことがあるともいえる。曇鸞における「自力無功」の実感は、比較的順風であった前半生からの四論等の仏教の学びが、後半生に環境の変化をうけて修道実践的意味において挫折したことに起因するのではないだろうか。『大集経』等の後期大乗経典のあらわす法滅思想の危機感は、曇鸞の実人生を通してリアリティーを感じさせたものと思われる。こうした法滅への危機意識こそが、天親と曇鸞の課題設定と、その表現における異なりを生んでいるといえよう。

五　八番問答にみる曇鸞の機根観

同じく浄土教を主題として取り上げつつも、『浄土論』と『浄土論註』における機根観はやはり大きな異なりがあるように見受けられる。先に指摘した通り、その点が端的に窺えるのが、『浄土論註』上巻末に施設される八番問答である。

八番問答とは、『浄土論』の回向門の偈文に、

我作論説偈　願見弥陀仏　普共諸衆生　往生安楽国
（『浄真全』一・四三四頁）

とある「あまねくもろもろの衆生（普共諸衆生）」について、八番の問答を設けて考察された、『浄土論』原文にはない、曇鸞『浄土論註』独自に施設された一段である。阿弥陀仏の救済の対象とされる「衆生」とは何者かを、『仏説無量寿経』と『仏説観無量寿経』の経説の違いなどに着目しながら問うことで、阿弥陀の救済とは他力的なものであり、それゆえに、救済の条件となるのはただ信心のみであることを明らかにしている。

本文に沿った詳細な検討はさておき、問答の要旨を列挙すれば以下のとおりである。

第一問答　いかなる衆生が往生できるのか。
第二問答　→『仏説無量寿経』の本願文は五逆誹謗正法を除くとする。『仏説観無量寿経』には十念念仏によって重罪が取り除かれる、とする。両者の表現は矛盾なのか。『仏説無量寿経』と『仏説観無量寿経』の相違をどう解釈するか。
第三問答　→「五逆誹謗正法」は二重の罪。五逆の罪のみなら十念往生できる。正法を誹謗するものが往生できないわけ。
第四問答　→仮に五逆罪を犯さなくても、謗法は往生できない。正法を誹謗するすがた。
第五問答　→具体的に謗るかどうかではなく、仏法に背く内心や態度が誹謗正法。誹謗正法はどうして五逆罪より重いのか。
第六問答　→五逆罪はそもそも仏法に背く姿勢から生じる為。十念念仏による業道の超越。
第七問答　→十念念仏がこれまで積み重ねてきた罪よりも強く働くのは何故か。十念というときの念の意味。
第八問答　→十念とは時間の概念ではなく内容的十全さや相続することを表す。憶念の多少を数えられるのか。
→十念とは数の概念ではなく、業事成弁を表す。

第六問答以降は、悪人をも救済しうる念仏という行業についてがテーマとなっていき、そしてそれは『浄土論註』下巻末の「覈求其本釈」の内容へとつながっていくわけである。ここでは、第一〜第五問答がテーマとする機根の問題を検討していきたい。

そもそも『浄土論』においては、浄土教の実践主体について、偈頌においては「衆生」、長行においては「善男子・善女人」「菩薩」と述べるのみで、詳細な検討は行っていないが、しかしそこだけを取り上げても、正しい信仰を持つ人という存在であることは大前提となっている。つまり凡夫であることは射程に入れつつも、内道＝仏道に帰している内凡夫が対象であり、外凡夫や悪人については全く視野に入れていないことがわかる。

しかし、『浄土論註』八番問答では、まさにその外凡夫や悪人の往生問題が課題となっているのである。これは当面「どこまでが往生可能な範囲か」という問題を論じているようでありながら、実として浄土の教えが、万人に開かれたものであることを示すと同時に、むしろ凡夫・悪人の救済にこそ主眼が置かれていることを暗に示すものである。当然そこには、こうした一段をあえて敷設した曇鸞の主体的な課題が、表れているといえる。

また、思想的に見れば、環境的に天親がほぼ影響を受けていなかったであろう『大般涅槃経』や『仏説観無量寿経』の思想を、曇鸞が積極的に取り上げていることも関係しているだろう。前者においては一闡提(断善根)の成仏の可不可を課題としているし、後者における下品下生の問題はそのまま悪人往生の課題として問答のテーマとされている。これらの観点からも、『浄土論註』の視座が『浄土論』原文を踏み越えたものとなっており、しかもそれは明確に意図されたうえで、示されていることが理解できるのである。

ちなみに親鸞は、『教行信証』信巻末に八番問答の大半（第一問答以外）を引用する。真宗における信仰主体のあり様がどのようなものであるかを端的に窺うことが出来る一段であると同時に、それは聖人においてはこの問題が客観論ではなく、主体的に時機相応の教えを求められたが故のものであることの証左であろう。

六　十念往生

前節では、天親と曇鸞の機根観に着目して八番問答を検討してきたわけであるが、往生のための行業の捉え方の違いも、この八番問答からうかがえることである。曇鸞は『仏説無量寿経』本願文の表現などを前提としつつ、第七問答などにおいて、

阿弥陀仏の若は総相、若は別相を憶念して、所観の縁に随って心に他想無くして、十念相続するを名づけて十念と為す。但、名号を称するも、亦復是の如し。

憶念阿弥陀仏若総相若別相、随所観縁心無他想、十念相続名為十念。但称名号亦復如是。

（『浄真全』一・四八五頁）

というように、十念＝阿弥陀仏の相を憶念相続すること、そして名号を称すること、を往生業として理解し

ているが、天親の『浄土論』にはこうした「称名」「憶念」という要素が出てこないのである。

これは、『浄土論』が浄土教典の解釈にあたり、「称名」「憶念」等と経に表現されることの実質的な内容は、五念門行という大乗菩薩道的実践であると押さえているからであろう。それは単純に考えて、他力に乗ずる、という視点がなければ、「称名」「憶念」は仏道の初歩的な実践にとどまり、それ自体では仏道を満足しうる内容とはならないからであろう。

天親による浄土教典の優婆提舎（ウパデーシャ：近づけて説く）は、阿弥陀仏とその浄土について説く浄土教典の、登場人物や物語といった固有の文脈を捨象しつつ、実質的にはどのような大乗菩薩道的思想内容・実践内容（二十九種荘厳や五念門など）を有しているのか、ということを整理し明らかにすることによって、生天論と同列に語られかねない浄土経典を、大乗仏教の本流の一角として位置づけるものであったといえよう。

ただし、天親の意図がそのようなものだとしても、大乗菩薩道の顕彰という内実だけが重視され、浄土教典の文脈が有名無実化してしまうことは天親自身としても本意でないに違いない。なぜなら、真宗の視点からは頻繁に語られることではあるが、願生偈の冒頭に、天親自身の帰命願生の告白がなされていることは明白な事実だからである。「無量寿如来」への「帰命」や「安楽国」への「願生」の語は、自身の主体的な態度として深く浄土経典の文脈にコミットしていることの証である。

浄土教においてはその文脈こそが重要な意味を持つということについて、譬えていうなれば、中で実行されているプログラムは同じでも、ＧＵＩ（グラフィカル・ユーザー・インターフェース）が一般化することで、コンピュータが爆発的に普及したようなものである。大乗の理念は、阿弥陀仏とその浄土という文脈（ユーザーフレンドリーなインターフェース）を通すことで、真の意味で大乗性を発揮する。そのことが確信されればこそ、千部の論師と呼ばれた学の大家である天親が、自身の信仰として浄土の教えを選び取っていかれたのではないだろうか。

こうした原典である『浄土論』の表現をそのままには採用せず、曇鸞が「称名」「憶念」という内容を打ち出そうとすることの背景について、殿内恒は「曇鸞における浄土往生の行と機」において、

「易行品」のこの説示は、不退転に至る易行道として阿弥陀仏をはじめとする諸仏の名号を称えるべきことをいうものであるが、その中に「称名一心念」、そして「称名憶念」の語が出され、さらに阿弥陀仏の本願に言及したうえで結びとして、常に「憶念」すべきことが示されている。

〔殿内　二〇〇八・一五八頁〕

と指摘し、『十住毘婆沙論』「易行品」の説示を受けたがゆえのものであると考察している。学的な背景としては、指摘の通りであるとは思われるが、これは原典であるところの『仏説無量寿経』等の表現への回帰であるともいえる。なぜそうしなければならないかといえば、曇鸞としては仏力他力を明らかにするうえで、浄土経典の文脈、就中その救済力の本源であるところの阿弥陀の本願と、その成就について、経言に基づいて言及せざるを得ないからである。このことは『浄土論註』下巻末の覈求其本釈において課題化されている。

七　「覈《かく》求其本釈」の課題性と構成

親鸞思想に特に大きな影響を与えたと考えられる、『浄土論註』下巻末の覈求其本釈と呼ばれるこの一段は、以下のような問答を契機として展開される。


問うて曰わく。何の因縁有りてか「速得成就阿耨多羅三藐三菩提」と言うや。

答えて曰わく。『論』に言わく、五門の行を修して自利利他成就するを以ての故なり。

然るに覈《まこと》に其の本を求むるに阿弥陀如来を増上縁と為す。

問曰。有何因縁言「速得成就阿耨多羅三藐三菩提。」答曰。『論』言「修五門行以自利利他成就故」。

然覈求其本、阿弥陀如来為増上縁。

（『浄真全』一・五二七～五二八頁）


ここではまず、問題提起として『浄土論』の「速得成就阿耨多羅三藐三菩提」という一文を採り上げ、そのように言える根拠を推求している。

阿耨多羅三藐三菩提とは仏のさとりと言い換えることができるが、その成就が速やかに得られる、というのは、五念五果の漸次修行を説く『浄土論』の論理展開からみても、また仏道の一般常識からしても、背反する内容であると考えられるからである。そしてこの問いに対し曇鸞は、『浄土論』が掲げる、「五門の行を修して自利利他成就する」という実践形態を根拠として応答するのである。

本来の『浄土論』の意図を推求すると、五念門行の実践は漸次であるが、これにより自利利他を成就していくというのであれば、その行が完成した状態とは「自覚覚他覚行円満」とも表現される仏陀と実質的には同じであり、その意味においては、さとりの実際的意義の成就は速やかに得られていることになる、ということを表しているといいえる。

しかし曇鸞は、『浄土論註』冒頭に五種の難を挙げて自力的修道の困難性を示すように、自力のみの実践により自利利他成就することを、ほぼ不可能なものと捉えている。それ故に、「五門の行を修して自利利他成就する」ということの本源、もしくは背景として、「阿弥陀如来を増上縁と為す」ものでなければならないことを明らかにしようとするのである。ここに曇鸞の他力思想が明確に表され、それが『浄土論註』全体に貫かれている『浄土論』註解の根本的な姿勢であることを窺うことができるのである。

この問答の以下の段は、①他利利他の深義、②三願的証、③勧信誡疑、という三つの内容から構成されている。順次内容を見ていきたい。

「他利利他の深義」

はじめに示されるのは、自利利他と言われる内容が、自力修道を表すのではなく、仏力をたのむという内容を持っているのだということを字義の上から解釈する、一般に他利利他の深義と呼ばれる一段である。

他利と利他と談ずるに左右有り。若し自ら仏をして言わば、宜しく利他と言うべし。自ら衆生をして言わば、宜しく他利と言うべし。今将に仏力を談ぜんとす。是の故に「利他」を以て之を言う。当に知るべし、此の意なり。

他利之与利他談有左右。若自仏而言、宜言利他。自衆生而言、宜言他利。今将談仏力。是故以「利他」言之。当知此意也。

(『浄真全』一・五二八頁)

ここでの本題は、「利他の語は仏力を表すものである」という主旨自体であるため、この曇鸞による他利利他釈を綿密に検討せずとも一応の了解は可能である。しかし親鸞による他利利他釈援用の意図を押さえ、それによって利他の語をどのように定義し用いているかを考える上では、やはり本文の詳細な検討が必要であろう。

しかし、この他利利他釈の了解については、先学の見解が分かれるところである。様々な講者が広汎な了解を示しており、逐一の検討は困難であるため、ここでは先行研究による分類にしたがってみたい。小比賀保一「論註他利利他の深義に就いて」によれば、

(A) 他利と利他とは一法の異称で、共に自利に対する言葉にて、仏の衆生利益行である

他利は自利行に随伴する任運自徳の行であって、しかも衆生が仏に利せられることを意味するから、衆生より言えば他利といい、利他は専ら衆生救済の志願に基づく化他行即ち作願化他の行であって、

仏が衆生を利することを意味するから仏より言えば利他である

（B）他利は従生向仏の名で、他に利せられるの意、即ち他（仏）が我（衆生）を利すること、又利他は従仏向生の名で、他を利するの意、即ち我（仏）が他（衆生）を利することで、立名差別ある故に「談有左右」という

〔小比賀　一九六八・六七〜六八頁〕

すなわちA説では、仏の衆生利益行について衆生の側から見るか、仏の側から見るかということで他利と利他が使い分けられるとする。B説では、衆生の往生について、利せられる衆生と、利する仏の対比によって他利と利他が使い分けられるとするのである。

ただし、この両説にはどちらにも問題点がある。A説は、衆生より言えば他利、仏より言えば利他というが、単に内容的に配当しただけで、他利・利他という語義から内容が明白になっているわけではない。

またB説は、自利利他における利他の解釈なのであるから、その利他の定義は自利との対比構造にある内容でなければならないにもかかわらず、他利と利他の対比を明らかにすることに終始している。

両説における混乱は、ひとえに他利という語を如何に了解するか、という問題から起こっていると考えられる。しかし、利他について仏力を談ずるものとする了解は、諸経論のうちに見られない用法であって、曇鸞による発揮説であるといえるのである。したがってここで対比的に提示される他利の語も、その独自解釈を明らかにするために仮設されたものと考える方が自然ではないだろうか(2)。

自利という語に対応する語を示すのであれば、自→利と同様の文法的構造を持っていなければならないは

ずで、それならば利他ではなく他→利であるべきだ、ということを説明するのが、他利の語が示される理由だということである。したがって、他利という語は、文法的な構造を示す以上の内容的意味を持たないと見ることができるのである。

以上の検討から、曇鸞の自利利他了解とは、一般的な自行化他の意としてではなく、衆生が自ら往生道を歩まんとすること（自利）と、仏のはたらきによってその衆生が救われること（利他）、という意味を表すのであって、両者が相即円満すればこそ速得成就阿耨多羅三藐三菩提と言いうる、ということが曇鸞の他利利他釈で明らかにされる内容である。

ただし、この一段のみの内容であれば、『浄土論』がそもそも説こうとしていた利他の満足、つまり願生者における化他が、一見すると否定されてしまっているかのごとくである。しかし、曇鸞の意図を汲み取るならば、仏の本願力による救済は、自己と他者いずれにおいても、救済する如来と救済される衆生の一対一の関係として平等に与えられるのであるから、願生者における化他もまた、阿弥陀如来を増上縁と為すことによって結果的に成立するのだ、という論旨を含んでいるものと考えられる。その場合の化他の実態は、他者と同じ地平に立ちつつも阿弥陀の救済を褒め称え説き勧める、という形となるだろう。そのような見解が適切であるかどうかは、以下の一段の内容から確かめることができるだろう。

「三願的証」

次に示されるのは、願生者の浄土往生と、それに伴う諸々の実践はすべて、阿弥陀如来の本願力を外縁とすることで成立することを、具体的に四十八願のうち、第十八願・第十一願・第二十二願の三つの願文を挙げて論証する、いわゆる三願的証と呼ばれる一段である。

凡そ是れ、彼の浄土に生ずると、及び彼の菩薩・人天の所起の諸行は皆阿弥陀如来の本願力に縁るが故なり。何を以て之を言うとなれば、若し仏力に非ずば四十八願便ち是れ徒設ならん。今的《ひと》しく三願を取りて、用て義の意を証せん。

願に言わく。「設《たと》い我れ仏を得んに、十方の衆生、至心信楽して我が国に生まれんと欲うて乃至十念せん。若し生を得ずば正覚を取らじ。唯だ五逆と誹謗正法とを除く、と。」仏願力に縁るが故に十念す。念仏すれば便ち往生を得ん。往生を得るが故に即ち三界輪転の事を勉がる。輪転無きが故に、所以《ゆえ》に速やかなることを得る。一の証なり。

願に言わく。「設い我れ仏を得んに、国の中の人天、正定聚に住して必ず滅度に至らずば正覚を取らじ、と。」仏願力に縁るが故に正定聚に住す。正定聚に住するが故に必ず滅度に至りて諸の廻伏の難無し。所以に速を得る。二の証なり。

願に言わく。「設い我れ仏を得んに、他方仏土の諸の菩薩衆、我が国に来生して究竟して必ず一生補処に至らん。其の本願の自在にして化する所、衆生の為の故に弘誓の鎧を被て徳本を積累し、一切を度脱して、諸仏の国に遊んで菩薩の行を修し、十方の諸仏如来を供養し、恒沙無量の衆生を開化して、無上正真の道を立せしめんをば除く。常倫に超出し、諸地の行現前し、普賢の徳を修習せん。若し爾らずば正覚を取らじ、と。」仏願力に縁るが故に、常倫に超出し、諸地の行現前し、普賢の徳を修習せん。常倫に超出し、諸地の行を以ての故に、所以に速を得る。三の証なり。

斯を以て他力を推するに増上縁と為す。然らざることを得ん乎。

凡是生彼浄土、及彼菩薩人天所起諸行、皆縁阿弥陀如来本願力故。何以言之、若非仏力、四十八願便是徒設。今的取三願、用証義意。願言、「設我得仏、十方衆生、至心信楽欲生我国、乃至十念。若不得生者、不取正覚。唯除五逆誹謗正法。」縁仏願力故十念念仏便得往生。得往生故、即勉三界輪転之事。無輪転故、所以得速一証也。願言、「設我得仏、国中人天、不住正定聚必至滅度者、不取正覚。」縁仏願力故住正定聚。住正定聚故、必至滅度、無諸廻伏之難。所以得速二証也。願言、「設我得仏、他方仏土諸菩薩衆、来生我国、究竟必至一生補処。除其本願自在所化、為衆生故、被弘誓鎧積累徳本、度脱一切、遊諸仏国修菩薩行、供養十方諸仏如来、開化恒沙無量衆生、使立無上正真之道。超出常倫諸地之行、現前修習普賢之徳。若不爾者、不取正覚。」縁仏願力故、超出常倫諸地之行、現前修習普賢之徳。以超出常倫諸地行故、所以得速三証也。以斯而推、他力為増上縁。得不然乎。

（『浄真全』一・五二八〜五二九頁）

以上のように、三つの願を引用するのは、いずれも速得成就阿耨多羅三藐三菩提の所以を明らかにするのが主たる目的である。そこで根拠として挙げられる願の内容は、①念仏往生によって三界に輪転することがないこと、②必ずさとりに至るので迷い苦しみに巡り流されることがないこと、③通常の菩薩道を超越し、諸地の行をすべて実現すること、という三点なのである。

明示されてはいないが、願の順が入れ替えられていることから考えても、②は①の内容を前提にしており、③は①・②の内容を前提にしている、という論理展開となっていることは明白である。

ここで曇鸞が「速得」というのは、今この場で即座に仏のさとりとその能力のすべてを獲得する、という観念的で静的な捉え方ではない。念仏による浄土往生ということによって将来的な輪廻からの解脱が確定することで（第十八願意）、生死界の様々な障害の影響から自由となり（第十一願意）、その副次的な効果として諸々の仏道実践を自在に行うことが出来る（第二十二願意）という、動的な信仰生活への帰入を、往生の実質的意義が「速得」されることの内容として押さえているのである。つまり、本願文とその成就の力用を根拠（成仏道の成就に要求される功徳の出処）とすることを、「阿弥陀如来を増上縁となす」ということの内容とみているのである。功徳の本源が如来の側にあるのだから、その救済力に浴した段階で「速得」なのである。

「速得」の問題を課題化する姿勢からも明確なように、『浄土論註』は、浄土教の文脈に則り、言説における表面上は浄土往生後（つまり来世）の功徳を語りつつも、そのことを実現する原理（本願の願事）が即時に得られるものであると見ることによって、逆に、意趣としては主に現生の問題に焦点が当てられている（曇鸞は、実の生死という考えから無生の生へという転換を往生観の前提としているので、現世・来世といった実体的理解に基づく分別は、厳密には適切ではないが）のだと言える。

また、三願的証のように願文を根拠に浄土往生の内実を押さえていく、という姿勢は、親鸞が『教行信証』において、各巻の内容を、根本願を拠り所としながら明らかにする形式の原点となっている、と見ることが出来る。それは、第十八願一願建立の法然教学に対し、親鸞教学の独自性をうかがうことが出来ることから、注目すべき点であると言える。

「勧信誡疑」

覈求其本釈の最後に示されるのは、比喩を示すことによって自力他力のあり方を明らかにして、以て他力に依るべきであることを説き勧める一段である。

当に復た例を引いて自力他力の相を示すべし。人、三塗を畏るるが故に禁戒を受持す。禁戒を受持するが故に能く禅定を修す。禅定を以ての故に神通を修習す。神通を以ての故に能く四天下に遊ぶが如し。是の如き等を名づけて自力と為す。又、劣夫の驢に跨りて上らざれども、転輪王の行に従いぬれば、便ち虚空に乗じて四天下に遊ぶこと障礙する所無きが如し。是の如き等を名づけて他力と為す。愚かなる哉後の学者、他力の乗ずべきことを聞いて当に信心を生ずべし。自ら局分すること勿れ。

当復引例示自力他力相。如人畏三塗故受持禁戒。受持禁戒故能修禅定。以禅定故修習神通。以神通故能遊四天下。如是等名為自力。又如劣夫跨驢不上、従転輪王行、便乗虚空遊四天下、無所障礙。如是等名為他力。愚哉、後之学者、聞他力可乗、当生信心。勿自局分也。

（『浄真全』一・五二九頁）

ここではあえて、自力他力の優劣を直接に論じるのではなく、自力の仏道と他力の仏道のあり方を対比的に例示することによって、他力の乗ずべき所以を明らかにして、後の学者に信心を勧め、自身の考えにとらわれることの無いよう述べている。

押さえるべきは、自力道・他力道の間で、何が共通し、何が異なっているのか、ということである。共通するのは大乗仏道の目的の一つである「四天下に遊ぶ」ということである。苦しみから離れ、迷いの世界にありながら自由自在に自利利他することが、いずれの道においても目的となるのは当然といえよう。

一方で異なるのは、その「四天下に遊ぶ」ことが何を根拠として成立するか、という点である。自力道においては、禁戒を受持し、禅定を修することで自身の上に習得された神通力を根拠とするのに対し、他力道においては、「転輪王の行に従」うことを根拠とするのである。ゆえに自力道とは異なり、力の源泉が内在化・私有化されないものと理解されている点には注意を払わなければならない。このような修道観は天親のそれと明確に異なるものだからである。

八　文章構造と解釈——十門分科について——

曇鸞による、原典である『浄土論』の文脈や文章構成そのものに対する独自の把握方法として挙げられるのは、「十門分科」と「五念配釈」である。これらについても順を追って確認していきたい。

十門分科とは、『浄土論註』において、『浄土論』の解義分（長行《じょうごう》）を十の章に分類し、その内容を明らかにしていることをいう。天親の『浄土論』本文にはこうした分科は行われていないため、曇鸞の創意と言える。その名称と概要は以下のとおりである。

一　願偈大意……『願生偈』の大意を明らかにする。
二　起観生信……どのように観じ、どのように信心を生ずるか、五念門の行を略説して明らかにする。
三　観行体相……浄土の二十九種（国土・仏・菩薩の荘厳功徳）を観察する。
四　浄入願心……二十九種荘厳がすべて如来の願心におさまることを明らかにする。
五　善巧摂化……如来の願心が善巧に衆生を教化し、人々を浄土に生まれさせることを明らかにする。
六　離菩提障……自利利他の仏道において、その障りとなるものから離れることを明らかにする。
七　順菩提門……菩提（さとり）に順じ、相応する道を明らかにする。
八　名義摂対……障菩提と順菩提の心を対比的に明らかにする。
九　願事成就……五念門行を因とすることで、願生の業が成就することを明らかにする。
十　利行満足……五念門行が成就して、五功徳の果を得るという形で、自利利他の功徳が利益として満足されることを明らかにする。

曇鸞が十門の全体的趣旨として示そうとすることは、諸々の浄土の性質およびはたらきは、法蔵菩薩の誓願を根拠として成り立ったものである、ということである。したがって、そうした如来の救済のはたらきを、自らの疑いを差し挟むことなく受け入れる（信心）とき、浄土の功徳が我々の上に実現し、自利利他の志願を満足していく、ということを明かす構成となっている。これは、十門の内容を持つ章立てとして『浄土論』を解釈することで、五念門行の実修（自力修道）ではなく、他力信心の仏道を明かす内容と捉え直しているということである。

なぜそのように指摘できるのかというと、文章構造上の問題があるからである。分量も多く内容も広範な二十九種荘厳が「観行体相」章に一括される一方、後半の内容は非常に細分化されており、一見してアンバランスな構造となっている。穿った見方をするならば、曇鸞には、十章のうちの一つと位置付けることで、修道全体における観察の意味のウェイトを下げ、相対的に第四～第十門（本願力によって仏道が成就していく様）までの展開に焦点を当てる狙いがあるのかもしれない。

香月院深励は『註論講苑』において、「これはこれ解義分なり。この分のなかに、義に十重あり。此是解義分。此分中、義有十重。」とあることについて、

> 重の字は、こゝではかさなるの義で次第にものをかさねることなり。　〔香月院　一九七三・三七七頁〕

と指摘している。つまり曇鸞によって『浄土論』長行を十門に分けた内容というのは、それぞれ別個の内容を表しているのではなく、「願偈大意」→「起観生信」……といったように、前章の内容を踏まえたうえで次第に論理展開していくものということである。『浄土論』長行についていえば、十段階の修道のプロセス

ということであろうか。とはいえ、十という数字は満数であるから（曇鸞が十という数字を満数として見ているかどうかは、八番問答の第七に、一念の憶念・相続されることを十念と位置付けていることから指摘することができる）分析的研究の結果として十章の章立てとなったというよりは、修道のプロセスの円満なるさまを表現するため、あえて十に章立てしていると思われる。

また、深励は、「義に十重あり。」といわれることにも着目して、『浄土論』の文面に従ったものではなく、論文の義意を探って分科がなされたものであることも指摘している（同）。原文に科文を切る場合、どのように原典を理解しているのか、という読み手の視点が色濃く表れるものである。同一のテキストであっても講者によって分科の仕方が大きく異なることは、仏典研究において多々あることである。したがって、『浄土論註』の十門分科とは、どのように段落分けをしているのか、各章をどのように名付けているのかというところに、曇鸞が『浄土論』の長行に表わされる内容をどう理解しているのか、ということが色濃く表れている、ということができる。

さらに、曇鸞による各章の名称は、一応、『浄土論』本文の内容に沿ったものといえるものの、「願心」の取り扱いについて、天親と曇鸞が同一であるようには見えない、という問題もある。

浄入願心章の名称については、

> 浄と云うは三種の荘厳の事、入願心というは願心に入ると云う事、三種の荘厳は弥陀因位の選択の願心に収まり入ると云う事で浄入願心と云う也。
>
> ［香月院　一九七三・六一二頁］

と指摘されるように、二十九種荘厳がすべて如来の願心におさまることを述べる箇所だと曇鸞は押さえている。

しかし、『浄土論』のうちには曇鸞の主張するような法蔵菩薩の四十八願の願心であるとは明示されていない。むしろ文面に従えば、願生の行者における願心と読むべきなのが自然といえる。願心が清浄であることが、三厳二十九種の清浄性の根拠であるという文脈は、観察行の実践により「真実智慧無為法身」に入ることで浄められた願心だから、という趣旨として読み取れる。

それに対して曇鸞は、

「知るべし」とは、この三種の荘厳成就は、本四十八願等の清浄願心の荘厳したまえるところなるによりて、因浄なるがゆえに果浄なり。無因と他因の有にはあらざるを知るべしとなり。

「応知」者、応知此三種荘厳成就、由本四十八願等清浄願心之所荘厳、因浄故果浄。非無因他因有也。

（『浄真全』一・五一五頁）

というように、如来浄土の因が清浄性の根源とみているのである。これは他力を頼むことでなぜ往生成仏の業因となるのか、ということについて明らかにしなければならなかったからであろう。

ところで、自著を十章にかけて論ずるという形式は、のちの日本浄土教においてはよく見られる形式である。源信『往生要集』の十門分科や東大寺永観『往生拾因』の十因分科、三論宗系の珍海『決定往生集』の十門分科などである。『往生拾因』や『決定往生集』は『浄土論註』からの引用文がみられるため、形式についても下敷きとした可能性もある。

九　仏道観の転換——五念配釈——

『浄土論』においては、浄土教の実践である因の五念門行によって、「漸次に五種の功徳を成就」していく様として、果の五功徳門（近門・大会衆門・宅門・屋門・園林遊戯地門）という内容が示される。このことにより功徳が成就して、大乗菩薩道の志願である自利利他円満が為される、というように結論づけられるのである。

したがって、天親『浄土論』における五念門が、全体的にどのような性格をもつものであるのかといえば、奢摩他・毘婆舎那、とくに毘婆舎那＝観察中心の実践法としての性格を持つものであるといえよう。『浄土論』は、五念門を説示した後、観察門の具体的内容として、国土十七種、仏八種、菩薩四種の、いわゆる三厳二十九種の功徳相を縷々説くのであるが、その分量は偈頌の八割、長行の五割を占め、論の本題であることを窺わせるのである。

こうした事実を踏まえ、深川倫雄は『入出二門偈講讃』において、

論述の筆勢に関するかぎり、礼拝、讃嘆、作願の三門は、観察行を成立させるための前加行であり、第

五回向門は観察行から当然生じて来る利他回向行である。願生の意をもって礼拝し、仏徳に相応して讃嘆し、願生心をもって定（奢摩他）に入って後、智慧を生じて、その智慧をもって正念に仏土を観察し、願生のことといよいよ顕われて来る。これが観見願生であるとせねばならぬ。［深川　一九八一・七四頁］

と整理している。

それに対して曇鸞は、『浄土論註』上巻において、『浄土論』の偈頌に対して逐語的に解釈を加えるのであるが、偈頌の本文の検討に入る前に、全体の文章構造を整理する上で、『浄土論』の長行に説かれる五念門を、偈頌の文句にそれぞれ配当しているのである。これがいわゆる五念配釈である。

まず、偈頌第一行に「世尊我一心　帰命尽十方　無礙光如来　願生安楽国」とある部分について、曇鸞はこの文句のうち「帰命」を礼拝門、「尽十方無礙光如来」を讃嘆門、「願生安楽国」を作願門の内容と位置づけ、それらを三念門と呼称している。そして「観彼世界相」から「示仏法如仏」までを観察門、最後の「我作論説偈　願見弥陀仏　普共諸衆生　往生安楽国」の四句を回向門と位置づけているのである。

もともと五念門とは『浄土論』長行の所説であり、偈頌の中には五念門の内容は触れられていないため、こうした解釈は曇鸞の理解の独自性を示しているといえる。もちろん長行は世親自身による偈頌の解釈とされているのであるから、両者が内容的に相関関係に有るのは当然ではあるが、曇鸞が為したような逐語的な配当は原文の内容を根拠としたものでない。それ故に、『浄土論註』全体の解釈の傾向に照らしても、奢摩他・毘婆舎那の実修に重点を置く『浄土論』本来の性格を反映したものというより、曇鸞自身の『浄土論』

理解を表現するために五念配釈が為されていると言うべきであろう。

では曇鸞自身の『浄土論』理解とはどのようなものか。従来、真宗学の立場からの『浄土論註』の研究は、親鸞以降の信心為本の宗風を反映してか、「世尊我一心」の句に対する曇鸞の解釈を重視しつつ、天親菩薩自督の一心、つまり信心を主題としていると理解するのである。（ただし、真宗学以外からの『浄土論註』研究は、そのような立場に立たないため、『浄土論』と『浄土論註』の根拠とする思想的素地の間に異なりに特段の意味を見いだしてこなかったようである。）

つまり、帰敬序の第一句である「世尊我一心」を五念配釈の外においていることによって、ここでの「一心」が、かえって五念門全体に関わることを示すと見るのである。曇鸞はこの一句の解釈として、

「我一心」者天親菩薩自督之詞。言念無礙光如来願生安楽。心心相続無他想間雑。

（『浄真全』一・四五二頁）

「我一心」とは、天親菩薩自督の詞なり。言うこころは、無礙光如来を念じたてまつりて、安楽に生ぜんと願うこと、心々相続して他の想い間雑すること無きとなり。

と、「我一心」の語から、天親の願生心、すなわち信心を表すものとして押さえている。このことからも、「帰命尽十方　無礙光如来　願生安楽国」以下の句は、一心から独立した内容としてではなく、むしろ、その一心に全体的に関わるものとして示されたものと見るべきであることが了解できるのである。

十　五念門と成上起下

また、五念配釈の問題を考えるにあたり注目しておきたいのは、『浄土論註』において、五念門における各門の相互の関係性を前三門と後二門に分け、うち前三門を三念門と定義し、上の三念門を成って下二門を起こす（成上起下）ものと理解されている、という点である。これは、『浄土論』の表現には表れてこない、それ故に曇鸞独自の解釈法として注目すべき特徴であるため、この解釈形式の分析から、曇鸞による註釈の意図を読み取ることができると思われる。

曇鸞は、「五念門を修するに、前念は後念のために因と作る。（修五念門、前念与後念作因。）」[3]と述べる。そこから考えるに、曇鸞における五念門の力点、換言すれば、実践的な意味で中核となるものとは、それが成ってはじめて下が起こされる、と述べられる、礼拝・讃嘆・作願の前三門にある、ということである。

先に確認したように、『浄土論』本来の五念門行の力点は、第四観察門にあったのである。したがって、深川が指摘するように、観察門に対する前三門は観察行を成立させるための前加行であり、回向門は観察から流出するもの、という位置づけにあったとみるのが自然な読み方である。

しかし曇鸞による成上起下という理解によれば、前三門（すなわち天親における帰敬、一心帰命の願生心であり、その中心は如実修行相応を示す讃嘆門である）が成就したところから、観察門・回向門が必然的に生じてくるものと定義された、ということになる。

そのように考えると、『浄土論』と『浄土論註』の間では、『浄土論』の文言全体の大半を占めている、観察門、つまり三厳二十九種の意味も変わってくることになる。つまり、前者において観察門は、行者たる菩薩の実践行としての意味であるのに対し、後者では信仰の眼より見開かれた国土観・仏陀観・菩薩観、という内容になってくるからである。（加えて言えば、続く回向門は、観察門として獲得された信仰の視点を具体化していくはたらきとしての意味を持つことになろう。）

つまり、『浄土論註』における五念門理解とは、帰敬序に配当される前三門を一心帰命の信相とみて、後二門はそこから流出して信心の内景をあらわすものと押さえる、というものであるといえる。

天親の五念門の場合、それは実践行の体系と押さえられているため、前四門は自利の行、後一門は利他の行として位置づけられ、以て自利利他円満の行であることが明確であったが、曇鸞の場合、五念門全体が帰命願生の一心の具徳と押さえられるため、そこに自利のみならず利他性が内包されていることを明示しなければならなかった。そのため、信心の実践的展開としての回向門のうちに、自利利他する相である往相・還相を明らかにされたのだと考えられる。

結論

本論では、『浄土論註』製作における曇鸞の解釈姿勢に焦点を当てて、これまでその概略を確かめてきたのである。

天親と曇鸞、両者の最も大きな相違点は、浄土経典とりわけ『仏説無量寿経』において、如来浄土の因果の物語として示される、法蔵菩薩が発願修行して阿弥陀仏となっている、という内容を重視するか否か、ということにある。天親は浄土経典解釈に際して、そうした物語性を捨象し、大乗仏教的な意味でのあるべき世界観を体系的に示すとともに、往生道すなわち大乗菩薩道であることを示すことに力点を置いていたように見受けられる。

一方で曇鸞は、法滅の危機意識に基づき、易行性こそが浄土教の要であると見定めたのである。大乗菩薩道の志願を満たす上で、龍樹によって、自力難行によらない、もう一つの道として示唆された、信方便易行の念仏道こそ、万人に開かれた仏道であるとの理解であろう。しかし称名と信心がなぜ大乗菩薩道を満足するのか、という裏付けは、龍樹の時点では定かではない。そこで曇鸞は、功徳が自身に実現していく道理として、経言の上からは『仏説無量寿経』所説の本願の物語、道理の上からは『浄土論』所説の二十九種荘厳および五念門に確かめていったものと思われる。

本論では、親鸞の視点についても端々に言及したが、テキストの表現上は曇鸞と親鸞でも相違がみられる、それについての検討は今後の課題としたい。

註

（1）［石川　二〇〇九・五～七頁］。

（2）他利利他釈が純粋に文法問題である、ということは池田勇諦師の示唆による。本論はその指摘を承けて再検討したものである。

（3）『浄真全』一・四五四頁。

参照文献

石川琢道［二〇〇九］『曇鸞浄土教形成論――その思想的背景――』（法藏館）
会田大輔［二〇二一］『南北朝時代――五胡十六国から隋の統一まで――』（中公新書）
香月院深励［一九七三］『浄土論註講義（講苑）』（法藏館）
小比賀保一［一九六八］「論註他利利他の深義に就いて」『真宗研究』第八号
殿内恒［二〇〇八］「曇鸞における浄土往生の行と機」武田龍精編『曇鸞浄土教思想の研究』所収（永田文昌堂）
深川倫雄［一九八二］『入出二門偈講讃』（永田文昌堂）

『浄土論註』の日本的展開
――源信『往生要集』の五念門説から見えてくる思想史的背景を中心に――

藤村　潔

平安中期に活躍した恵心僧都源信（九四二〜一〇一七）が四十四歳時に完成した『往生要集』の中で、極めて注目すべき所説は、大文第四「正修念仏」の理論的基盤となる世親（天親、Vasubandhu　五世紀頃）『浄土論』の五念門説の受容である。管見の限り、その所説を「念仏」として変容したのは、恐らく歴史上、源信の『往生要集』と思われる。『浄土論』の所説を尋ねる限り、決して念仏に軸を置いた理論とは言い難いが、源信においては念仏の行法として了解している。また、『浄土論』といえば、北魏の曇鸞（四七六〜五四二）の『浄土論註』（以下『論註』）の存在が先行する。『論註』の思想史的背景が鎌倉仏教以降に極めて大きな影響を与えたことは言を俟たない。ところが、源信においては『論註』の存在を知り得たとしても、原典を実際に披閲できた事実は見受けられない。つまり、『往生要集』とは、世親の『浄土論』や曇鸞の『論註』には全く説かれないような独創的な五念門の解釈に立ち、正修念仏として受け止めて新展開していくのである。

問題の所在

本稿では、平安中期に活躍した恵心僧都源信（九四二～一〇一七）が四十四歳時に撰述した『往生要集』の中で依拠される世親（天親、Vasubandhu　五世紀頃）の五念門説に注目し、彼が思想史的にどのように受容し、敷衍したのかを究明する。五念門とは言うまでも無く、世親の『浄土論』（『往生論』）で説かれるものであるが、その所説を「正修念仏」（大文第四）として変容したのは、僅かな例外があるとはいえ、恐らく歴史上、源信の『往生要集』が初めてとされる。『浄土論』の所説を尋ねる限り、決して「念仏」に軸を置いた理論構成とは言い難いが、源信においては念仏の行法として捉えている。また、『浄土論』といえば、北魏の曇鸞（四七六～五四二）の『浄土論註』（『往生論註』、以下『論註』）の存在が先行する。『論註』の思想史的背景が鎌倉仏教以降に極めて大きな影響を与えたことは言を俟たない。

ところが、源信においては『論註』の存在を知り得たとしても、原典を実際に披閲できた事実は見受けられない。この点、世親の『浄土論』、すなわち五念門説に源信が独創的な解釈を加えていく理由があったように思える。以上の点を考慮し、本研究では、そもそも『論註』の理論的措置を持たない『往生要集』が、世親の五念門説をどのように思想史的に受容し論説していくものか、その一端を考察したい。

一　『浄土論註』流伝とその展開――『往生要集』成立に至る思想史的背景に注目して――

本研究では、主に源信の『往生要集』の中で引用される世親の『浄土論』所説を取り扱う。そのため、本来ならば『論註』の文脈全体を精緻に考察する必要があろうが、源信時分の地平に立って検討していくため、今回は『論註』そのものの思想的検証はしない。というのも、従来の研究史において、概ね次のような難点が予想されるからである。

『論註』研究とは、今日継承される法然（一一三三～一二一二）や親鸞（一一七三～一二六二）といった鎌倉期以降から活発化された傾向にある。その一因に、所謂「浄土三部経（三経一論）中心史観」といったものがある。この見方は法然・親鸞の思想に迫る意味においては有効であるが、平安中期に生きた源信に投影させることはできない。浄土三部経史観といった縦軸、浄土五祖や真宗七高僧の祖統説といった横軸を交差するところにおいて、宗祖の信仰主体が高揚されるかもしれないが、そもそも「曇鸞」と「源信」を画一的に捉えることはできないはずである。

そうした原因の一つに、今日まで親鸞教学における『論註』受容の過剰なまでの投影がある。言うまでもなく、親鸞において曇鸞の解釈が先鋭化されていく傾向は否定できない。所謂「難易二道（自力他力）」、五念門第五回向門の往相・還相に拠る「回向の二相（二種回向）」、「八番問答」、「覈求其本釈」、「三願的証」などといった所説は、『浄土論』原典には本来説かれないはずであるが、『論註』の主要なる問題としては、親鸞の主著『教行信証』の中で宣揚されている。[1]

ところが、源信においては、こうした『論註』の所説は目にすることはなかった。それ故に世親の『浄土論』の五念門説を直截的（独創的）に読解していく意図があったと言えよう。つまり、同じ五念門説でも源信と親鸞とでは全く異質な解釈が成り立つのである。親鸞の地平に立って捉えるならば、近因に平安中期に撰述された『往生要集』の五念門理解を知り得ていたはずであろうが、彼が源信の解釈について全く触れていないのは何故であろうか。この点、源信と親鸞の間には、『論註』の所説をめぐる思想史的断層があったと推察されるのである。

親鸞時分に『論註』全文を披閲できたとすれば、曇鸞を通した世親の『浄土論』の五念門説を受容したということは容易に想像できる。ただし、親鸞以前に『論註』の文脈が、日本の諸学匠らによってどの程度受容されて、思想史的に支持を集めていたのかという点では、現在に至るまでも充分に議論されていないように思う。そこでまず、源信以外の『論註』の受容史について検討を加えたい。

本研究の大きな見通しを立てるため、極めて大局的且つ冒険的な見方かも知れないが、あくまで源信の『往生要集』に至るまでの浄土教に関する仏教思想史を描き出す意味として、私の推論を挙げておきたいと思う。

◆『往生要集』成立以前の東アジア仏教思想史

【A】「玄中寺系浄土教」………曇鸞・道綽・善導（五世紀～七世紀）
【B】「長安仏教❶（旧訳）」……浄影寺慧遠・吉蔵（六世紀～七世紀）
【C】「長安仏教❷（新訳）」……迦才・懐感（七世紀～）
【D】「新羅浄土教」……………元暁・法位・玄一・義寂・憬興（七世紀～）
【E】「天台系浄土教」…………天台智顗［伝］（六世紀～）

この五つの潮流を立てることで何が判明するのか、一つずつ整理してみたい。【A】は曇鸞を起源とする玄中寺系から継承される浄土教である。この思想史的特徴は、基本的に阿弥陀一仏を帰依の対象とする浄土教思想であり、現存する文献の性格から見ても、今日定着している所謂「浄土三部経」に立脚した者らとされる。そのため、他の大乗経典の註釈は全く存在せず、阿弥陀仏・極楽世界に特化した系譜と捉えることができよう。勿論、善導は長安に住していたが、鎌倉の浄土教思想史に与えた影響は計りしれないため、本論では祖系の便宜上「玄中寺系浄土教」[2]の枠組みとして設定した。

次に【B】は、歴史的に一度でも首都である長安に住して活躍した仏教思想家を指し示す。慧遠（五二三～五九二）と吉蔵（五四九～六二三）に共通する点は、伝記上確かに特定の学派に所属しているが、『無量寿経』や『観無量寿経』（以下『観経』）の註釈書を撰述していることである。しかし【A】とは異なり、諸経を横断的に研究し、経典や論書の註釈を数多く遺している。『維摩経』や『勝鬘経』『法華経』『涅槃経』などの註釈書を作成している。先行研究の成果に従うならば、【B】の立場では、「浄土教」と「浄土思想」の概念規定を厳密に捉え直した方がよいものと思われる。[3]

【C】はこれも長安の都市仏教に身を置いたことがある者で、基本的に阿弥陀仏や極楽世界を主題としている文献を遺しているが、彼らは唐代初期の玄奘三蔵（六〇二～六六四）が新訳経論を訳出した直後、もしくは同時代に活躍した者らと見做される。迦才（生没年未詳）はちょうど転換期に当たるが、[4]懐感（七世紀後半頃?）の『釈浄土群疑論』（以下『群疑論』）においては新訳用語が頻出している。彼らは摂論学派や法相学派に所属する背景があり、【A】の系譜を継承する一面、批判的な見解を持っていたとされる。

次に【D】であるが、これは新羅時代に登場する仏教思想家である。新羅の浄土教は中国よりも『無量寿経』註釈に関して占める割合が大きい。また【B】のような横断的な面もあり、たとえば元暁（六一七～六八六）は『涅槃経』『法華経』『大乗起信論』（以下『起信論』）の註釈を撰述している。管見の限り、【D】の特徴は、『無量寿経』註釈書に限定して言うならば、【A】の曇鸞や道綽（五六二～六四五）といった玄中寺系浄土教からの引用が見えない。[5]むしろ【B】の慧遠の文献を批判的であれ依用している。また【C】からの影響については、たとえば憬興は、同じ法相学派の懐感が撰述した『群疑論』を引用し、さらには迦才の『浄土論』からも影響を受けているとされるため、唐代初期の長安仏教の事情を理解していたようである。[6]

最後に【E】「天台系浄土教」であるが、これに関しては難点がある。何故ならば天台智顗（五三八～五九七）の浄土教文献とされる『観無量寿経疏』（以下『観経疏』）や『浄土十疑論』（以下『十疑論』）、『阿弥陀経義記』らは、今日では偽撰説と推定されるからである。[7]智顗は南朝の陳から隋代にかけて建康や天台山を拠点に活躍し、『般若経』『法華経』『維摩経』の註釈書さらには禅観書を遺している。この点、【B】のように横断的な学系ではあるが、ただ地域的には長安仏教の場で活躍していない。さらに彼は、真諦三蔵（四九九～五六九）訳出の瑜伽行・如来蔵思想文献を直接披閲できていたのかが疑わしい。(8) こうした点が影響関係にあるのか判然としないが、たとえば【D】などの新羅の仏教思想家は、智顗の文献をほぼ引用していないのである。ところが、日本では天台学派がむしろ時代の趨勢を担うものであり、平安中期の良源や源信の著作には智顗伝とされる文献を真撰として依拠している。

以上、極めて大きな見通しで、源信以前の浄土思想史を概観したが、この五つの観点（潮流）から有機的に受容もしくは変容されている所に、源信の『往生要集』成立へ至る道筋が明らかになると想定される。勿論、【A】～【E】は完全に縦割に区分できず、相互に思想史的に影響し合う部分もあるが、仮説とはいえ、このように整理分類することは全く無意味ではないと考えている。何故ならば、これから検証していく奈良期の智光、平安期の永観、珍海、良源、源信などもこうした五つの観点を軸にしている面が多く見られ、その影響下に思想が形成されているからである。そして何よりも、世親の『浄土論』と曇鸞の『論註』の教説がこの五つの潮流からどの経路を介して、誰に読まれ、どのように継承されてきたのかを整理検討する必要があると考えるからである。

二　三論学派における『浄土論註』の受容

『論註』が日本に流伝したのは、恐らく奈良朝期からである。

「経目録による題名」

往生論註　二巻　魏　曇鸞(9)

「大日本古文書による題名」

天平二十年（七四八）　往生論私記　一巻
勝宝五年（七五三）　往生論私記〈婆数《ママ》盤豆〉　一巻
景雲二年（七六八）　往生論記　一巻

通説では、この「私記」「記」といったものが、『論註』を指し示すものとされる。となると、少なくとも八世紀頃には日本に伝来されていたことが窺える。そして、管見の限り、日本仏教史上初めて『論註』を引用した人物が、三論学派の元興寺智光（七〇九～七八〇）と推定される。彼には『無量寿経論釈』五巻といったものが存在したが、今日散逸しているため、完本として遺っていない。ところが、後学の諸文献の中には逸文資料が広く引用されているため、今日復元資料として部分的に参照できる。

その後、かなり時代は経るが、平安後期（院政期）の三論学派である永観（一〇三三～一一一一）の『往生拾因』一巻と、珍海（一〇九一～一一五二）の『決定往生集』二巻に『論註』本文が引用される。つまり院政期に至ると、三論学派の中で『論註』そのものが披閲できていたと推論できる。永観と珍海は、源信以降の人物であるため、当然『往生要集』の所説を知り得ていたと思われるが、源信の五念門説については全く言及していない。

ところで、鎌倉後期に活躍した華厳学派の示観房凝然（一二四〇～一三二一）は、『浄土法門源流章』の中において、『浄土論』について次のような解説をしている。

無量寿経優婆提舎一巻／または浄土論と名づけ、または往生論と名づけ、または無量寿経論と名づく。この論は天親菩薩の所造、後魏の菩提流支三蔵訳す。東魏の曇鸞法師は往生論を註して、二巻を成ず。日本の元興寺智光法師は、往生論疏五巻を作す。彼は曇鸞を取りて、以て義の節と為す。曇鸞・智光は倶にこれ三論なり。

無量寿経優婆提舎一巻／亦名浄土論、亦名往生論、亦名無量寿経論。此論天親菩薩所造、後魏菩提流支三蔵訳。東魏曇鸞法師註往生論、成二巻焉。日本元興寺智光法師、作往生論疏五巻。彼取曇鸞以為義節。曇鸞智光倶是三論。

『浄土法門源流章』巻一（浄全一五・五八五上頁）

『浄土論』の註釈者として、三論学派に所属する曇鸞と智光の二人の名前を挙げている。また凝然は、

日域は古来浄土を弘むるは、解義や修業その数、甚だ多し。その最要なるは、即ち智光、昌海、源信、永観、実範、源空、この六祖、これはこれ六哲なり。

日域古来弘浄土者、解義修業其数、甚多。其最要者、即**智光昌海源信永観実範源空**、此之六祖、此之**六哲**也。

『浄土法門源流章』巻一（浄全一五・五九〇下頁）

と明かし、日本浄土教の思想潮流の中で極めて重要人物として、元興寺の智光、興福寺の昌海（八～九世紀頃?）、東大寺の永観、興福寺から後に高野山に上がった実範（?～一一四四）を挙げている。他方、天台系では源信、源空（法然）の名を挙げる。無論、あくまで凝然の視点から目にする所ではある。とはいえ、親鸞以降の鎌倉期の中で、日本浄土教思想史の初祖として、やはり智光が権威をもっていたことは否定できないようである。智光の浄土教思想については、既に先行研究の中でかなり検証されている。屋上屋を架す議論を避けるため、今は『往生要集』に至るまでの思想史的影響を追及したい。

智光の『無量寿経論釈』に関しては、戸松憲千代氏、恵谷隆戒氏、服部純雄氏、梯信暁氏、伊東昌彦氏といった諸師の研究成果があるため、それらを承けて彼の思想的特徴を概観したいと思う。(10) 智光とは三論学派に属しているため、『論註』の註釈とはいうものの、隋の吉蔵の『無量寿経義疏』『観経義疏』『法華義疏』を下敷きにしている。また、吉蔵の対抗者である慧遠の『大乗義章』や『観経義疏』の所説も踏まえた論理構成ともなっている。(11) 曇鸞のみならず、後学の吉蔵や慧遠の諸文献に拡大して『論註』を理解しようとすると、その思想史的背景は複雑な面が孕むと言える。というのも、そもそも曇鸞の『論註』引用典籍は格義仏教の終焉から程なくして、鳩摩羅什訳出に伴う初期大乗経典に立脚するものが大半であるため、【B】のように慧遠や吉蔵の長安仏教界で共有されるような中期大乗経典から成立する新出概念をほぼ使用していないからである。慧遠や吉蔵の隋代に至ると、中期大乗経典もしくはその論書から如来蔵、仏性、心識説、三身三土説といった概念が誕生し、諸学派の思想が形成される。(12) そのため、智光の『無量寿経論釈』もまた、『論註』の随文解釈の体裁を採ってはいるが、隋代仏教界の教理や概念を駆使し、『論註』の思想を解明しようと試みている。たとえば、『浄土論』所説の「正道大慈悲、出世善根生」の一節について、次のような説明が施されている。

若し本を以て言わば、即ちこれ応土なり。已に第十地に定まるが故に。若し迹を以て言わば、即ち有漏業の所造なるを以ての故に、報土と名づく。実の義の如くは、これ変易土なり。広済の為の故に、分段相を化す。「阿弥陀仏は寿命無量百千万億劫なるも、当に終極有るべし。滅度の後に、観世音菩薩、等正覚を成ず」と言うが如し。十地の機性、先ず已に純熟し、彼の類を化せんが為に、即身に成仏す。而して先ず何処何処何天に依って、後に来たりて補処と説かん。即ち此の身を以て坐に就いて成仏す。これ即ち十地所見の応身なり。故に知りぬ、安楽は十地の縁を現ずる変易土と為す。彼の土に生ずる者は、分段中の煩悩業を離るるが故に。法蔵菩薩は、第十地に在りて、更に業を作すこと無く、ただこれ依正両報を応現するのみ。

若以本言、即是応土。已定第十地故。若以迹言、即以有漏業之所造故、名報土。如実義者、是変易土。為広済故、化分段相。如言阿弥陀仏、寿命無量百千万億劫、当有終極。滅度之後、観世音菩薩、成等正覚。十地機性、先已純熟、為化彼類、即身成仏。而説先依何処何処何天、後来補処。即以此身就坐成仏。是即十地所見応身。故知、安楽為十地縁現変易土。生彼土者、離分段中煩悩業故。法蔵菩薩、在第十地、無更作業、唯是応現依正両報。

『無量寿経論釈』巻三（服部復元本・二二六〜二二七頁）

智光に拠れば、『無量寿経』所説をめぐり十地菩薩と有漏業の衆生を本迹二門に配当している。ここでは本門として極楽を応土、迹門として有漏業の世界を報土と規定する。さらに詳しく示すならば、極楽は変易生死の土であるが、広く衆生済度のために分段生死の教化をすると明かしている。智光は『観音授記経』の経説を紹介し、阿弥陀仏の寿命説を掲げて、阿弥陀仏の滅後、観音菩薩が覚りを開くと明かす。何故ならば観音菩薩が覚りを成就するのは、十地菩薩であるとされるからである。そして彼は、観音のような十地菩薩は応現身の象徴であるため、極楽（安楽）とは、十地の菩薩が所縁によって示現する変易生死の土であり、同時にそれは極楽に往生する者が、もはや分段生死を出離しているものと論じている。この観点からして『無量寿経』所説の法蔵菩薩もまた、第十地の境地に達しているため、依正二報の荘厳に応現するのであると、智光は説き示している。また、

法蔵比丘、時に尋ねて発心す。尋発心より五劫修行の後、四十八願を起こし、此の土境を造る。然る後に法蔵菩薩、その浄土の中に生まれ、樹王の下において無上道を成ず。それ成仏し已わりて十大劫を逕る。故に知りぬ、第十地の菩薩、方便の四十八願を以てこれを造る。

法蔵比丘、時尋発心。従尋発心五劫修行後、起四十八願、造此土境。然後法蔵菩薩、生其浄土中、於樹王下、成無上道。其成仏已逕十大劫。故知、第十地菩薩、以方便四十八願造之。

『無量寿経論釈』巻三（服部復元本・二三五頁）

と明かし、さらには、

智光師釈して云わく、第十地の菩薩、方便を以て四十八願を発《おこ》し、これを造るを以てこの分段応土を現じて、有情を接引するなり。

智光師釈云、第十地菩薩、以方便発四十八願、以造之現此分段応土、接引有情。

『無量寿経論釈』巻一（服部復元本・一九四頁　傍線筆者）

と示されている。法蔵比丘の時分には、発心し五劫修行して四十八願を起こし、浄土を造り出した。そして法蔵菩薩と成って浄土に生まれ、樹王の本で無上菩提を悟り、そして成仏から十劫を経過している。つまり、法蔵菩薩は十地菩薩であるため、方便として四十八願を建立して浄土を造ったとされる。すなわち、こうした意味を智光は、法蔵菩薩が分段生死の応土に示現し、衆生を浄土に導くのであると解釈している。これらの理論の前景には、隋代の吉蔵らが議論する課題を継承しているようである[13]。ところが、二種生死説や三身三土説といった中期大乗経典から取り沙汰される問題は、本来『論註』の本文には全く無い発想と言えるであろう。そのため、当時の智光が関心を持っていた教理的思潮が反映されている。

そして、もう一つ智光の『無量寿経論釈』に関して看過できないことは、新羅の『無量寿経』註釈に注目している点である。その典型的な例が魏訳『無量寿経』の願文の名称を紹介していることである。既に先行研究の中で広く論述されているが、隋唐の仏教では願文の名義について一々名称を与えていない[14]。ただ唯一例外的な用例と言えるのが慧遠である。その淵源は『無量寿経義疏』（以下『大経義疏』）の中に説かれている。

中において合して四十八願有りて、義の要はただ三のみ、文は別して七有り。義の要の三とは、一には摂法身願、二には摂浄土願、三には摂衆生願なり。

於中合有四十八願、義要唯三、文別有七。義要三者、一摂法身願、二摂浄土願、三摂衆生願。

『無量寿経義疏』巻上（大正三七・一〇二b）

慧遠は四十八願の中で第十二、十三、十七を「摂法身願」、第三十一、第三十二を「摂浄土願」、残りの四十三の願を「摂衆生願」と大きく三種に整理分類している。先学の言葉を借りるならば、摂法身願は「仏に関する願」、摂浄土願は「国土（浄土）に関する願」、摂衆生願は「衆生に関する願」と概念規定できる。とはいえ、慧遠は四十八の願名の由来について詳説していない。[15]ちなみに曇鸞も願名を明示していない。慧遠以降も中国の仏教界で四十八の願名を論及する傾向はなかったようであり、【D】新羅浄土教に至って願名が表出されていく。特に注目すべき文献が、義寂『無量寿経述義記』（佚書）であろう。義寂の論疏では、慧遠の三願分類説を踏襲しつつ、四十八願の名称について詳しく記載している。さらにそこでは、

摂浄土願に由って、国土荘厳十七功徳を得て、摂法身願に由って、仏身荘厳八種功徳を得て、摂衆生願

に由って、菩薩荘厳四種功徳を得る。応に知るべし。四十八願を因と為して、二十九功徳荘厳を得るなり。

由摂浄土願、得国土荘厳十七功徳、由摂法身願、得仏身荘厳八種功徳、由摂衆生願、得菩薩荘厳四種功徳。応知。四十八願為因、得二十九功徳荘厳。

『無量寿経述義記』巻中（恵谷復元本・四二〇頁）

と明かし、『無量寿経』の四十八願と世親の『浄土論』所説の三種荘厳（二十九種荘厳功徳成就）の両者を対応させて捉えている。[16] このように見ると、曇鸞の『論註』を想起するが、義寂の逸文を尋ねる限り、慧遠の所説の影響関係は確認できても、曇鸞の三種荘厳説を依用している形跡は見えない。新羅の『無量寿経』註釈の中で、はたしてどの程度、『論註』が思想史的に影響を及ぼしているのか、検討の余地があろうが、ともかく願文の名称を広く浸透させたのは、新羅時分の仏教思想家から端を発する。この面を奈良朝の智光は注目し、『論註』の「阿弥陀如来本願力」を解釈する文脈の中で広く取り扱っている。[17] 恐らく『論註』註釈書の中で初めて四十八の願名を列挙したと思われる。また後にも触れるが、『往生要集』成立時分の平安中期においては、天台学派の中で良源（九一二～九八五）の『極楽浄土九品往生義』（以下『九品往生義』）、静照（?～一〇〇三）の『阿弥陀如来四十八願釈』（以下『四十八願釈』）といった所説にも四十八の願名が紹介されている。[18] このあたりも、やはり近因には智光の『無量寿経論釈』が影響を与えているものと想像できる。

ところで、『論註』に関してもう一つ整理分析しておきたい点がある。源信以後の三論学派の動向である。智光以来、はたして『論註』の思想は注目されていたのだろうか。今回は永観と珍海の浄土教文献に限定して検討を加えていきたい。管見の限り、『往生要集』成立以後の院政期時代に曇鸞の『論註』を直接引用、もしくは取意として取り扱っている文献は、永観の『往生拾因』と珍海の『決定往生集』のみと推定される。ちなみに永観には『往生講式』、珍海には『菩提心集』が現存するが、その所説の中において『論註』さらに言えば世親の『浄土論』は、全く引用されていない。

『往生拾因』と『決定往生集』の所説の中で、曇鸞の『論註』の引用もしくは取意の文を抽出すると、概ね次の通りである。

『往生拾因』巻一	❶曇鸞浄土論注云今当以義挍軽重之義……	浄全一五・三七八上下頁	八番問答（第六問答）
〃	❷浄土論註云問曰幾時名為一念……	浄全一五・三九一上下頁	八番問答（第七問答）
『決定往生集』巻上	[1]鸞法師綽禅師等皆習凡夫往生浄土……	浄全一五・四七五下頁	曇鸞・道綽の説を取意
〃	[2]曇鸞法師往生論注云回向章中言……	浄全一五・四八三上頁	八番問答（第一問答）
『決定往生集』巻下	[3]曇鸞法師往生論注云是故願生彼安楽浄土……	浄全一五・四八七上頁	第五善巧摂化章
〃	[4]鸞法師云若人不発無上菩提心……	浄全一五・四八八下頁	第五善巧摂化章
〃	[5]往生論注云問曰幾時名為一念……	浄全一五・四九四上頁	八番問答（第七問答）
〃	[6]略抄此同上所引鸞師注意也……	浄全一五・四九四下頁	第七問答の取意
〃	[7]鸞師浄土論注云臨終十念者……	浄全一五・四九四下頁	八番問答（第六問答）
〃	[8]鸞師云劣夫跨驢不上……	浄全一五・五〇〇上頁	第十利行満足章
〃	[9]曇鸞法師注解往生論……	浄全一五・五〇一上頁	『論註』の別名を示す

『往生拾因』と『決定往生集』の所説を分析すると種々明らかになってくる。というのも、まず智光の『無量寿経論釈』を下敷きに曇鸞の『論註』を理解していないのである。むしろ原初に立ち返るような方向で、曇鸞の『論註』(『論注』とも記載)の原典を直接引用し扱っている。ともするとこれは、院政期時代の三論学派において『論註』そのものが披閲できるようになったと捉えることもできよう。無論、あくまで仮説の域を出ないが、しかし今日現存する院政期時代までの刊本の範囲で永観と珍海を除くと、『論註』を直接的に取り挙げている文献は存在しないのである。こうした直接の引用形態は、平安中期の天台学派である源信の『往生要集』、さらには良源や静照にも全く見受けられない。

永観と珍海の引用形態から、『論註』巻上の第五回向門で説かれる「普共諸衆生」に関する議論、すなわち「八番問答」の所説に最も関心が注がれていることが判明する。所謂『無量寿経』では五逆と誹謗正法の者は「唯除」と例外規定として説かれるが、『観経』では、九品の下品下生の者は五逆であっても十念念仏において往生することができると説かれている。この両経の矛盾的問題を曇鸞が『論註』の中で歴史上初めて取り挙げ、「八番問答」として会通している。特に永観の『往生拾因』は、全て『論註』の八番問答の所説であり、第六問答での『観経』と『業道経』の所説をめぐる同異、さらに第七問答での一念の念仏を問う所説を引用している。要するに両文いずれも十念念仏の議論に注目している。[19]『往生拾因』とは、念仏一行を十因に開く構成となっている。「一心に阿弥陀仏を称念すれば、○○○の故に、必ず往生を得る」という定型から立論されていくように、念仏往生の十種の正因が吟味される。その中で『論註』の八番問答が引用される項目とは、第二「衆罪消滅」と第十「随順本願」に相当する。つまり永観は、念仏の滅罪と阿弥陀仏の本願力に随順する問題として『論註』の教説を引用していることになる。
たとえば、八番問答の中では十念の念仏をめぐり、心を凝らして憶念する面と、口で称える数の多少に関する面と両方が相応しないことを触れ、もし念仏の数を知ることができないならば、十念とはどのように知ることができようかという問いを発こす。そこで曇鸞は、

ただ念を積みて相続して、他事を縁ぜざれば、便ち罷みぬ。復た何ぞ念の頭数を知るを須いることを暇あらん。

但積念相続、不縁他事、便罷。復何暇須知念之頭数也。『浄土論註』巻上（浄真全一・四八六頁）[20]

と示す。念仏を相続すれば、心を集中して対象を定めて観察し憶念する必要はないはずであり、どうして念仏を数え知らなければいけないのかという曇鸞の意思が読み取れる。ところが永観は、こうした『論註』の所説を考慮しつつも、やや批判めいた主張をする。

余は此の注に遇うことは喜なりと雖も、口授を伝えざるはこれ恨なり。然るに有る人云わく、西方に向いて指を折して念仏すれば、一心不乱にして自ら頭数を知れり。これを行じて知るべし。

余遇此注雖喜、不伝口授是恨。然有人云、向於西方折指念仏、一心不乱自知頭数。行之可知。
『往生拾因』巻一（浄全一五・三九一下頁　傍線筆者）

永観に拠れば、相続の念仏とはいえ、口に出して称えなければならないものと言われる。「有る人云わく」とは、恐らく善導の指方立相を暗示していると思われるが、ともかく永観の称念は一心専念という面において口称の継続性が極めて強調される。事実、第七「三業相応」の中で、

近代の行者、仏名を念ずる時に、舌口を動ずと雖も、而して声を発せざる。或いは念珠を執して只た数遍を計らう。故に心は余縁して専念すること能わず。散乱甚だ多し。豈に成就することを得んや。声を発して絶えず仏号を称念すれば、三業相応して専念しておのずから発こる。

近代行者、念仏名時、雖動舌口、而不発声。或執念珠只計数遍。故心余縁不能専念。散乱甚多。豈得成就。発声不絶称念仏号、三業相応専念自発。

『往生拾因』巻一（浄全一五・三八三下頁）

と述べており、永観は近代の行者らを口称の念仏を重んじていない者と見做し、口に出して仏を念じなければ、心が散乱して一心専念の念仏として成立しないことを明かす。この面に注意すると彼は、口業に重点を置いた三業相応の念仏と捉えているようである。

次に珍海の『決定往生集』の所説を検討していきたい。管見ではあるが、『論註』に関する引用もしくは取意は九文と推察される。無論、永観の後学に当たるため、『往生拾因』を披閲した後と言えようが、珍海は永観以上に『論註』について取り扱っている。5に関しては、『往生拾因』をほぼ踏襲しているのかもしれないが、本書もまた八番問答の第七問答の所説を吟味している。

『決定往生集』の冒頭には、

決定往生と言うは、これ浄教の宗旨なり。それ西方浄土の道は経論同じく開き、称念弥陀の行は愚智共に従う。

言決定往生、是浄教之宗旨也。夫西方浄土之道経論同開、称念弥陀之行愚智共従。

『決定往生集』巻上（浄全一五・四七四上頁）

と掲げているように、決定往生という主題に沿って「〇〇決定」と十門に分類し組織立てて論説している。本書を概観すると、慧遠の『無量寿経義記』（基本的に『大経義疏』を指すが、本文の内容を照合する限り、『観経義疏』を指し示す場合もある）と『大乗義章』に関する記述が頻出し、それに対応する形式として、たとえば「大師判ずる」と叙述し、三論学派大成者である吉蔵の所説を挙げている。ただ、第五「修因決定」の項目では、

凡夫在俗は広く無所得の観を習うこと能わず。専ら念仏するが故にまた往生を得。九品の別なる故に。

凡夫在俗不能広習無所得観。専念仏故亦得往生。九品別故。

『決定往生集』巻下（浄全一五・四八九下頁）

と説かれるように、三論学派の教理とはいえ、凡夫在俗の身には無所得の観法を修習することは甚だ困難であると述べる。そのために珍海は専ら念仏することで往生が得られるため、『観経』では九品の段階が設定されたと理解している。さて、そのような中で、珍海は曇鸞のどの面に注目しているのだろうか。1の取意では、第一「依報決定」の西方浄土に関する一節で、

義記に云わく〈浄影〉、弥陀仏国は浄土の中の麁なり。更に妙刹有り。此の経には説かず〈云云〉。又鸞法師綽禅師等は、皆凡夫往生の浄土と習い、並びに事相麁浅の処と許す。

義記云〈浄影〉弥陀仏国浄土中麁。更有妙刹。此経不説〈云云〉。又鸞法師綽禅師等、皆習凡夫往生浄土、並許事相麁浅之処。

『決定往生集』巻上（浄全一五・四七五下頁）

と述べ、慧遠の『観経義疏』では、阿弥陀仏が在す極楽世界は機根的に麁（低位）の世界であり、他にも妙なる高次な浄土が存在するが、『観経』はそうした仏国土を説かないものと示される。一方曇鸞と道綽について珍海は、一括りの立場として紹介し、彼らが示そうとする極楽世界は凡夫往生の浄土として修習する場であり、低位な機根を対象とする仏国土と理解しているのである。こう見てしまうと、吉蔵が基調とする無所得正観とは異なり、曇鸞はあくまで凡夫往生を勧める行者と見做される。このあたりを踏まえると、珍海の所説では【A】曇鸞・道綽の玄中寺系浄土教と、【B】慧遠や吉蔵といった長安仏教の潮流を決判しているように見えてくる。

また珍海は、曇鸞に関して③の菩提心をめぐる議論を提示している。『論註』の第五「善巧摂化」の一節を引用し、

曇鸞法師の往生論注に云わく、是の故に彼の安楽浄土に生まれんと願うは、要ず無上菩提心を発すなり。綽禅師の安楽集、迦才師の浄土論も並びに此の説に同じ。

曇鸞法師往生論注云、是故願生彼安楽浄土者、要発無上菩提心也。綽禅師安楽集、迦才師浄土論並同此説。

『決定往生集』巻下（浄全一五・四八七上頁）

と、曇鸞以来、玄中寺系浄土教である【A】の道綽、唐初期長安仏教である【C】の迦才もまた全く同じように、浄土に往生するためには無上菩提心が肝要であることを敷衍したと紹介している。それ以外の引用形態では永観とほぼ重複し、八番問答に関心が集中している。所謂、五逆罪の往生、一念十念などの所説で決定往生の問題を吟味しているように見える。そして、珍海は『決定往生集』の末尾に、

近代の高僧、禅林律師は十因一巻を撰じて、因ごとに証して必得往生と云う。又源信禅師は往生集に云わく行者をしてその心を決定せしめんが為に、是の故に別して弥陀の利益を明かす〈云云〉。ここに知る、諸師並びに決定を以てその証と為すのみ。

近代高僧、禅林律師撰十因一巻、毎因証云必得往生。又源信禅師往生集云為令行者其心決定、是故別

明弥陀利益〈云云〉。是知、諸師並以決定為其証耳。　『決定往生集』巻下（浄全一五・五〇一上下頁）

と表し、永観の『往生拾因』と源信の『往生要集』を掲げて、先学らもまた決定往生を希求してきたと論証している。つまり珍海は、永観や源信の論説を支持し、自分もまたその潮流に与しているものと表明し、本書を締め括っているのである。

以上、奈良朝の智光、さらには平安後期の永観、珍海の文献から三論学派における『論註』の流伝状況を検証してきた。『論註』の思想史的受容を概観してみると、智光の『無量寿経論釈』は随文解釈の形式に沿って『論註』の読解を試みているが、曇鸞以降の【B】隋代の長安仏教や【D】新羅浄土教を下敷きに解釈している。本稿では僅かな用例を紹介したが、三論学派の中で『論註』がどのように精読されたのかを確認できた。たとえば隋代に至ると、曇鸞未見とされる真諦三蔵訳出の瑜伽行唯識・如来蔵文献が中国全土に伝播して読み込まれていく。その一例に『論註』の所説には真諦の訳出した『摂大乗論』から端を発する別時意説が触れられていない。つまり、曇鸞以降の次世代はこうした中期大乗経典に基づく論書の所説が大きな影響を及ぼすと想像される。この点を考え合わすと【B】慧遠や吉蔵の教理と思想史的に懸隔があると言わざるを得ない。

一方、永観や珍海といった院政期三論学派の引用典籍から鑑みると、曇鸞を軸とした【A】玄中寺系浄土教と【B】長安仏教、【C】唐代初期の長安仏教界といった浄土教思想が重層的に織り成す背景を担っているように見える。こうした引用態度は、平安中期の天台学派にも酷似する所である。ただし、永観と珍海の所説には、【D】新羅浄土教文献の引用がほぼ見られず、願名の問題などには全く触れていない。この点を考え合わすと、後世の三論学派では『無量寿経』をめぐる問題として、「『論註』本文を引用する面」と「新羅浄土教の文献を取り扱わない面」といった両面の状況が、何らかの事情で密接に関連しているかもしれない。

三　天台学派と『浄土論註』

さて、天台学派では曇鸞の『論註』がどの程度浸透していたのだろうか。本論考の主眼は源信であるが、まずはその時代前後に存在した良源の文献について若干の検証を加えたい。良源の『九品往生義』とは、基本的に『観経』の九品説を説き明かす文献であるが、『無量寿経』の願文に関して広く引用されているため、両経は会通して論説される。本書に関しては、今日偽撰であると議論されているようである。[21] そのため成立年次は、源信の『往生要集』完成時まで下限するかもしれないが、いずれにせよ、本論考では良源撰述の真偽問題に立ち入らず、『往生要集』の同年代文献と仮定し、『論註』に関する思想内容に限定して検証を試みたい。前述でも少し触れたが、管見の限り、良源が『論註』の本文を直接披閲できた形跡は見当たらない。この点が院政期の永観と珍海と全く異なる性格である。その反対に、『九品往生義』は智光の『無量寿経論釈』に関しては僅かであるが引用が見られる。もし仮に真撰だとすれば、天台学派において初めて良源が『無量寿経論釈』を取り扱ったことになる。『九品往生義』の基本的立場は、智顗伝とされる『観経疏』の思想を敷衍することにあるが、その引用形態を尋ねると極めて興味深い面が判明する。

『論註』に関する点、すなわち智光の『無量寿経論釈』の引文を抽出してみたい。『観経』三心の一つである回向発願心に関する一節であるが、良源は、

三者回向発願心とは、回向とは趣向なり。所作の功徳を以て、諸の衆生に回施して自他共に無上正等覚に趣向するが故に回向と云う。発とは起発なり。願とは誓願なり。此れに二種有り。一には菩提の願を発求する。二には有情の願を発利するなり。四弘、五大、十大願等は皆此に摂するなり。然るに**浄土論智光の疏**に云わく、馬鳴の説に依るに、此の三心は十解の初心に在り。彼に直心と言うは即ち今の至誠心なり。深心もこれに同じ。彼に大悲心と云うは、即ち今の回向発願心なり。若し此の説に依らば回向発願心とは、唯だ是れ利他にして自利の辺を少なく大悲心即ち是れ此の心と説くを以てなり。

三者回向発願心、回向者趣向。以所作功徳、回施諸衆生自他共趣向無上正等覚故云回向。発者起発。願者誓願。此有二種。一者発求菩提願。二者発利有情願。四弘五大十大願等皆此摂。然**浄土論智光疏**云、依馬鳴説、此三心在十解初心。彼言直心即今至誠心。深心同之。彼云大悲心、即今回向発願心。若依此説回向発願心、唯是利他而少自利辺以説大悲心即是此心。

『極楽浄土九品往生義』巻一（浄全一五・二上下頁）

と、智光の『無量寿経論釈』から回向発願心の語義について検討を加えているが、『起信論』所説の分別発趣道相の一つである「信成就発心」に重ね合わした議論を吟味している。ちなみに『無量寿経論釈』本文で

は、「異計を叙ぶるに、三つの解有り」と立論し、第三の異計に馬鳴の『起信論』を紹介しているが、この三種心は十解の初心で発すものと会通され、『起信論』の直心とは、『観経』の至誠心、さらには深心にも通ずると解釈される。そして『起信論』の大悲心こそが『観経』の回向発願心に相当すると言われる。『無量寿経論釈』では、「後に正義を示す」と述べて、智光においては九品と菩薩階位説をめぐり配釈させていくが、ここでの文脈で良源は菩薩階位の議論に立ち入らず、「回向」と「発願」の意味内容を究明している。(22)この教説を尋ねると、智光の『無量寿経論釈』とは、本来『論註』の中には引用されない『起信論』所説の信成就発心の三種心を下敷きにしていることが窺える。そこには、【C】唐代初期の長安仏教界で議論されてきた『起信論』所説をめぐる問題を踏まえているようである。(23)そしてもう一つの逸文は、「蓮華尋開」をめぐる短文の解釈となる。(24)以上のように、僅かな用例であるが、『九品往生義』における智光の『無量寿経論釈』の引用態度を検討してみた。決して『論註』原典に肉薄する内容となっていない。こう捉えると、全く『論註』の文面が見出せないように思うが、『九品往生義』に引用される智顗伝の『十疑論』の第八疑の中には『論註』「八番問答」所説の第六問答が長文にわたり引用されている。既に先行研究の成果の中でこのあたりは精緻に解明されているので、論述の重複を避けるが、『十疑論』の所説は、道綽の『安楽集』にも引用されて、さらには源信の『往生要集』にも取り扱われている。ただし、良源や源信らの天台学派が、『論註』「八番問答」そのものの淵源に迫る引用形態として正確に把握できていたのかは判然としない。いずれにせよ良源と源信が智顗伝の『十疑論』の所説を介して十念の念仏を論証しようとする姿勢は窺えよう。(25)

『九品往生義』に関してもう一つ踏まえておくべき点がある。すなわち、新羅浄土教文献の依用に他ならない。主に義寂や憬興の『無量寿経』註釈書からの影響を受けているが、特に前者義寂の『無量寿経述義記』に関しては八文ほど引用しているため、極めて重要な位置を占めるものである。そのほとんどが四十八の願名に関する所説であるが、(1)第一願「国土厳浄無諸悪趣願」、(2)第十願「離諸忘想我我所等願」、(3)第十四願「眷属聖者無数衆多願」、(4)第十五願「眷属長寿随願自在願」、(5)第十八願「聞名信楽十念定生願」、(6)五逆に二種有りとする所説、(7)『無量寿経』下輩三生に関する所説、(8)『無量寿経』の三輩と『観経』の九品をめぐる同異に関する所説など、以上のように良源は義寂の説を承けていることが垣間見える。[26]この点は、智光と同じように四十八の願名説を継承しているが、一方でまた、前掲の永観や珍海とは明らかに異なっている。

古来より天台学派では『無量寿経』に関する註釈書が遺されていない。時代的に順序整理すると、中国では曇鸞の『論註（無量寿経優婆提舎願生偈註）』、慧遠の『大経義疏』、吉蔵の『無量寿経義疏』が挙げられるが、智顗の『無量寿経』註釈書は歴史上存在しないのである。この点から類推すれば、天台学派では『観経』の十三観、九品説に議論の重点が置かれるかもしれない。ともあれ『無量寿経』の願文や浄土胎生説、三輩説に関して『九品往生義』では、新羅の義寂などの文献に依拠している面が強いようである。これは裏を返すならば、『無量寿経』研究として曇鸞の『論註』が披閲できないこと、同時にそのことは新羅浄土教に依存することが高いことと密接に関係しているのではないだろうか。無論、仮説の域を出ないが、しかし源信もまた良源と同じように、そのような引用態度を示している。ちなみに源信同時代の静照の『四十八願釈』は、『論註』を全く引用していないが、智光や良源と同様な性格をもち、四十八の願名を提示している。[27]

これもまた淵源を遡れば、先程から言及してきた【D】新羅浄土教の『無量寿経』註釈に起因するものと言えよう。

『九品往生義』を通して、智光や新羅浄土教の諸文献から思想史的影響を受けていることは確認できたが、一方後学である源信の『往生要集』の所説はどうであろうか。智光の『無量寿経論釈』に関しては僅かであるが、引用文が散見される。その文面は大文第七「念仏利益」の当来勝利に関する一節である。曇鸞の『論註』原文と智光の逸文を対照してみると次のようになる。

曇鸞『浄土論註』巻上

問うて曰く。『観無量寿経』に言わく、「諸仏如来はこれ法界身なり。一切衆生の心想の中に入る。この故に汝ら心に仏を想う時、この心即ちこれ三十二相・八十随形好なり。この心作仏す、この心これ仏なり。諸仏正遍知海は心想より生ず」と。この義いかん。答えて曰く。身を集成と名づく。界を事別と名づく。眼界のごときは根・色・空・明・作意の五の因縁によりて生ずるを名づけて眼

源信『往生要集』巻下之本

問う。『観仏経』に云わく、「この人の心は仏の心のごとく、仏と異なること無し」と。また『観経』に云わく、「仏、阿難に告げたまわく、諸仏はこれ法界身にして、一切衆生の心想の中に入る。この故に汝ら心に仏を想う時は、この心即ちこれ三十二相・八十随形好なり。この心仏と作れば、この心これ仏なり。諸仏正遍知海は、心想より生ず」と〈已上〉。

界となす。これ眼ただ自ら己が縁を行じて他縁を行ぜず。事別なるを以ての故なり。耳・鼻等の界もまたかくの如し。諸仏如来はこれ法界身なりと言うは、法界はこれ衆生の心法なり。心能く世間・出世間の一切諸法を生ずるを以ての故に、心を名づけて法界となす。法界能く諸の如来の相好の身を生ず。また色等の能く眼識を生ずるが如し。この故に仏身を法界身と名づく。この身、他の縁を行ぜず。この故に一切衆生の心想の中に入るとなり。心に仏を想う時、この心即ちこれ三十二相・八十随形好なりとは、衆生の心に仏を想う時に当りて、仏身の相好、衆生の心中に顕現するなり。譬えば水清ければ則ち色像現ず、水と像と一ならず異ならざるが如し。故に仏の相好の身即ちこれ心想と言えるなり。この心作仏すというは、心能く仏を作ると言うなり。この心これ仏というは、心の外に仏ましまさざるなり。譬えば火は木

この義いかん。答う。**『往生論』の智光の疏**にこの文を釈して云わく、「衆生の心に仏を想う時に当りて、仏の身相は皆衆生の心の中に顕現す。譬えば、水清ければ即ち色像現ず。しかも水と像とは、一ならず異ならざるがごとし。故に仏の相好身は、即ちこれ心想と言えり。この心作仏すというは、心能く仏と作るなり。この心これ仏というは、心の外に仏無きなり。譬えば、火は木より出でて、木を離るることを得ず。木を離れざるを以ての故に、即ち能く焼け、木は火の為に焼けるときは、木即ちこれ火なるが如し」と。〈已上〉また余の釈有り。学者は更に勘えよ。

より出でて、火、木を離るることを得ざるなり。木を離れざるを以ての故に則ち能く木を焼く。木火の為に焼かれて、木即ち火と為るがごとくなり。

問曰。観無量寿経言、諸仏如来是法界身。入一切衆生心想中。是故汝等心想仏時、是心即是三十二相八十随形好。是心作仏、是心是仏。諸仏正遍知海従心想生。是義云何。答曰。身名集成。界名事別。如眼界縁根・色・空・明・作意五因縁生名為眼界。是眼但自行己縁不行他縁。以事別故。耳鼻等界亦如是。言諸仏如来是法界身者、法界是衆生心法也。以心能生世間・出世間一切諸法故、名心為法界。法界能生諸如来相好身。亦如色等能生眼識。是故仏身名法界身。是身、不行他縁。是故入一切衆生心想中。心想仏時、是心即是三十二相八十随形好者当衆生心想仏時、仏身相好、顕現衆生心中也。譬如水清則色像現、水之与像不一不

問。観仏経云、是人心如仏心、与仏無異。又観経云、仏告阿難、諸仏是法界身、入一切衆生心想之中。是故汝等心想仏時、是心即是三十二相八十随形好。是心作仏、是心是仏。諸仏正遍知海、従心想生〈已上〉。此義云何。答。往生論智光疏釈此文云、当衆生心想仏時、仏身相皆顕現衆生心中。譬如水清即色像現。而水与像不一不異。故言仏相好身即是心想。是心作仏者、心能作仏。是心是仏者、心外無仏。譬如火従木出、不得離木。以不離木故、即能焼、木為火焼、木即是火〈已上〉。亦有余釈。学者更勘。

（恵全一・一九二頁　網掛け・波線筆者）

異。故言仏相好身即是心想也。是心作仏者、言心能作仏也。是心是仏者、心外無仏也。譬如火従木出、火不得離木也。以不離木故則能焼木。木為火焼、木即為火也。

（浄真全一・四七三～四七四頁　網掛け筆者）[28]

上下段の原典を見て分かるように、この所説は曇鸞の『論註』巻上の五念門第四観察門で説かれる仏荘厳・身業功徳成就の一節である。所謂『観経』の第八像観の教説に重ねた問題である。諸仏如来とは法界の身で、同時にそれは一切衆生の心と不二であり、衆生が仏を想念する時に三十二相八十種好が顕現される「是心作仏、是心是仏」と説かれる。この身業功徳成就の所説を曇鸞が『観経』に基づき、仏と衆生心の関係を「水清色像の譬喩」「木火燃焼の譬喩」と表して、その内実を不一不異と説き明かしている。一方、源信の『往生要集』では当来勝利の論説として『観仏三昧海経』と『観経』における衆生心と仏心は同意であるのか否かと問いつつ、智光の教説に拠って紹介される。網掛け部分で示した『観経』の教説と二つの譬喩が一致するように、この文意の初出は『論註』であることが判明する。ここで注意すべき点は、やはり源信は曇鸞の『論註』を披閲できていないということである。何故ならば、この文意は『論註』の五念門である第四観察門で説かれる仏荘厳の「相好光一尋、色像超群生」の註釈に他ならず、源信は大文第四「正修念仏」の五念門説の中で、この教説を全く取り挙げていないからである。もし『論註』の文脈であると理解で

きていれば、必ず大文第四「正修念仏」の所説に反映されるはずである。ということは、智光の『無量寿経論釈』本文を読めたとしても、ここでの教説が『論註』本文で指し示す観察門（仏荘厳）の文脈に相当することですら、恐らく源信には理解できていなかったと思われる。それ故彼は、智光の『論註』孫引きの所説を引用した後に、「また余の釈有り。学者は更に勘えよ」と叙述し、ここでの文意が判然としないことを吐露している。

四　『往生要集』と世親の『浄土論』

これまで『往生要集』成立の前後期に関する『論註』の受容史を検討してきた。日本における三論と天台の両学派に絞り、その思想史的背景を追及してきたが、やはり『論註』に関する引用態度は時代や学派によって異なってくる。また中国・朝鮮半島の五つの観点（【A】～【E】）を仮説として設定したが、このあたりの面も踏まえて、源信の『往生要集』にどのような影響を与えているのかを丁寧に考察する必要がある。

ところで、近年梯信暁氏が極めて示唆に富んだ論考を発表した。その主題とは『往生要集』における道綽の『安楽集』の依用態度に関するものである。本論ではナンバリングを付して『安楽集』の原典を精緻に分析している。結論の一部分を紹介したい。

第一に、曇鸞教学を継承する釈が大半を占めることが挙げられる。特に「明発菩提心」からの引文①は、往生浄土の法門が自利利他円満の成就を目指す大乗菩薩道であることを提唱するもので、『往生要集』の基本姿勢を支える見解であると言える。また臨終十念の称名念仏の威力を主張する「三在釈」に付随する議論からの引文⑨⑩⑪は、曇鸞の凡夫救済思想を継承するものである。そのほか専念を重視する「渡河の譬喩」の文②、称名念仏の意義を説く文③⑫、信心の確立を勧める文⑦、専念であれば有相念でもよいという見解⑧が曇鸞の教説に依拠するものである。特に菩提心の重視と、専心称名による凡夫の往生を立証する教説とは、曇鸞教学の特徴であり、それらの見解が『安楽集』を通して受容されている点は注目すべきであろう。(29)

梯氏の研究成果を整理すれば、『往生要集』における『安楽集』の受容には、曇鸞教学の思想史的背景を見出すことができるというものであった。こうして見ると、【A】玄中寺系浄土教の曇鸞・道綽に列なる潮流と見做される。確かに『往生要集』には曇鸞思想の痕跡が垣間見えると思われるが、ただし源信本人が曇鸞教学と意識して引用していたか否かとなると検討の余地がある。というのも、道綽の『安楽集』の思想に依拠することが、現在の眼から透視すると結果的に『論註』本文へ遡及できるものであったと言えるからである。無論、その点は梯氏も『論註』の三在釈をめぐり、『安楽集』と『十疑論』の前後関係を対照して触れている所である。(30)

私の理解では、曇鸞教学というよりかは、十念の称名念仏を軸とする凡夫往生を願う【A】玄中寺系浄土教の潮流が、『往生要集』の中に入り込み受容されたと捉えている。何故ならば、今日曇鸞教学という発想は親鸞教学の思想基盤が確立した後に、生み出される概念規定と予想されるからである。源信の時点で曇鸞教学という構築された体系があったのかは判然としない。とはいえ、梯氏が論証したように道綽の『安楽集』が、『往生要集』の菩提心説の基礎を築いていることは事実である。『論註』の引用は全く無いにしても、菩提心説を究明する中で『往生要集』は、道綽の所説から世親の『浄土論』の五念門説へと遡及している。

そこでまず、世親の『浄土論』に関しての源信の言説を確認したい。たとえば大文第三「極楽証拠」では、次のように明かされている。

（a）問う。十方に浄土有り。何ぞ唯極楽にのみ生まれんと願うや。答う。天台大師の云わく、諸の経論は処々に唯衆生に勧めて偏えに阿弥陀仏を念じて、西方の極楽世界を求めしむ。『無量寿経』『観経』『往生論』等の数十余部の経論の文を、慇懃に指授して、西方に生まれんことを勧む。これ以て偏えに念ずるなり。…（中略）

（b）迦才師の三巻『浄土論』には、十二経と七論とを引く。一には『無量寿経』、二には『観経』、三には『小阿弥陀経』、四には『鼓音声経』、五には『称揚諸仏功徳経』、六には『発覚浄心経』、七には『大集経』、八には『十往生経』、九には『薬師経』、十には『般舟三昧経』、十一には『大阿弥陀経』、十二には『無量清浄平等覚経』なり。〈已上、『双観無量寿経』・『清浄覚経』・『大阿弥陀経』は同本異訳なり。〉一には『往生論』、二には『起信論』、三には『十住毘婆沙論』、四には一切経の中の弥陀の偈、五には『宝性論』、六には龍樹の『十二礼』の偈、七には『摂大乗論』の弥陀の偈なり。

〈已上、智憬師これに同じ。〉

（c）私に加えて云わく、『法華経』の「薬王品」（「薬王菩薩本事品」）、『四十華厳経』の普賢願、『目連所問経』、『三千仏名経』、『無字宝篋経』、『千手陀羅尼経』、『十一面経』、『不空羂索』（『不空羂索神変真言経』）、『如意輪』（『如意輪陀羅尼経』）、『随求』（『随求即得大自在陀羅尼神呪経』もしくは『普遍光明清浄熾盛如意宝印心無能勝大明王大随求陀羅尼経』）、『尊勝』（『仏頂尊勝陀羅尼経』）、『無垢浄光』（『無垢浄光大陀羅尼経』）、『光明』（『不空羂索神変真言経』もしくは『不空羂索毘盧遮那仏大灌頂光真言』）、『阿弥陀』（『阿弥陀鼓音声王陀羅尼経』もしくは『無量寿如来観行供養儀軌』）等の、諸の顕密教の中に、専ら極楽を勧めたること称えて計らうべからず。故に偏えに願求するなり。

（a）問。十方有浄土。何唯願生極楽耶。答。天台大師云、諸経論処々唯勧衆生偏念阿弥陀仏、令求西方極楽世界。無量寿経観経往生論等数十余部経論文、慇懃指授、勧生西方、是以偏念也。…（中略）…

（b）迦才師三巻浄土論、引十二経七論。一無量寿経、二観経、三小阿弥陀経、四鼓音声経、五称揚諸仏功徳経、六発覚浄心経、七大集経、八十往生経、九薬師経、十般舟三昧経、十一大阿弥陀経、十二無量清浄平等覚経。〈已上双観無量寿経・清浄覚経・大阿弥陀経同本異訳也〉一往生論、二起信論、三十住毘婆沙論、四一切経中弥陀偈、五宝性論、六龍樹十二礼偈、七摂大乗論弥陀偈〈已上智憬師同之。〉

（c）私加云、法華経薬王品、四十華厳経普賢願、目連所問経、三千仏名経、無字宝篋経、千手陀羅尼経、十一面経、不空羂索、如意輪、随求、尊勝、無垢浄光、光明、阿弥陀等、諸顕密教中、専勧極楽不可称計。故偏願求。

『往生要集』巻上之末（恵全一・六三～六四頁　傍線筆者・丸括弧内は筆者語句を補足）

すなわち、ここでは経典とインド論書を教証として掲げている。（a）では天台智顗が念仏をして極楽に生まれることを求めていた伝記を紹介しているが、その典拠となる論書として源信は『浄土論』（『往生論』）を挙げている。また、（b）では迦才の『浄土論』における極楽証拠として十二経七論を紹介する。この点、源信もまた【C】唐代初期の長安仏教における浄土教の論説を下敷きにしているが、ここでも世親の『浄土論』を取り挙げている。そして（c）では自己の見解を示して、『法華経』「薬王菩薩本事品」と『四十華厳経』の普賢行願といった主なる経説を掲げ、顕密経典を列挙している。源信が極楽証拠に『四十華厳経』を注目していることが、後に論述されていく五念門と密接に関係する。

そして大文第三の西方極楽世界を証拠とする所説が、何故念仏往生として相応するのかを、大文第十「問答料簡」において再説される。その典拠となる経論の中には、

問う。何等の教文か、念仏に相応するや。答う。前に引く所の西方の証拠の如きは、皆これ其の文なり。然れども、

①正しく西方の観行並びに九品の行果を明かすことは、『観無量寿経』にはしかず。〈一巻。畺良耶舎の

訳〉。
②弥陀の本願並びに極楽の細相を説くことは、『双観無量寿経』にはしかず。〈二巻。康僧鎧の訳〉。
③諸仏の相好並びに観相の滅罪を明かすことは、『観仏三昧経』にはしかず。〈十巻或いは八巻。覚賢の訳〉。
④色身・法身の相並びに三昧の勝利を明かすことは、『般舟三昧経』〈三巻或いは二巻。支婁迦讖の訳〉と、『念仏三昧経』〈六巻或いは五巻。功徳直と玄暢と共に訳す〉にはしかず。
⑤修行の方法を明かすことは、上の三経並びに『十往生経』一巻、『十住毘婆娑《ママ》論』〈十四巻或いは十二巻。龍樹の造、羅什の訳〉にはしかず。
⑥日々の読誦は、『小阿弥陀経』にはしかず。〈一巻五紙。羅什の訳〉。
⑦偈を結んで総説するは『無量寿経優婆提舎願生偈』にはしかず。〈或いは『浄土論』と名づく。或いは『往生論』と名づく。世親の造、菩提留支の訳なり。一巻〉。
⑧修行の方法は、多くは『摩訶止観』〈十巻〉、及び善導和尚の『観念法門』と並びに『六時礼讃』とに在り。〈各一巻なり〉。
⑨問答料簡は、多くは天台の『十疑』〈『浄土十疑論』〉〈一巻〉、道綽和尚の『安楽集』〈二巻〉、慈恩の『西方要決』〈一巻〉、懐感和尚の『群疑論』〈七巻〉に在り。
⑩往生の人を記すことは、多くは迦才師の『浄土論』〈三巻〉、並びに『瑞応伝』〈『往生西方浄土瑞応刪伝』〉〈一巻〉とに在り。その余は多しと雖も、要は此れに過ざるなり。

問。何等教文念仏相応耶。答。如前所引西方証拠、皆是其文。然、

①正明西方観行並九品行果、不如観無量寿経〈一巻。畺良耶舎訳〉。
②説弥陀本願並極楽細相、不如双観無量寿経〈二巻。康僧鎧訳〉。
③明諸仏相好並観相滅罪、不如観仏三昧経〈十巻或八巻。覚賢訳〉。
④明色身法身相並三昧勝利、不如般舟三昧経〈三巻或二巻。支婁迦讖訳〉、念仏三昧経〈六巻或五巻。功徳直共玄暢訳〉。
⑤明修行方法、不如上三経並十往生経〈一巻〉、十住毘婆娑《ママ》論〈十四巻或十二巻。龍樹造、羅什訳〉。
⑥日日読誦、不如小阿弥陀経〈一巻五紙。羅什訳〉。
⑦結偈総説、不如無量寿経優婆提舎願生偈〈或名浄土論。或名往生論。世親造、菩提留支訳。一巻〉。
⑧修行方法、多在摩訶止観〈十巻〉、及善導和尚観念法門並六時礼讃〈各一巻〉。
⑨問答料簡、多在天台十疑〈一巻〉、導綽和尚安楽集〈二巻〉、慈恩西方要決〈一巻〉、懐感和尚群疑論〈七巻〉。
⑩記往生人、多在迦才師浄土論〈三巻〉、並瑞応伝〈一巻〉。其余雖多、要不過此。

『往生要集』巻下之末（恵全一・二六五～二六六頁　傍線筆者・丸括弧内は筆者語句を補足）

と説かれる。すなわち、源信においては念仏往生の指南となる偈文を示す論として、⑦世親の『浄土論』に及ぶものはないことを指摘している。さらに⑧～⑨では、中国諸師の論疏がその念仏往生の具体相を顕示す

るものと紹介される。ここにおいても、【A】の系譜である善導の『観念法門』『往生礼讃』、道綽の『安楽集』が挙げられ、【C】の面である懐感の『群疑論』、迦才の『浄土論』、【E】の天台系の『摩訶止観』、『十疑論』が列挙される。これらの教説を尋ねる限り、やはり曇鸞と『論註』の書名は見当たらない。さらに言えば、【B】の長安仏教の慧遠や吉蔵、【D】の新羅浄土教の諸師の名称や書名も列挙されていない。以上のように整理すると、概ね『往生要集』における主要なる経論、中国の論疏が有機的に出揃っているように見えよう。源信にとって、『浄土論』とは浄土往生の偈文として極めて重要な所説とされる。[31]その中で世親の『浄土論』における五念門説とは、一体どのような位置を占めるものであろうか。

五　源信における五念門説の変容——『浄土論註』の無引用から見えてくるもの——

『往生要集』の中で五念門の組織を依用しているのが、正しく大文第四「正修念仏」に他ならない。

正修念仏とは、此にまた五有り。世親菩薩の『往生論』に云うが如し。「五念門の行を修して成就すれば、畢竟じて安楽国土に生じて、彼の阿弥陀仏を見たてまつることを得。一には礼拝門、二には讃歎門、三には作願門、四には観察門、五には回向門なり」と〈云云〉。

正修念仏者、此亦有五。如世親菩薩往生論云。修五念門行成就、畢竟得生安楽国土、見彼阿弥陀仏。一礼拝門、二讃歎門、三作願門、四観察門、五回向門〈云云〉。

『往生要集』巻上之末（恵全一・七〇頁）

所謂『浄土論』（『往生論』）解義分の冒頭を提示する。既に注意されている点であるが、ここで源信は「五念門行」と明示し、五念門を体系的に論述していこうと試みる。本来世親の『浄土論』には「五念門行」ではなく「五念門」であったとされる。(32) 源信以降の鎌倉仏教者もこうした「五念門行」を踏襲したらしく、たとえば、元暁伝『遊心安楽道』の写本（来迎院本）に引用される『浄土論』の教説も「五念門行」と明記されている。(33) こうした語句の潤色は写本の流伝として後に大きな影響を与えるものと思われるが、いずれにせよ、源信は世親の『浄土論』を行者の五念門行として受容している。また、源信は、

この中の作願・回向の二門は、諸の行業において応にこれを通用すべし。
此中作願回向二門、於諸行業応通用之。

『往生要集』巻上之末（恵全一・七〇〜七一頁　傍線筆者）

と述べている。作願門と回向門に限定して言えば、念仏以外の諸行にも共通する行法であると理解される。要するに、源信の視点では他の経論でも作願や回向といった側面は有機的に説かれているものと見做される。このことは五念門を「正修念仏」の行法として見据えて、諸経論の教説と会通させていくことによって、『浄土論』の文面をある種、融通無碍に論理立てていくのではないだろうか。それ故に源信は、行者自らの問題とする「五念門行」というように読み込んだのであろう。こうした点を踏まえて、「作願門」と「回向

門」の教説について細かく尋ねていきたい。

第三作願門の中で道綽の『安楽集』の所説を援用し、

当に知るべし。菩提心は是れ浄土菩提の綱要なり。故に聊か三の門を以て其の義を決択せん。行者、繁を厭うことなかれ。一には菩提心の行相を明かす。二には利益を明かす。三には料簡なり。初めに行相とは、総じて之れを謂わば願作仏心なり。また上求菩提下化衆生の心と名づく。別して之れを謂わば四弘誓願なり。

当知。菩提心是浄土菩提之綱要。故聊以三門決択其義。行者勿厭繁。一明菩提心行相。二明利益。三料簡。初行相者、総謂之願作仏心。亦名上求菩提下化衆生心。別謂之四弘誓願。

『往生要集』巻上之末（恵全一・七四頁　傍線筆者）

と述べ、源信は本来『浄土論』には説かれていない「願作仏心、度衆生心」という『論註』の所説を取り挙げている。ここでは道綽の言葉として「浄土論云わく……」(34)と紹介して、菩提心について「浄土菩提の綱要」と明かしている。そして、源信は菩提心を「浄土」（華報）と「菩提」（果報）と二つの側面に分類して捉えていこうとする。言うまでも無く、菩提心を四弘誓願に置換する解釈は、世親の『浄土論』や曇鸞の『論註』には全く説かれない。この点を源信は、【D】で示すように新羅の元暁の文献に拠って展開していく。既に先行研究の中で広く論述されているが、源信もまた天台学派の良源や静照と同様な思潮を汲む【D】新羅浄土教の面から強く影響を受けている。[35]世親の『浄土論』とは、正式には『無量寿経優婆提舎願生偈』と呼称するため、五念門解釈について基本的には『無量寿経』の教説に沿って理解しなければならない。この点を源信は、元暁の『両巻無量寿経宗要』（以下『無量寿経宗要』）の所説に依拠して作願門を究明したものと推察されるのである。

ところで曇鸞の『論註』では、

無量寿はこれ安楽浄土の如来の別号なり。釈迦牟尼仏、王舎城及び舎衛国に在して、大衆の中において無量寿仏の荘厳功徳を説きたまえり。

無量寿是安楽浄土如来別号。釈迦牟尼仏、在王舎城及舎衛国、於大衆之中説無量寿仏荘厳功徳。

『浄土論註』巻上（浄真全一・四四九～四五〇頁　傍線筆者[36]）

と説かれているため、古来より『浄土論』が指し示す「優婆提舎」の対象範囲が、『無量寿経』（二十四願系の異訳も含む）『観経』『阿弥陀経』の全て含まれるものか否かが議論されてきた。そこで元興寺の智光は、

問う。無量寿経と云うは、三部に通ずると為すや、大経に局ると為すや。若し通と言わば、即ち所依に違うこと失有り。謂わく此の論の中に観察体等の往生を明かす。あに小経の少善生の文に違わざるや。之に依りて開元等の録に、大経の別申論と為す。智光もまた爾りなり。

問。無量寿経云、為通三部、為局大経。若言通者、即有違所依失。謂、此論中明観察体等往生。豈不違於小経少善生文耶。依之開元等録、為大経別申論。智光亦爾。

『無量寿経論釈』巻一（服部復元本・一八九～一九〇頁）(37)

と明言しており、世親の『無量寿経優婆提舎願生偈』とは『無量寿経』に限定した別申論と了解している。私見ではあるが、源信もまた世親の『浄土論』を『無量寿経』（別申論）と理解していたと推論する。その理由は、近因には『論註』が披閲できず、智光の『無量寿経論釈』を披閲できていること、また遠因には『浄土論』の作願門の解釈をめぐり元暁の『無量寿経宗要』を依用していることからである。この推論が妥当であるならば、源信は行者が誓願（本願）を発こす教説として、世親の『浄土論』を『無量寿経』の「優婆提舎」であると認識していたのである。

そこで源信の作願門説の文脈を吟味したい。長文に亙るが元暁の文献と対照すれば次の通りである。

『両巻無量寿経宗要』巻上

経に言う所の正因とは、謂わく菩提心なり。無上菩提心を発すと言うは、世間の富楽と、及び二乗の涅槃とを顧みず、一向に三身菩提を志願す。こ

『往生要集』巻上之末「作願門」

これに二種有り。一には縁事の四弘願なり。これ即ち衆生縁の慈なり。或いはまた法縁の慈なり。二には縁理の四弘なり。これ無縁の慈悲なり。

れを無上菩提の心と名づく。総標は然りと雖も、中において二有り。一には随事発心、二には順理発心なり。

随事と言うは、煩悩は無数なり、願わくは悉くこれを断ぜん。善法は無量なり、願わくは悉くこれを修せん。衆生は無辺なり、願わくは悉くこれを度せん。この三事において、決定して期願す。初めはこれ如来断徳の正因なり。次はこれ如来智徳の正因なり。第三心は、恩徳の正因なり。三徳合して無上菩提の果と為す。即ちこの三心は、総じて無上菩提の因と為す。…（中略）…この心の果報はこれ菩提なりと雖も、その華報は浄土に在り。…（中略）…

縁事の四弘と言うは、一には衆生無辺誓願度なり。応に一切衆生に悉く仏性有りと念ずべし。我皆をして無余涅槃に入らしむ、と。この心は即ちこれ饒益有情戒なり。またこれ恩徳の心なり。またこれ縁因仏性なり。応身の菩提の因なり。二には煩悩無辺誓願断なり。これはこれ摂律儀戒なり。またこれ断徳の心なり。またこれ正因仏性なり。法身の菩提の因なり。三には法門無尽誓願知なり。これはこれ摂善法戒なり。またこれ智徳の心なり。またこれ了因仏性なり。報身の菩提の因なり。四には無上菩提誓願証なり。これはこれ仏果菩提を願求するなり。謂わく、前の三の行願を具足するに由りて、三身円満の菩提を証得して、還りてま言う所の順理発心とは、諸法は皆幻夢の如く、有にあらず無にあらず、言を離れ慮を絶すと信解する。…（中略）…随事発心には、退するべき義有り。不定性の人も、また能く発すこと得。順理発心とは、即ち退転すること無し。菩薩性の人、乃ち能く発すことを得。

経所言正因、謂菩提心。言発無上菩提心者、不顧世間富楽、及与二乗涅槃、一向志願三身菩提。是名無上菩提之心。総標雖然、於中有二。一者随事発心、二者順理発心。

言随事者、煩悩無数、願悉断之。善法無量、願悉修之。衆生無辺、願悉度之。於此三事、決定期願。

た広く一切衆生を度せんとする。

二に縁理の願とは、一切の諸法は、本来寂静なり。有にあらず無にあらず、常にあらず断にあらず、生ぜず滅せず、垢れず浄からず。一色一香も中道にあらざること無し。生死即涅槃、煩悩即菩提なり。一々の塵労門を翻ずれば、即ちこれ八万四千の諸波羅蜜なり。無明変じて明と為し、氷融けて水と成るが如し。

此有二種。一縁事四弘願。是即衆生縁慈。或復法縁慈也。二縁理四弘。是無縁慈悲也。

言縁事四弘者、一衆生無辺誓願度。応念一切衆生悉有仏性。我皆令入無余涅槃。此心即是饒益有情初是如来断徳正因。次是如来智徳正因。第三心者、恩徳正因。三徳合為無上菩提之果。即是三心、総為無上菩提之因。…（中略）…此心果報雖是菩提、而其華報、在於浄土。…（中略）…

所言順理而発心者、信解諸法皆如幻夢、非有非無、離言絶慮。…（中略）…随事発心、有可退義。不定性人、亦得能発。順理発心、即無退転。菩薩性人、乃能得発。

（大正三七・一二八c　傍線改行筆者）

戒。亦是恩徳心。亦是縁因仏性。応身菩提因。二煩悩無辺誓願断。此是摂律儀戒。亦是断徳心。亦是正因仏性。法身菩提因。三法門無尽誓願知。此是摂善法戒。亦是智徳心。亦是了因仏性。報身菩提因。四無上菩提誓願証。此是願求仏果菩提。謂由具足前三行願、証得三身円満菩提、還亦広度一切衆生。

二縁理願者、一切諸法、本来寂静。非有非無、非常非断、不生不滅、不垢不浄。一色一香無非中道。生死即涅槃、煩悩即菩提。翻一々塵労門、即是八万四千諸波羅蜜。無明変為明、如融氷成水。

（恵全一・七四～七五頁　改行筆者）

この上下段を見て判明するように、源信は元暁の説を下敷きにして五念門の作願門説を形成している。実際に『無量寿経宗要』は五念門を用いていないが、源信は発菩提心に事と理の二面があることを元暁から着想を得ている。元暁の随事発心は三心として示されていくが、源信の場合は『摩訶止観』の教説に拠って縁事の四弘誓願（菩提心）として変容している。既に先行研究でも指摘されているように、元暁の『無量寿経宗要』という名称を一切挙げず、そのフォーマットを利用しつつ、天台教学の十種三法などの理論を組み込ませて読み替えている。この点は既に私も論述したが、源信は菩提心の行相を開示していく中で縁事の四弘誓願は仏性説の面とし、縁理の四弘誓願は第一義空の面として捉えている。[38]こうした側面は、元暁の文脈には本来無い発想である。また元暁の教説から捉え直すと、随事発心とは不定性人、順理発心とは菩薩性人といった種性差別説の概念に分類されるが、『往生要集』はこのような面を全く言及していない。ただし、傍線で付したように「この三心（随事発心）の果報は菩提であるけれども、その華報は浄土にある」といった「浄土＝華報／菩提＝果報」の指標は、正しく元暁の文脈を起源としている。その所説を源信は、

応に知るべし、念仏する修善を**業因**と為し、往生極楽を**華報**と為し、証大菩提を**果報**と為し、利益衆生を**本懐**と為す。

応知、念仏修善為**業因**、往生極楽為**華報**、証大菩提為**果報**、利益衆生為**本懐**。

『往生要集』巻上之末（恵全一・九二頁　傍線筆者）

と、さらに四つの観点に具体化する。すなわち、三業相応の業因（の身）において極楽に往生し、そこで大菩提を証果し、そして衆生済度のために利他行を発揮するものと説かれる。この文面から推察しても、冒頭で掲げる「浄土菩提の綱要」の内実とは、行者が仏道を成就させようとする時間軸の中で展開していく四つ

の道程として理解できよう。そして、源信の問答から次のような点が明かされる。

問う。縁事の誓願もまた勝利有るや。答う。縁理にしかずと雖も、これもまた勝利有り。…（中略）…**往生論**に菩提心を明かして、但だ云う、「一切衆生の苦を抜くを以ての故に。一切衆生をして大菩提を得せしむを以ての故に。衆生を摂取して彼の国土に生ぜしむるを以ての故なり」と〈云云〉。若し縁事の心に往生の力無くば、論主はあに縁理の心を示さざるや。

問。縁事誓願亦有勝利耶。答。雖不如縁理、此亦有勝利。…（中略）…**往生論**明菩提心、但云、以抜一切衆生苦故。以令一切衆生得大菩提故。以摂取衆生生彼国土故〈云云〉。若縁事心無往生力、論主豈不示縁理心。

『往生要集』巻上之末（恵全一・八八～八九頁）

縁事と縁理をめぐり利益に勝れた差はあったとしても、既に世親の『浄土論』の所説には、四弘誓願（菩提心）の両面を説き示していると明かす。こうした視点を踏まえると源信は、世親の『浄土論』「作願門」にもまた縁事・縁理の四弘誓願（菩提心）を説き示したものと捉えている。つまり歴史的には元暁の『無量寿経宗要』の教説から端を発する随事・順理の発心説であるはずが、源信にとっては『無量寿経優婆提舎願生偈』を撰述した世親の論書から既に説かれているものと見做している。この点は、他に類を見ない源信の極めて独創的な解釈と言えるだろう。

そして『往生要集』では、これら菩提心、四弘誓願といった作願門の主要概念と表裏を成すものが、第五の回向門とされる。曇鸞の『論註』であれば、回向門から往相・還相といった起源があり、後世に強い影響を及ぼすが、はたして源信にとってはどのように了解されるのであろうか。『往生要集』の回向門は次の通りである。


第五に回向門を明かさば、五義を具足す。これ真の回向なり。

一には三世一切の善根を聚集する〈華厳経の意〉。

二には薩婆若の心と相応する。

三には此の善根を以て一切の衆生と共にする。

四には無上菩提に回向する。

五には能施・所施・施物、皆な不可得なりと観じて、能く諸法をして実相に和合せしむ〈大論の意〉。

此れ等の義に依りて、心に念じて口に言え、
所修の功徳および三際の一切の善根とを〈其一〉、
自他法界、一切衆生に回向して、平等に利益し〈其二〉、
罪を滅して善を生じて、共に極楽に生じ、普賢の行願、速疾に円満し、自他同じく無上菩提を証し、未来際を尽くして衆生を利益し〈其三〉、
法界に回向し〈其四〉、

大菩提に回向するなり〈其五〉。

第五明回向門者、五義具足。是真回向。
一聚集三世一切善根〈華厳経意〉。
二薩婆若心相応。
三以此善根共一切衆生。
四回向無上菩提。
五観能施所施施物、皆不可得、能令諸法実相和合〈大論意〉。

依此等義、心念口言、
所修功徳及以三際一切善根〈其一〉、
回向自他法界一切衆生、平等利益〈其二〉、
滅罪生善、共生極楽、普賢行願、速疾円満、自他同証無上菩提、尽未来際利益衆生〈其三〉、
回向法界〈其四〉、
回向大菩提〈其五〉。
『往生要集』巻上之末（恵全一・一一二頁　改行筆者）

源信の回向理解は概ね次のように整理される。すなわち『華厳経』や『大智度論』の教説の取意に基づき、

行者は三世以来の善根功徳を聚重し、菩薩の一切智を全ての衆生と共有し、無上菩提に回向して、施す者、施される者、施物そのものといった三者は、決して固定的不変的独自の実体は無いと観察され、諸法は実相であると衆生に見極めさせる。以上こうした五つの意義から回向は成立するものとされる。これらの真意を行者は心に憶念し、口に称えよとされるが、その内容は、源信が大文第三「極楽証拠」にも論述しているように、『四十華厳経』の「普賢行願」を根拠に据えて回向を受け止めている。つまり、自ら修めた功徳と、さらには三世の功徳を修めて、自他の法界である一切衆生に回向して平等に利益をもたらし、罪を滅して善根を生み出して共に極楽に往生し、普賢菩薩の十大願が速やかに成就すれば、自他共に同じく無上菩提を証得し、未来永劫の衆生を利益し続けて、法界、さらには大菩提に回向すると説き明かす。この点、回向門では先程の作願門で説かれた「証大菩提を果報と為し、利益衆生を本懐と為す」という二つの観点に対応する内容となる。つまり、行者が不可得の一切智（三種智）を得て、その善根功徳を普賢菩薩の行願として速やかに成就して、衆生済度のために、未来永劫にわたり法界や大菩提に回向し続けていく菩薩行（五念門行）と言えよう。それ故に源信は作願門と回向門は「諸の行業において応にこれを通用すべし」と論じ、極楽往生のみならず、大乗菩薩道全体の行法に共通する二門行と了解したのである。

この作願・回向の関係が明確になる一節が、次の二つの問答から読み取れる。ここでのコンテキストでは菩薩が無上菩提に回向する意義を説くのであるが、その後に次のような問答が提出される。

問う。若し爾らば、唯応に菩提に回向すべし。何が故ぞ更に極楽に往生すと云うや。

答う。菩提はこれ果報なり。極楽はこれ華報なり。果を求むるの人、いかんぞ華を期せ［ざらん］や。この故に九品の業に皆、「極楽国に生ぜんと回向し願求す」と云えり。

問う。発願と回向に何の差別有るや。

答う。誓いて所求を期する、これを名づけて願と為し、所作の業を回して彼に趣向する、これを回向と謂う。


問。若爾、唯応回向菩提。何故更云往生極楽。

答。菩提是果報。極楽是華報。求果之人、盍期華耶。是故九品業皆、云回向願求生極楽国。

問。発願回向有何差別。

答。誓期所求、名之為願、回所作業趣向於彼、謂之回向。


『往生要集』巻上之末（恵全一・一一三〜一一四頁　改行筆者）

第一にただ菩薩は菩提のみに趣向すればよいはずであるが、何故極楽に往生する必要があるのかと問いを立てる。これに対して源信は、極楽と菩提とは、華と果実の因果不二に置換できるようなものである故、決して分断的に捉えてはならないと言う。この点も、前掲の元暁の所説を下敷きにしている。そして、その理由を源信は『観経』の九品説（上品下生）における行者の姿に重ね合わしている(39)。

さらに彼は、第二に発願と回向の違いを検討しているが、これは通用の二門に相当する作願門と回向門に対応する問題と推察される。何故ならば、菩提心を発こすこと（つまりは四弘誓願を立てること＝所求を期する）と、極楽に生まれて大菩提に回向すること（所作の業）は、願作仏心（自利）と度衆生心（利他）として不二に他ならないからである。こうした点は、曇鸞の『論註』には全く見出せない回向門の理解であろう。確かに普賢菩薩の行願に触れているが、ただ源信においては第二十二願「一生補処の願」に関して全く言及していない。ましてや阿弥陀の他力や本願力回向といった発想は垣間見えない。

以上のように、こうした作願門・回向門の二門に限定して、その思想背景を尋ねてみて判明するように、『往生要集』は、『論註』の思想基盤とは極めて次元の異なる理論（念仏門）を宣説しているのである。

結論

本論考では曇鸞の『論註』における日本仏教の受容史と源信の『往生要集』が成立する思想史的背景を概観し、特に大文第四「正修念仏」で説かれる世親の五念門説について考察してきた。歴史的には『往生要集』より曇鸞の『論註』が先行するために、当然それを下敷きにして『浄土論』の読解をするものであるが、平安期である天台学派の良源や源信には全く披閲できない状況であった。そのため、『往生要集』では『論註』には無い新たなフォーマットを生み出し、『浄土論』の五念門説の読解を試みようとしたのである。

今回の大きな見通しとして、源信以前の東アジア仏教思想史の中で【A】～【E】の仮説を設定してみたが、この五つの観点が重層的に影響し合い、奈良・平安期の浄土教思想が形成したとされる。

その中で曇鸞の『論註』の流伝は決して広く浸透するものではなく、三論学派の智光の『無量寿経論釈』

という註釈書に止まった。三論学派は院政期（平安後期）に至ると永観や珍海など『論註』本文を読解し、典拠に挙げていくが、一方で平安中期頃の天台学派では、『論註』を全く披閲できない状況であった。そのため、良源や源信の著作には、智光の『無量寿経論釈』が依用されたに過ぎなかった。

そしてこの検証結果によって興味深いことが、奈良期の智光には無かったが、平安後期頃の三論学派は【A】『論註』を依用して、【D】新羅『無量寿経』註釈を用いていなかったのに対して、天台学派は【D】新羅の『無量寿経』註釈を依用して、【A】『論註』を用いていなかったという奇異な状況である。この点が平安期の『無量寿経』受容史に何かしらの影響を与えるものと想像される。事実、源信に至ってもそのような時代思潮の只中で『往生要集』を撰述していたことが、改めて頷けるのである[40]。

先行研究の中で既に指摘されているように、『往生要集』の五念門説、特に作願門では、新羅の『無量寿経』註釈書である元暁の『無量寿経宗要』を下敷きにした。源信が所属する天台学派では『観経』の註釈書は多く現存しても、『無量寿経』の註釈はほぼ存在しなかった。そのため、『無量寿経』そのものと、その論書である世親の『無量寿経優婆提舎願生偈』を正確に読解するためには、新羅の註釈書類が必要不可欠であったと推察される。

本論では『浄土論』の五念門説に焦点を絞り、検討を重ねてきたが、作願門の所説から窺えるように、源信の思想には曇鸞の『論註』の理論的背景はなく、元暁の『無量寿経宗要』に拠っている。とはいえ、元暁の『無量寿経宗要』そのものの中には世親の『浄土論』の所説をほぼ引用していない[41]。源信は『浄土論』の五念門説を究明する中で、元暁の『無量寿経』註釈の文脈から換骨奪胎して五念門行、つまりは独自の作願門説を形成した。そのため彼は、本来『浄土論』の作願門では見られない概念である四弘誓願（縁事・縁理）の菩提心説を確立したのである。

また、大文第四「正修念仏」の冒頭で紹介されているように、世親の五念門の中で作願門と回向門においては、諸行と共通する二門と規定される。この点もかなり独創的に読解されたものと想像される。回向門の所説では、普賢の行願や法界の語句を用いているために、彼は『四十華厳経』（般若三蔵訳）に依拠していたものと見做される。[42]恐らくこうした思想史的背景があるため、たとえば『浄土論』解義分の「本願力回向」といった文脈は、源信においては「普賢菩薩の本願力をもって行者が大菩提に回向する」と変容して捉えていたと思われる。そして、作願と回向に関して言えば、発願と回向という語義にも置換できるように、発菩提心（四弘願）と衆生済度という両面は因果不二であり、自利利他円満の成就として極めて重要な位置を占める二門となったのである。

以上の点を考え合わすと、曇鸞の『論註』が披閲できなかった時代状況の中で、源信にとって『浄土論』の五念門観とは、必ずしも後学に支持されるものとは言い難かった。とはいえ、それまでの天台教学には見られない論説であり、今日定着している曇鸞の『論註』研究史からは全く想像できない、もう一つの五念門解釈となる新地平を有している。それ故に源信は世親の『浄土論』から、行者の「正修念仏」となる「五念門行」として大胆にも敷衍できたのである。

註

（1）『浄土論註』に関する先行研究は極めて多く、本稿においてカバーできる程の枚挙に暇が無い。これまで私が研究に身を置いてきた立場から現在に至るまでの過去の研究動向と課題を示し、本論考の目的意識を述べておく。これまで曇鸞の『浄土論註』（『往生論註』）の研究は多岐に亙る。たまたま私は、真宗大谷派に所属する研究者、教学者であるが、大学において『論註』に関する学ぶ機会は実に多かった。しかしその大半は、親鸞思想の成立もしくは形成を担う方向での、『浄土論』『論註』研究であったと思われる。無論、そうした学びの恩恵に預かったことは今なお筆舌し尽くし難い経験となっている。しかしながら、ここ最近は過去に培った研究方法に関して疑問を抱くこともしばしば感じていた。これまで私は、東アジアの仏性論争、三一権実論争史を研究課題として、主に源信の仏性論に関する著書、『一乗要決』を思想史的に解明してきた。本書は源信の六十五歳時に撰述したものであり、比較的に晩年期の著作とされる。一方、本論で取り扱う『往生要集』は、源信が四十四歳に完成させたものである。親鸞教学の観点から捉えると、『往生要集』にこそ七高僧の思想史軸に繋がる畢生の書と評価されるであろう。勿論、そうした観点は極めて重要な論点であり、現在の私自身も否定はしない。ただし、『一乗要決』や『往生要集』以外にも、源信には『大乗対倶舎抄』や『阿弥陀経略記』などといった諸文献が存在し、その成立順序など考慮する必要がある。だとすれば、横断的且つ多様性を有する源信に直面した時に、はたして宗門内の教学の中でこうした人物像を考慮しているだろうかと疑問を抱かざるを得ない。言い換えるならば、先ほどから触れている曇鸞教学と同様な見方で、親鸞思想をある種の思想史的クライマックスと定めて、本来先行するはずの曇鸞や源信から発せられる概念の初出や思考方法を、親鸞の教理思想から逆照射させていないだろうか。より具体的に言えば、所謂鎌倉仏教以降に生み出された思考方法や枠組み内（フォーマット）に重点を置きすぎ、地域や時代思潮を度外視して、曇鸞や源信の思想を恣意的に推し量っていないだろうか。この点が、本研究会に参画して実感した『論註』研究史への問いである。

本文の中でもしばしば触れているが、「難易二道（自力他力）」、五念門である第五回向門から起因する往相・還相の「回向の二相（二種回向）」、「八番問答」、「覈求其本釈」、「三願的証」などといった主題に対する研究は、極めて微に入り細に亘る解釈があり、研究成果として増産されている。たとえば、世親の『浄土論』で示される二十九種功徳荘厳成就の中で、仏荘厳に相当する「不虚作住持功徳成就」などは、曇鸞の『論註』の視点を通して、「本願力」という語句に重点を置くために深い次元で考察がなされている。ところが、こうした『論註』の主要概念と目される所説の多くは、全て親鸞思想に至ってから歴史上取り沙汰されるものである。『教行信証』や『如来二種回向文』、『入出二門偈頌文』、『高僧和讃』の中で説かれる概念や思想を中心に曇鸞像へ投影することは、一つの見方としては意味があることかもしれないが、そのことがはたして曇鸞そのものの地平に立った思想研究と言えるのだろうか。もしこうした投影的視座を先鋭化させていくならば、たとえばその狭間に生きた源信の思想などは親鸞と比較して、未成熟な教えである「親鸞未満」と見做されてしまうであろう。私の考えに拠れば、むしろ親鸞の論説は初期大乗経典のクラシカルな教理用語に下地を置く曇鸞の『論註』に立ち返り、その概念や思考方法から模索して後学の道綽や善導、源信への思想史的道筋を捉え直したものと推察する。そして、本論の中で検討していくことだが、源信に至っては曇鸞教学という下地が全く無く、世親の『浄土論』に限定して五念門説を読み込んでいる。その姿勢は、親鸞思想とは一線を画すと思うが、はたしてそこにどのような理論的措置があるのだろうか。そのため、本論考は親鸞思想の形成から遡及する曇鸞像の投影を検証するのではなく、親鸞以前の思想史的空洞部分（エアーポケット）となっている奈良・平安期の『論註』受容史について紙面を割き考察していく。

（2）「玄中寺系浄土教」という呼称は、梯信暁［二〇〇八］の研究から着想を得たものである。梯氏は「玄中寺流」と明記しているが、私は「玄中寺系」と記載する。本研究では便宜上その語句を用いることとする。

（3）岡本一平［二〇二〇］の浄影寺慧遠における浄土思想に関する論稿の中で極めて鋭い論説がなされている。岡本氏は、慧遠と諸師をめぐり浄土因果と法身因果といった二種因果説を踏まえて「東アジア仏教の浄土思想を考える場合、浄土思想（諸仏とその国土に関する思想）と浄土教（阿弥陀仏と極楽に関する思想）を区別する見方は有効ではなく、浄土教は浄土思想の一形態として展開したと考えるべきである」（七～八頁）と指摘している。つまり、今日定着している浄土三部経と『維摩経』で説かれる浄土説とは、東アジア仏教思想家にとって何ら矛盾が無く、一括りの「浄土思想」として捉えていたようである。岡本氏は「作業仮説的な用語」(一頁)と叙述しているが、私としては法然以前である所謂源信の浄土教思想を考えていく上で、大変有益な論考であるものと支持している。

(4) 詳しくは工藤量導[二〇一三]五七～五八頁を参照されたい。

(5) 新羅の『無量寿経』註釈には、曇鸞や道綽といった【A】の玄中寺系浄土教は見えないが、ただし元暁伝とされる『遊心安楽道』の中には、曇鸞の『論註』や『略論安楽浄土義』の教説が見受けられる。たとえば道綽の教説が、そのまま曇鸞の教説(初出)として遡及できることもあるので、一概に誰の説を指示しているのか判然としない問題もあろう。ともあれ現在において朝鮮半島撰述か日本撰述か議論される『遊心安楽道』の中には、曇鸞の教説、つまりは【A】の玄中寺系浄土教の所説が見受けられる。『遊心安楽道』の構成と科文については、韓普光[一九九一]の中で論述されている。詳しくは二三七～二九八頁を参照されたい。また、過去の『遊心安楽道』成立史をめぐる議論や引用典籍を要領良く整理されている研究成果としては辻本俊郎[二〇〇七]が挙げられる。

(6) 渡辺顕正氏の研究成果に拠れば、憬興の『無量寿経連義述文賛』の中には、近因には【C】長安仏教の影響を受けていることが指摘される。憬興は懐感の『群疑論』を引用している一方で、「十二礼」の教説をめぐっては迦才の『浄土論』からの影響を受けていることが氏によって論証されている。詳しくは渡辺顕正[一九七八]二四九～二五一頁を参照されたい。

(7) 智顗の仮託文献として中国に流伝したとされる論説に関しては、佐藤哲英[一九七九a]二四～三五頁を参照。

(8) 智顗在世に地論学派や摂論学派が存在していたことは、周知の事実である。天台三大部や『維摩経玄疏』『維摩経文疏』の中に「摂大乗論」「摂大乗云」「摂大乗説」と記述されている所から、当時の心識説を紹介していることはしばしば散見される。ただし、智顗自身が真諦訳の『摂大乗論』『摂大乗論釈』、さらには『起信論』などを直接引用できていたかとなると疑問が残る。というのも、たとえば『摂大乗論』『摂大乗論釈』などの大部分の所説は取意文であり、摂論学派の学説を紹介している文体に見えるからである。智顗が摂論学派の文献を取り挙げて心識説を引用・批判したことはあったとしても、実際に智顗本人が真諦訳の瑜伽行文献を披閲し、その文脈を正確に把握できたのかは判然としない。こうした真諦訳書における智顗の引用態度は、真諦三蔵の学系の典籍から学ぶことはあったかもしれないが、訳本を実際に手に取って智顗が精読できたのかは、厳密に検証する必要があると言えるだろう。摂論学派と智顗への影響関係、またその批判点について、詳しくは池田魯参［一九八二］一～二四頁、花野充道［二〇一四］三一～三七頁を参照されたい。池田氏に拠れば、智顗の初期文献である『天台小止観』の中で僅かに『起信論』所説の修行信心分の一節が引用されると報告されているが、私の調べた限りその文脈が見出せなかった。いずれにせよ、智顗は『起信論』の原典をほぼ取り扱っていないと推定される。

（9）石田茂作［一九八二］に収載される「奈良朝現在一切経疏目録」一三〇頁を参照。また國際佛教學大學院大學［二〇〇八］の中でも金剛寺古写本の情報を踏まえて検討されている。詳しくは國際佛教學大學院大學［二〇〇八］三五三～三五九頁を参照されたい。ところで近年、大艸啓氏は正倉院文書に収録される「往生論私記」と「往生論記」に関して、『浄土論註（往生論註）』と断定することがはたして妥当であるのかと疑義を呈している。「奉写一切経司牒」という仏典を借用したリストに記載されている方が「二巻」と明記されているため、むしろそちらの方が曇鸞の『浄土論註』を指し示すものではないかと推定している。詳しくは大艸啓［二〇一五］二三八～二四三頁を参照されたい。

（10）智光の『無量寿経論釈』の思想に関する研究成果としては、古くは戸松憲千代［一九三七a］、同上［一九三七b］、同上［一九三八］があり、戦後以降でも恵谷隆戒［一九七六］、服部純雄［一九八六］、梯信暁［二〇〇八］、伊東昌彦［二〇一一］と多く提出されている。

（11）吉蔵の三論教学の理論的基盤から智光の『無量寿経論釈』の浄土教思想が展開されていることに関しては、過去に多くの研究成果が提出されている。それらの成果を要領良く整理して、さらに智光の浄土教思想を敷衍している近年の研究成果としては、梯信暁［二〇〇八］三七～六〇頁、伊東昌彦［二〇一一］三二五～三九二頁が挙げられるので、詳しくは参照されたい。

(12) 中期大乗経典に関する主要概念の検討は藤村潔［二〇二二］で指摘した。たとえば、曇鸞は菩提流支と同時代（後魏）である勒那摩提が訳出した『究竟一乗宝性論』を全く引用していない。さらには真諦の訳出経論である『金光明経』「三身分別品」や『摂大乗論』を披閲できていない。つまりこれらの経論が訳出されて以降、三身説や三土説などが、慧遠や吉蔵の中で広く共有されていくと言えるだろう。管見ではあるが、『論註』の引用典籍を尋ねる限り、中期大乗経典やそれに依拠するインド論書の言説は希薄である。このあたりの『論註』と中期大乗経典・論書の影響関係の有無は、後学の道綽や善導への思想史的見通しを立てる意味において極めて重要な問題と思われる。これらの点を近い将来研究発表したいと考えている。曇鸞の引用典籍の調査に関しては、幡谷明［二〇一〇］が詳しく整理されているので、五四～七七頁を参照されたい。

(13) 智光が取り挙げる二種生死の問題に関して、吉蔵の『観経義疏』の所説に依拠する点については、梯信暁［二〇〇八］三七～五二頁、伊東昌彦［二〇一一］三四一～三四九頁が既に詳しく論述している。

(14) 隋唐代の仏教思想家において四十八の願名が説かれていない点は、恵谷隆戒［一九七六］六一～六二頁、梯信暁［二〇〇八］三五頁の中で指摘されている。

(15) 詳しくは藤田宏達［二〇〇七］三一九～三二一頁を参照されたい。

(16) 恵谷隆戒氏に拠れば、二十九種荘厳功徳成就と四十八願を対応させたのは、義寂以前には見られないと指摘している。この両者の具体的対照は、恵谷隆戒［一九七六］九九～一〇一頁を参照。

(17) 『無量寿経論釈』巻三（服部復元本・一三五～一三九頁）。

(18) 静照の『阿弥陀如来四十八願釈』一巻（続浄全四・一上～一一下頁）は極めて短い著作である。この文献に関して古くは佐藤哲英［一九七九a］、同上［一九七九b］が詳しく論述されている所であり、近年この四十八の願名の特徴が平安・鎌倉期においてどのように受容し展開していったのかについては、齋藤蒙光［二〇二〇］が詳しいので参照されたい。

(19) ただし、**1**では、引用末尾の割注に「以上略抄、十疑、安楽集もこれと同じ（以上略抄、十疑、安楽集同之）」

（浄全一五・三七八下頁）と記載されているため、永観もまた、智顗伝の『十疑論』と道綽の『安楽集』の所説を踏まえていると理解できる。

(20)『浄土論註』巻上（大正四〇・八三四c）。

(21)『九品往生義』の成立事情に関して詳しくは、梯信暁［二〇〇八］九〇～九六頁、同上［二〇二一b］一七四～一七六頁を参照されたい。

(22)『無量寿経論釈』巻三（服部復元本・二二八～二二九頁）。

(23)智光が掲げる第三解の『起信論』に沿った所説は、迦才の『浄土論』の文脈と対応するものと指摘されている。詳しくは恵谷隆戒［一九七六］一三一～一三五頁を参照。また迦才の九品往生説に関しては工藤量導［二〇一三］一七三～一七七頁が詳しいので参照されたい。

(24)『極楽浄土九品往生義』巻一（浄全一五・一三下頁）。

(25)智顗伝の『十疑論』第八疑の所説が『論註』の八番問答（第六問答…三在釈）を下敷きにしている。道綽の『安楽集』もその所説を取り挙げているが、良源と源信が臨終の十念を議論する場合、はたしてどの典籍から思索しているのだろうか。恐らく【E】の『十疑論』からであると思われるが、もしかするとこの論点は【A】の曇鸞・道綽の玄中寺系浄土教を起源とする課題であったと知り得ていたのかもしれない。これらに関する詳しい研究成果は、梯信暁［二〇一五］、武覚超［二〇一九］、梯信暁［二〇二一a］を参照されたい。

(26)良源の『九品往生義』の中で義寂の『無量寿経述義記』の引用もしくは取意とされる所説を列挙すると次の八点である。

(1)第一国土厳浄無諸悪趣願。経云、設我得仏、国中有地獄餓鬼畜生者、不取正覚〈已上〉。菩薩何故、発此願乎。太子云、**寂法師云**、智度論云、菩薩見諸仏世界無量厳浄、発種種願言……（浄全一五・一五上下頁）。

(2)第十離諸忘想我我所等願。経云、設我得仏、国中人天、若起想念、貪計身者、不取正覚。…（中略）…問曰、此第十願令彼土衆生得漏尽通乎。答曰、若依**憬興師意**、応云得漏尽通。故**疏云**、想念者、即所知障。貪身者、即煩悩障。尽二障漏故。若依**義寂法師意**、不必是漏尽通。故**彼疏云**第十令不起漏染願。此是漏染不起非必是漏尽通。（浄全一五・一六上頁）。

(3)第十四眷属聖者無数衆多願。経云、説我得仏、国中声聞、有能計量、下至三千大千世界、声聞縁覚、於百千劫、悉共計校、知其数者、不取正覚。…（中略）…**寂法師云**、悲華経云。……。（浄全一五・一六下頁）。

(4)第十五眷属長寿随願自在願。経云、設我得仏、国中人天、寿命無能限量。除其本願修短自在。若不爾者、不取正覚。**寂法師云**、修短自在者、謂為化他、捨此生彼。（浄全一五・一六下～一七上頁）。

(5)第十八聞名信楽十念定生願。経云、設我得仏、十方衆生、至心信楽欲生我国乃至十念、若不生者、不取正覚。唯除五逆誹謗正法。…（中略）…**寂法師疏**、問曰、若爾何故弥勒問経云如仏所説、念阿弥陀仏功徳利益、……（浄全一五・一七上下頁）。

(6)又**無量寿経寂法師疏云**、造五逆者、有其二種。一造逆事、而不壊於信、不誹謗正法。二者造逆事、亦壊於信、誹謗正法。（浄全一五・三一上頁）。

(7)然**寂法師寿経疏云**、観経所説下輩三生非是胎生。彼皆近生仏前華中、非辺地宮殿中故、於仏智等不生疑故。……（浄全一五・三三上頁）。

(8)此三輩与今九品相摂云何。答曰、**寂法師云**、或云、三輩即是九品。開此三輩成九品。故今准両経、義即不然。（浄全一五・三五下頁）。

(27)『往生要集』には無いが、長和三年（一〇一四）に成立した源信最晩年の著作である『阿弥陀経略記』の中には源信独自の願名が見受けられる。推測の域を出ないが、源信は『阿弥陀経略記』を撰述する時分に、静照の『四十八願釈』を精読したために、自らの願名を論及したとも予想される。こうした両者の願名を要領良く整理している研究成果として、齋藤蒙光［二〇二〇］が挙げられる。

(28)『浄土論註』巻上（大正四〇・八三一a）。

(29)梯信暁［二〇一二a］三六一～三六二頁。

(30) 梯信暁氏は、『往生要集』に引用される『論註』の八番問答（第六問答）の所説に関して、「ただし「三在釈」そのものを、『安楽集』ではなく天台『十疑論』から引用していることについては、改めて検討したい」（三六二頁）と述べている。八番問答の三在釈が後学の『安楽集』と『十疑論』の所論に引用されて、さらに源信に継承されていくが、それらをめぐる重層的な分析は、梯信暁［二〇二一a］三五七～三五八頁を参照されたい。

(31) 『往生要集』大文第四「正修念仏」の第二讃歎門の中に「彼論（十住毘婆沙論）有三十二偈。今略抄要、具在別抄。或復往生論偈、真言教仏讃、阿弥陀別讃。此等文一遍多遍、一行多行但応至誠、不論多少。設無余行、唯依讃歎、亦応随願必得往生。」（恵全一・七三頁　傍線筆者・丸括弧内は筆者語句を補足）と説かれているため、龍樹の『十住毘婆沙論』と同様な形で、源信にとって世親の『浄土論』の偈文もまた三業相応の口業として重要な位置を占めるものと理解される。

(32) 本書に収載される織田顕祐「普賢行と曇鸞の往還回向」の論稿に、この点が指摘されているので、詳しくは参照されたい。

(33) 写本の情報に関しては韓普光［一九九一］五八九～五九一頁を参照。また、『浄土論』引用の当該箇所に関しては、同上［一九九一］六六九頁を参照されたい。

(34) もしかすると、道綽の時分には、『浄土論』『論註』が合本の形態として流伝していた可能性がある。何故ならば、「浄土論云わく」と記述しつつも、その本文内容はほぼ『論註』に相当しているからである。要するに、道綽の手元には『論註』のみの形態が存在し、そこから世親の『浄土論』を抽出して読解していたかもしれないのである。恐らく、道綽にとって『浄土論』と『論註』の両者本文を厳密に対照・判別することが困難であったのではないか。それ故、道綽にとって『浄土論』とは、そのまま『論註』の原文を指し示すものであったように推察される。もしこうした錯綜した背景が、源信の『往生要集』の所説に引用されたならば、さらなる重層的な難点が予想される。近年『安楽集』に引用される『論註』と、『論註』そのものの原文を厳密に対応し分析した研究成果としては、辻本俊郎［二〇二〇］があるので詳しくは三一～四三頁を参照されたい。

(35) 元暁の『無量寿経宗要』の所説が、『往生要集』の五念門（作願門）の思想構造に強い影響を与えているという論証は、既に梯信暁［二〇〇八］二一二〜二一五頁、同上［二〇二一b］一八三〜一八九頁に詳しく説かれているので参照されたい。

(36) 『浄土論註』巻上（大正四〇・八二六b）。

(37) 厳密には智光の原文とは言い難いが、ここでは了慧の『論註略鈔』巻一（浄全一・五五九下頁）の逸文資料を参照した。

(38) 藤村潔［二〇二三］を参照。

(39) 『往生要集』大文第四「正修念仏」の作願門では「上品下生業、云但発無上道心。不云解第一義。故知、唯是事菩提心。」（恵全一・八九頁）と上品下生とは発菩提心の行者であることを説いているため、ここでの九品説は上品下生の者を指し示すと推察される。

(40) 本研究では三論学派の智光、永観、珍海、そして天台学派の良源、源信の文献から『論註』に関する所説を抽出し、どのような思想史的受容があったのかを通史的に検討してきた。無論、もう一点であるが、曇鸞の『論註』原典と智光の『無量寿経論釈』に関して膨大な引用や逸文が収載される『安養集』の存在を忘れてはならない。比叡山と南都のちょうど中継地点に位置する宇治の地において宇治大納言源隆国（一〇〇四〜一〇七七）が編纂した論義書として知られる。『往生要集』の思想を論議法会の場において体系的に撰述したものであり、その引用典籍は今日披閲することができない逸文が多く遺されているため、極めて貴重な原典資料である。ただし今回私は、この『安養集』に関しての『論註』受容史の検討を敢えて省略した。というのも、本書の性格は複数人によって編纂された法会の論義書であるため、一人の人物の思想的表明となる文献とは言い難かったからである。また、天台系の法会論義の文献を追及するとなると、それだけで別の話になってしまう恐れがあったからである。今後『論註』に関する引用の蒐集として本文を分析していくが、今回は論義書とされる『安養集』そのものを取り扱わないことを断っておきたい。『安養集』の成立や思想背景に関しては、西村冏紹・梯信暁［一九九三］と梯信暁［二〇〇八］二四三～三〇八頁を参照されたい。

（41）元暁伝『遊心安楽道』（大正四七・一一五ｂｃ）には、明確に世親の五念門説を引用している。この点を考え合わすと、もしかすると源信の中では同一人物が撰述しているため、元暁の『無量寿経宗要』もまた、五念門行を前提とした所論と捉えていたかもしれない。

（42）源信は回向門の末尾で法界について「今、国土の風俗に順ずるが故に、法界と云う。…（中略）…法界は即ちこれ円融無作の第一義空なり。（今順於国土風俗故、云法界。…〈中略〉…法界即是円融無作第一義空。）」（恵全一・一一四頁　傍線筆者）と示している。こうした文脈を留意すると、源信は日本天台独自の思潮と『華厳経』の法界説を融通無碍の第一義空として捉えていたように見える。また近年、回向と普賢行という観点から論考された極めて示唆に富んだ研究成果としては、織田顕祐［二〇一二］が挙げられるので参照されたい。

略号

原典資料は次のように略記した。
・恵心僧都全集 → 恵全
・大正新脩大蔵経 → 大正
・浄土宗全書 → 浄全
・続浄土宗全書 → 続浄全
・浄土真宗聖典全書 → 浄真全
・服部純雄「智光撰『無量寿経論釈』稿（復元資料）」→ 服部復元本
・恵谷隆戒「新羅義寂撰無量寿経述義記復元本」→ 恵谷復元本

参照文献

池田魯參［一九八二］「天台教学と地論摂論宗」『仏教学』第一三号（仏教学研究会）
石田茂作［一九八二］『写経より見たる奈良朝仏教の研究』（東洋文庫／復刻版）
伊東昌彦［二〇一一］『吉蔵の浄土教思想の研究――無得正観と浄土教――』（春秋社）
恵谷隆戒［一九七六］『浄土教の新研究』（山喜房仏書林）
大艸啓［二〇一五］「奈良時代浄土信仰論の再検討」『眞宗研究』第五九輯（真宗連合学会）
岡本一平［二〇二〇］「浄影寺慧遠における浄土思想の問題群」『東洋学研究』第五七巻（東洋学研究所）
織田顕祐［二〇二二］「「廻向」の成立背景と「普賢行」への深化――曇鸞の五念門を考えるために――」『同朋大学論叢』第一〇七号（同朋学会）
梯信暁［二〇〇八］『奈良・平安期浄土教展開論』（法藏館）
梯信暁［二〇一五］「『往生要集』の十念論」『大久保良峻教授還暦記念論文集　天台・真言　諸宗論攷』（山喜房仏書林）
梯信暁［二〇二一ａ］「『往生要集』における『安楽集』の依用態度について」『平安・鎌倉の天台　伝教大師一千二百年大遠忌記念出版』（山喜房仏書林）
梯信暁［二〇二一ｂ］「源信『往生要集』の菩提心論」『現代と親鸞』第四五号（親鸞仏教センター）
韓普光［一九九一］『新羅浄土思想の研究』（東方出版）
國際佛教學大學院大學［二〇〇八］『金剛寺藏　觀無量壽經・無量壽經優婆提舍願生偈註卷下――日本古寫經善本叢刊・第三輯――』（國際佛教學大學院大學學術フロンティア實行委員會）
工藤量導［二〇一三］『迦才『浄土論』と中国浄土教――凡夫化土往生説の思想形成――』（法藏館）
齋藤蒙光［二〇二〇］「法然と静照の浄土教――四十八願の解釈をめぐって――」『共生文化研究』第五号（東海学園大学共生文化研究所）

佐藤哲英［一九七九ａ］『叡山浄土教の研究――研究篇――』（百華苑）
佐藤哲英［一九七九ｂ］『叡山浄土教の研究――資料篇――』（百華苑）
武覚超［二〇一九］「『往生要集』の成立に関する考察――特に『九品往生義』との関連を中心に――」『坂本廣博博士喜寿記念論文集　佛教の心と文化』（山喜房仏書林）
辻本俊郎［二〇〇七］「『遊心安楽道』の著者について――『無量寿経論』を手がかりとして――」『アジア学科年報』第一号（追手門学院大学国際教養学部アジア学科）
辻本俊郎［二〇二〇］「曇鸞『無量寿経論註』、道綽『安楽集』の流伝――諸師の引用文より見て――」『東アジア研究』第七二巻（大阪経済法科大学アジア研究所）
戸松憲千代［一九三七ａ］「智光の浄土教思想に就いて（上）」『大谷學報』第一八巻第一号（大谷学会）
戸松憲千代［一九三七ｂ］「智光の浄土教思想に就いて（中）」『大谷學報』第一八巻第四号（大谷学会）
戸松憲千代［一九三八］「智光の浄土教思想に就いて（下）」『大谷學報』第一九巻第一号（大谷学会）
西村冏紹・梯信暁［一九九二］『宇治大納言源隆国編　安養集　本文と研究』（百華苑）
幡谷明［二〇一〇］『曇鸞教学の研究――親鸞教学の思想的基盤――』（同朋舎）
服部純雄［一九八六］「智光撰『無量寿経論釈』稿（復元資料）」『浄土宗学研究』第一五・一六合併号（知恩院浄土宗学研究所）
花野充道［二〇一四］「智顗の地論師・摂論師批判について」『天台学報』第五六号（天台学会）
藤田宏達［二〇〇七］『浄土三部経の研究』（岩波書店）
藤村潔［二〇二二］「『一乗要決』の二種生死説に関する試論」『現代と親鸞』第四五号（親鸞仏教センター）
藤村潔［二〇二三］「源信『一乗要決』における悉有仏性説」『日本佛教学会年報　衆生――いのちあるもの（一）――』第八七号（日本佛教学会）
渡辺顕正［一九七八］『新羅・憬興師述文賛の研究』（永田文昌堂）

清沢満之の他力門哲学——曇鸞教学という視座から——

川口　淳

本論は清沢満之《きよざわまんし》（一八六三～一九〇三）の仏教・真宗理解を具体的に知ることができる『他力門哲学骸骨試稿《たりきもんてつがくがいこつしこう》』を研究対象として、清沢の思想思索を「曇鸞教学」という視座から探究する。清沢の他力門哲学に対しては、『論註』を含めた様々な仏教学的基礎や学的背景が指摘されてきた。だが『論註』の思想基盤と『試稿』の関係に踏み込んで考察の主題としているものはあまりなく、また清沢の仏教学的背景を客観的に論証する手法によって考察する意義はあると考えられる。これによって、まず、第一節・第二節では『論註』の仏教思想基盤と、『試稿』に引用される仏教語を比較し、『試稿』の主要課題を推定する。

第三節では清沢の哲学的用語をまとめ以降の考察の基盤とする。そして無限の擬人化（第五節）、仏身論（第六節）、主伴互具の浄土観（第七節）、還相回向（第八節）という視点から考察する。

問題の所在

明治時代を生きた清沢満之《きよざわまんし》（一八六三〜一九〇三）は、近現代仏教思想史上重要な人物である。清沢は日本最初期の宗教哲学者であって日本初の宗教哲学書である『宗教哲学骸骨』を出版するなど、宗教哲学としての功績を残した。また一八九六年から、京都の白川村にて同志と雑誌『教界時言《きょうかいじげん》』を発刊し、宗門改革運動をけん引し、大谷派の学事や宗政に大きな影響を与えた。清沢は真宗大学（大谷大学の前身）の東京移転開講（一九〇一年）という近代化に際して、初代学監をつとめ、その時代に清沢を師とする佐々木月樵《ささきげっしょう》（一八七五〜一九二六）・多田鼎《ただかなえ》（一八七五〜一九三七）・暁烏敏《あけがらすはや》（一八七七〜一九五四）などの仏教青年らと共に、東京帝国大学（現東京大学）に程近い本郷という地で信仰生活を送り、「精神主義」という思想を掲げて、講話会や雑誌『精神界』の発行などの活動を行った。一九〇二（明治三五）年大学学監を退き、東京の地を去り、自坊の大浜西方寺へ戻り、そこで最晩年を過ごした。そして一九〇三（明治三六）年に四〇歳で亡くなった。清沢の影響を受けた著名な人物は宗門内外を問わず存在し、清沢の思想的な影響の大きさはすでに知られている。

清沢の仏教・真宗理解を具体的に知ることができる資料は、『在床懺悔録《ざいしょうさんげろく》』や『他力門哲学骸骨試稿《たりきもんてつがくがいこつしこう》』（以下、『試稿』）などである。『在床懺悔録』は『無量寿経』の願文を親鸞の『教行信証』の展開にそくして思索したもので、これは一八九五（明治二八）年の思索である。『試稿』は、この『在床懺悔録』のすぐ後に手記が始まる。『試稿』は一八九五年二月から三月の思索とされており、『在床懺悔録』と『試稿』はセットで位置付けられ、『在床懺悔録』をさらに哲学的に解明したものとされている。(1)『試稿』は清沢が三三歳になろうとするころの思索であり、清沢の思想を読み解くためにとても重要な史料である。

清沢は仏教・真宗者であり、かつ宗教哲学者であった。清沢が宗教哲学者であったということは、清沢の一つのアイデンティティであった。清沢は執筆を行う際、仏教や真宗の教えを念頭におきながらも、単純に伝統的な仕方では仏教用語を使用しなかった。この事は清沢の思索を独自なものとしている一つの要因であろうが、それは同時代の仏教者の傾向として認められるものであり、清沢の独創としてしまうのは言い過ぎであろう。清沢は無限有限といった用語を用いて思想を展開している。それは見方によっては空虚に見えるほど抽象的な用語であるが、清沢の「宗教哲学」、「他力門哲学」そして、最晩年までその言葉を使うことを貫いた生涯の基礎語である。

清沢の思考方法は『大乗起信論』などの影響が強く見られることが指摘されている。清沢は大学時代に、原坦山(一八一九〜一八九二)の「印度哲学」講座で『大乗起信論』の講義を受けた。(2)先学の角田佑一氏は、清沢の宗教哲学・他力門哲学を「『大乗起信論』の真如万法観や、浄土真宗における阿弥陀仏の本願と他力の信心の問題、華厳仏教における「主伴自在」などをふまえ」(3)て考察しているとしている。これらは清沢の受講した学術背景に起因するところが大いにある。

清沢の「他力門哲学」とは、何を明らかにしようとした思索筆記なのであろうか。「他力門哲学」は、曇鸞の『浄土論註』(往生論註、以下、『論註』)が一つの基礎となっている。安冨信哉氏は『試稿』について

「「在床懺悔録」で追究された他力門仏教を『浄土論』『論註』『大乗起信論』等を背景にして、さらに哲学的に解明」したものであると指摘している(4)。

先学がすでに述べているように、清沢の『試稿』は、『浄土論』『論註』が背景にあることは、浄土の考察を三種荘厳といった荘厳論のなかでとらえていくあたりからも一目瞭然であり、およそ『無量寿経』の思想を展開し深めたといえる『浄土論』『論註』を中心的な思想基盤に置いた考察であるといってよい。しかし、『試稿』に引用される経典や論書類は多岐にわたり、たんに『浄土論』『論註』や『無量寿経』にとどまるものではない。

この引用の経典群の多岐なる理由は何だろうか。筆者が注目したいのは『試稿』に引用される様々な経論類が、曇鸞の『論註』の思想背景とされてきた経論類と酷似したものが引用されており、曇鸞の仏教学的基礎を清沢が意識していた可能性が高いといえることである。

ここで注意したいと考えるのは、『試稿』の意図は、曇鸞の『論註』をそれ自体で読み解くというものではなく、またさまざまな仏教学的知識を何の中心的課題もすえることなく総合的に考察したものでもないということである。

こういっても言い過ぎではないと考えられる。清沢は、曇鸞が『論註』において『無量寿経』の課題を確かめるために使用したさまざまな仏教基盤を研究したのであると。そして清沢はそれを西洋哲学の無限・有限、絶対・相対などの用語を用いて、つまり仏教学とは別の用語を用いることによって、あえて仏教とは別の言説空間からも曇鸞の思想背景を整理し、それによって西洋哲学にはない仏教特有の論理展開を導いたと考えられる。

『試稿』は確かにさまざまな仏教学的知識を用いて書かれている。しかしこの態度は、たとえばこの箇所は『無量寿経』から、別の個所は『涅槃経』から影響を受けた……などといったことではなく、全て『無量寿経』の課題を『論註』において読み解くということに一貫しており、その課題のもとでさまざまな経論を引用して『試稿』を書いたと考える方がすっきりするのである。この事は第一節第二節で、『論註』と『試稿』の両者の思想基盤を整理することによって明確にしていきたい。

次に、第三節では有限無限という生涯清沢が大切にした哲学的用語をまとめ、第四節以降の考察の基盤とする。第四節では、「無限が有限にはたらく」（相対無限）ということが清沢の根本的な論点であると考え、そのことを第五節以降、清沢の思想にこれを尋ねていくことにした。第五節では、経典などの言説に対して清沢がそれは無限を擬人的に語ったものであるという評価の仕方をしていることに着目し論じ、第六節では、仏身論に着目しこれを論じ、第七節では、「主伴互具の浄土」といった浄土観に着目して論じる。最後に第八節では、『試稿』のなかで述べられる還相回向について寸考を提示して終りたいと考えている。本論ではこのような構成をとり、曇鸞教学という視座から清沢の他力門哲学の思索を探究してみたい。

一　『論註』の思想基盤

『論註』の思想基盤である曇鸞の学んだ学問は、先行研究において様々に指摘されている。幡谷明氏・石田充之氏・相馬一意氏・田中無量氏・長宗博之氏・武田龍精氏、そして本論集の執筆者である織田顕祐氏などの研究によって、曇鸞教学の思想基盤が、いかなる仏教思想に影響を受けているかをすでにかなりの部分で知ることができる。また、近年は、僧肇（三八四〜四一四）を研究対象とした研究蓄積も充実してきており、曇鸞以前の仏教思想史的研究が可能な基盤も徐々に整いつつあると思われる。

それらの研究によると、曇鸞は『無量寿経』『浄土論』の他に、『維摩経』『法華経』『涅槃経』『華厳経』、僧肇らの般若思想、唯識思想、如来蔵思想などの影響がみられることが指摘されている。(5)『論註』には維摩経仏国品や弟子品の「不断煩悩入涅槃」など『維摩経』の引用が多く、『論註』の思想的に重要な箇所に対して、曇鸞は『維摩経』の引文を論拠としている。また「異なる思想形態を持つ『維摩経』と『法華経』を調和させて解釈した曇鸞の姿勢を考慮すれば、「仏性義」を自身の教学に昇華する際、『涅槃経』に説かれる「仏性」と『維摩経』で説かれる「如来種」との調和を図った」(6)とも指摘されている。そして曇鸞は清浄功徳において蚕繭自縛の喩をつくっているが、それには『涅槃経』および『智度論』の影響があると指摘されている。(7)

また曇鸞の思想基盤として鳩摩羅什―僧肇の影響を指摘する研究もいくつか存在する。曇鸞の思想は『中論』や『十二門論』や『阿弥陀経』などを訳出した羅什やその弟子僧肇などの思潮や、更に関係を拡大すれば羅什と交友関係にあった廬山の慧遠の浄土教的な傾向や、その門下などの浄土教的な諸傾向までも、その背景とする関連(8)」があると指摘される。『注維摩詰経』『不真空論』などを執筆した僧肇から、法身説、「無生之生」という言葉に代表されるような仏土観・往生観、般若と方便に関する見方など、さまざまな箇所で曇鸞と僧肇の関係性が指摘されている。『論註』には直接あるいは間接的に以上のような経論の思想を援用している言葉などが見られ、広範な知識を有する曇鸞の総合的な仏教学が『論註』の背景として浮かび上がる。

いまこのような曇鸞の思想基盤の研究成果を簡単に取り上げてみたが、では曇鸞はこれらの用語に対してわざわざ長文をさくことによって註釈したのだろうか。そうではない。ほとんどの場合、基本的には自明な用語として使用しているほどに用語の説明がない。つまり『論註』は浄土の荘厳を明らかにするものでり、その荘厳を述べるために重要な自明な仏教用語を自明な用語として使用しているような態度である。であるならば、実は『論註』を読むということは、このような『論註』にあらわれる自明な用語をその思想基盤に遡って考えていく姿勢が必要であると考えられる。

二　『試稿』の仏教学的背景

先ほどは曇鸞の思想基盤が先行研究においてどのように指摘されているのかを述べてみた。本節では清沢の『試稿』と曇鸞の思想基盤との比較のために、『試稿』に引用される仏教用語や経論の語句をまとめてみよう。とはいえ大量にあるのですべてを網羅できてはいないかもしれないが、以下のような表を作成した。

他力門哲学骸骨試稿にみられる仏教経典等の引用・仏教語の使用（重複は省略）	出典名	全集頁数
抜苦与楽・安心立命・諸行ハ無常・涅槃寂静・安立心命・阿弥陀仏・無量寿光覚者・無量寿トハ慈悲円満・無量光トハ智恵円満・平等・差別・依立・自立	―	―
「維摩註二三　肇曰　彼岸ハ涅槃ノ岸也。彼涅槃豈崖岸之有ンヤ。以我異於彼故借我謂之耳。」有限ノ外ニ無限アリト云フノ意亦以テ推スベシ	『注維摩詰経』二三	47頁
自力・他力・諸法無我・不変常住・無常変易・常住不変・造業感果（善悪業感）・因果応報・業報・因果感報・因縁（所生）・三世因果・自覚・貪瞋痴ノ煩悩・衆生済度ノ利器	―	―
「淫怒癡是菩提」	『大方広円覚修多羅了義経』	59頁
「若し博奕戯処に至れば、輒ち以て人を度す」	『維摩経』「方便品」	59頁（元漢文）
「諸もろの婬舎に入りて、欲の過ちを示す」	『維摩経』「方便品」	59頁（元漢文）
「諸もろの酒肆に入りて、能く其の志を立つ」	『維摩経』「方便品」	59頁（元漢文）
煩悩悪業・大覚達了・八万四千ノ煩悩・十方諸仏・仏々平等	―	―
「十方三世ノ無量慧同シク一如ニ乗ズ」	浄土和讃	62頁
「艸木国土悉皆成仏」	天台本覚思想の用語	63頁
「色即是空空即是色」	『般若心経』	63頁
自利・利他・智慧・慈悲・方便・摂化・仏性	―	―

「悉有仏性」	『涅槃経』	67頁
現量説・覚者・仏陀・機・法・教門・機根・法門・機法頓漸・難行道・易行道・弥陀・大日・観音	—	—
「方便即真実真実即方便」	妙法蓮華経文句（No. 1718 智顗説）in Vol. 34に似た語句あり。	69頁
真実至誠ノ妙智・善巧方便・神仏ノ化現・法蔵比丘ノ因源果海ノ徳相・至真至誠ノ妙現・善巧・権化・衆生ノ信心・証大涅槃・衆生済度・往相・還相	—	—
為蓮故華・為実施権・従本垂迹・開権顕実・開迹顕本・廃権立実・廃迹立本・由実設権・収権帰実・従迹還本	『法華玄義』『天台四教儀』『天台四教儀集註』	71頁
他力往生・他力真宗・久遠弥陀・十劫弥陀・法蔵比丘ノ願行・衆生往生ノ増上縁	『法華経』『無量寿経』	—
凝然真如・随縁真如	法蔵『大乗起信論義記』等	—
法身・報身・法性法身・方便法身・願行成就ノ回施・他力回向ノ願行・	『論註』など	—
「真宗大无無量寿経ニ阿難ガ特ニ法蔵菩薩ハ已ニ成仏シ玉ヘルヤ未ダ成仏シ玉ハサルヤノ問アリテ仏ハ已ニ成仏シ玉ヒテ今ニ十劫ナリトノ答アリ」	『無量寿経』に基づく	77頁
「仏教唯識ニ種子生現行々々薫種子三法展転因果同時」	唯識系論書に基づくもの	78頁
極楽浄土・安楽世界・身業・口業・意業・三業・一心	—	—
「随其心染即世界染随其心浄即仏土浄ノ詳細ハ維摩経仏国品ニ明ナリ」	『維摩経』「仏国品」	80頁

仏荘厳・菩薩荘厳・国土荘厳・衆生世間清浄・器世間清浄	『論註』	―
仏ノ光明寿命等ノ徳相に関スル願・眷属ノ光明寿命ノ无量ヲ願スル・国土清浄純善无悪妙楽円満等ノ徳相ヲ願スル	『無量寿経』第十二願（光明無量の願）・第十三願（寿命無量の願）・第十五願（眷属長寿の願）・第三十一願（国土清浄の願）	80頁
「不生欲覚瞋覚害覚不起欲想瞋想害想不着色声香味触法忍力成就不計衆苦少欲知足無染恚痴三昧常寂智慧無碍無有虚偽諂曲之心和顔愛語先意承問勇猛精進志願無倦専求清白之法以恵利群生」	『無量寿経』	81頁
「恭敬三宝奉事師長以大荘厳具足衆行令諸衆生功徳成就住空無相無願之法無作無起観法如化」	『無量寿経』	81頁
「遠離麁言自害害彼彼此倶害修習善語自利利人人我兼利」	『無量寿経』	81頁
「二十九種ノ功徳三種ノ荘厳二種ノ〔世間〕清浄ハ一法句ニ略入ス　一法句トハ清浄句是ナリト以テ想フ可シ」	『浄土論』	82頁
極楽・安養・楽邦・二世間・三荘厳・願心・妙境界	―	―
「一水四見」	『唯識』などで使用される仏教語	―
行業果報ノ不可思議	『無量寿経』	83頁
「浄土无量寿経ノ楽邦段ニ於テ阿難ノ仏ニ対スル質問アリテ仏ハ乃チ行業果報ノ不可思議ヲ宣揚シ玉フ」	『無量寿経』の内容	83頁
「生即無生ノ段ヲモ参照セバ益スル所アルベシ」	『論註』「観察体相章」	83頁

	のことか。	
大悲摂化ノ方便・還相回向・悉有仏性トハ悟達者ノ教説ナリ・業報・宿善・宿業・无始曠劫未来永劫ノ流転輪廻・因縁生ノ境界・善悪（無記）・因縁生起・十二因縁・順現業・順次業・順后業・造業・流転・无漏・有漏・転迷開悟・不退・見性・見道・初信・歓喜地・賢位・凡夫・世第一法・氷ト水ノ喩ハ仏法ノ常套・煩悩・煩悶能苦・不覚・無明・八万四千・百八・十使・三毒・貪慾・瞋恚・愚癡・能発一念浄信・根本无明	―	―
夫レ既ニ此無明業相アリ此ヨリ転シテ能見相境界（ママ）ヲ現シ更ニ進ンテ執取相計名相業繫苦相ニ入リ乃至八万四千塵労門ニ趣向スルコト起信論ニ就テ詳ニスベシ	『大乗起信論』	91頁
六凡四聖・煩悩妄見・妄見ニ八万不可計・外凡・内凡・真妄・大聖・凡聖不二・迷悟不離・断惑証理・七賢・妙用・廻向賦与・他力回向・回向・曠劫ノ流転・宿世ノ善根・平等ノ大悲・十方世界・正定不退・見道位・見性位・悟位・正定位・阿惟越致地・歓喜地・等正覚・大般涅槃・平生業成・正信獲得・正定聚・不退位・此土命終ノ立所ニ大般涅槃ノ妙果ヲ証得ス・妙覚・純一相続ノ憶念心・正念・邪念・現生・慶喜歓喜・他力摂取・信心決定ノ行者・自力門大悟・生身ノ仏陀	―	―
「有漏ノ穢身ハ変ラネド　心ハ浄土ニ住ミ遊ブ」	『帖外和讃』	97頁
「信心ヨロコブ其人ヲ　如来トヒトシトホメタマフ」	『浄土和讃』	97頁
貪瞋ノ煩悩ハシバシバ起レトモ　マコト信心ハ彼等ニモ障ラレズ　顚倒ノ妄念ハ云々	『浄土真要鈔』趣意	98頁

この表にみられるように、親鸞の著作以外の経論類の引用は、『無量寿経』『維摩経』『涅槃経』『法華経』『般若心経』『大方広円覚修多羅了義経』『注維摩詰経』『大乗起信論』『浄土論』『論註』『法華玄義』といったものがあげられ、この他にもさらに『試稿』の用語使用に影響をうけたと指摘されている経論として『華

厳経』や中観系・唯識系・如来蔵系の資料と多岐に渡っていて、『試稿』は広範な経論類の引用が見受けられる。『試稿』での仏教語の使用の傾向は、曇鸞の教学基盤とされているものがその大半を占めているといっても過言ではない。本論ではその一つ一つを考察する紙幅はないが、ただここでは、この引用の傾向からも、『試稿』が『論註』の思想基盤まで尋ねるという手法をとっている可能性があるということにとどめておきたい。そしてすべてを網羅的に考察することはできないが、以降の節でも折に触れてこれらの思想的連関を意識しながら考察を進めることにしたい。

次節では、清沢の考察を理解するために最も基本的な用語である「有限無限」などの言葉を、清沢の思索を借りて考察し整理していきたい。

三　有限と無限とは何か

前節までで、『試稿』と曇鸞の思想基盤との関係性を簡単に確認した。本節から、本題である清沢の『試稿』の内容に入っていきたい。そのはじめとして、この節では本論文の考察の基盤とするために、清沢が生涯に渡り使用した「有限無限」などの用語について論じる。それには『試稿』だけではなくかれの宗教哲学を参考にした考察が必要となる。

なぜ「有限無限」という言葉から始めるのか。例えば、真宗という言語空間にいれば、「本願」「誓願」などという言葉は、自明なものであり、そこから議論を始めることができるかもしれない。だがこの言語空間の外にでた場合、これらの真宗用語は自明のものでは全くない。そもそもこの言葉すらしらない。すべての人が承認しうる論理から、「本願」という事柄を演繹する必要がある。清沢の問題意識はおそらくここにある。本願を前提としないで、なぜ本願が成立し、われわれがそれに出会うことがありうるのかを問いとするような態度である。

「本願」という真宗・他力の教えの根幹が成り立つかどうか、これが浄土真宗の存立にかかわる大問題である。これは論理的に演繹することができるものなのだろうか。この問いに挑戦しようとしたのが、およそ清沢の他力門哲学における「無限の因果」という思索の意図であり、哲学者らしい清沢の普遍的な問いであると筆者は理解している。

ではこのような理由から、清沢のやり方を参考にして、すべての人が承認せざるを得ない存在論的命題から考察を始めよう。

「われわれは有限なるものである」

有限とは、文字のごとく、限定を有するものであり、限りがあるものである。実体的な側面でも、精神的な側面から考えてもよいが、いずれにしてもわれわれのような存在は、「有限者」（有限なるもの）という性質を有する。なぜなら、私はある場所に存在する以上、それは他者が私の場所に存在することができないからである。存在する・あるということが、限定を生み、有限者が存在する場所への他者の介入を阻害する。有限者は存在することによって、無意識に何かを排除している存在である。

われわれは有限のこのような限定という性質を持って存在しているが、同時に、そうではない存在、すなわち限定を持っていない存在について、否定するすべは持ち合わせていない。なぜなら、われわれは限定的な認識しかできず、その認識の外のことについて不可知であるからである。そしてこれは極めて有力な予想を持つことができる。有限でないもの、つまり無限とは、無際限に小さいものに分割ができるような無際限数としての数的なる無限（数無限）であるか、われわれが推し量ることが不可能なすべての存在を包み込む全体性そのものが無限であると考えることができる。数無限については、例えば数学的な微分などに無限小という概念として学術的にその性質を利用して様々な用途にそれが応用され、現代の社会で多用されている。一方、われわれを包み込むような全体性を「無限」という場合の、この「無限」は簡単には実証できないし、われわれはこれについて先ほども述べたように、「不可知」と言わざるを得ないのではないだろうか。だが、その無限については、論理的展開・論理の必然において、いったん定義することができる。論理展開として無限を扱うことは可能、と述べておきたい。清沢の宗教哲学では「有限・無限」の定義において後者の全体性としての無限を扱っている。

有限　＝　依立　＝　相対　＝　多数　＝　部分　＝　不完全
無限　＝　独立　＝　絶対　＝　唯一　＝　全体　＝　完全

単純化すればこのような論理上の峻別ができる。

【有限＝依立・無限＝独立】

有限は何か別の有限者に依存して成り立っているし、有限は自ら限定を作る存在であるから**依立**であり、無限は定義上限りがないものであるから、境界もないので**独立**である。

【有限＝相対・無限＝絶対】

ゆえに、有限は他者と相対して存在するから**相対**であり、無限は独立し相対する他者がいないから**絶対**である。

【有限＝多数・無限＝唯一】

有限は他のものを前提としているので**多数**であり、無限は他のものがないから**唯一**である。

【有限＝部分・無限＝全体】

有限は**部分**であり、無限はいかなるものの部分にもなることはなくそれ自体で**全体**である。

【有限＝不完全・無限＝完全】

有限はそのもののもつ特性に限界をもっているから**不完全**であり、無限は限界がないから**完全**である。(9)

このように論理的に有限・無限の性質を考えることができる。すなわち、以下の命題が論理的に成り立つことになるだろう。

「この世界は有限なるものと無限なるものの二者に分けられる」

この世には、有限であるものが存在し、もしそうでないものであるのならば、少なくとも、有限ではないものといいうるし、それは無限（限りなきもの、限定をしないもの）である。まずこれらをわれわれが承認しうる命題と一旦しておきたい。

無限は「唯一であり、全体」であるという定義を行った。したがって無限と別の場所に有限があるととらえると、無限の「唯一・全体」という定義と矛盾することになる。ゆえに、有限と無限は同体であると考えるべきである（「**二項同体**」）。そして有限者が、無数個あるそのすべての総体が無限である（「**有限無数**」）。

このように、無限が全体という定義である以上、有限と無限はお互いに無関係に存在してはいない。無限の内部に無数の有限が、有限同士で限定を作り、他の有限と依存しあいながら、お互いに有機的に無限を構成していることになる（「**有機組織**」）。この相互依存関係はすべての有限にあてはまることである。つまり、すべての有限が、一つの有限（主）を成り立たせ、その有限も他のすべての有限者を成り立たせる構成員（伴）である。その意味で有限は主人でありかつ伴属（それにともなったつながり）である性質を互いに具えている。それを「**主伴互具**」という。ちなみに「主伴互具」とは、華厳教学にあらわれる「主伴具足」という重要概念によっているという指摘がすでになされている[10]。

そしてわれわれがすべてのものに依存して成立しているという有機的な連関を覚知することは、自己は無限によって成り立っていることを覚知することであり、また自己は無限と同体であることを覚知することであると言い換えることができる。

また清沢はすべての個々の有限者に無限と同体となる因が内在することを認めるべきであるとする。無限を覚知すべき存在は、有限の数だけいる。だから無限自体も無数にあるとしている（「**無限無数**」）。

この無限無数という定義は、仏教では仏性とか如来性という語があり、それをふまえるとそれほど奇異な論ではない。これを清沢が論じる一つの思想背景は、衆生の心のなかに如来性が隠れて深奥に内在しているという「如来蔵」思想にある。『大乗起信論』では、衆生の心とは、それ自体で、生滅（妄）と不生不滅（真）が結合して和合しているとする。両面性を含んだ、個々人のあり方を「阿リ（頼）耶識」（アーラヤ識、alaya は貯蔵所の意）と呼ぶ。清沢にとって生滅性は有限とされ不生不滅は無限とすることができる。

だがやはりこの無限無数という定義は簡単にはうなずけまい。清沢のいう「無限無数」とは、無限は唯一と定義していたことと矛盾する。無限は、唯一かつ無数であるという話になっていき、論理を進めていくと論理矛盾がおきる。全体性としての無限を承認するとこのように論理矛盾が生じる。

では論理破綻しているのか。有限は無限の性質を有するとも言い得るとする。それを認めることはできるのか。実はこれを実践的に認めるものを自力門といい、有限者の内在的な無限を承認しないでいこうとするのが他力門なのであるという実践論になっていくのだが、ともかくこのような有限者に内在する無限（自力門）はあり得るのだろうか。

確かに有限者とはそれ自体で限定をつくっている（し、そのように定義してきた）。だが人間の心はどうだろうか。人間の欲望はどうだろうか。脳は有限な形式でしか物事をとらえることができないが、その求めるものは際限なく深い。宇宙は有限なのか、無限なのかを考えて、それが有限であるとするのならば、宇宙の外はなにだろうかと思うようなもので、人間の心は無限を志向しているように思われる。

だが全体性としての無限の承認は実証的な承認は不可能である。全体性としての無限は、それが無限なのか有限者が限りなく広く感じるような有限（無限とまではいえないもの）なのか、はっきりしない。ゆえに、この全体性としての無限はわれわれ有限者の感性における無限の承認である。つまり実証的な問題ではなく、われわれは無限を承認するような生き方をして、どのように人生に影響があるのだろうか、というような、問題は極めて主体的なものである。

「私」という存在も、そして私を包むこの世界も不可知なものであってそれは無限としか言いようのない大いなる広がりを持っているというような、感性的な直感における承認、人間（有限者）の生きる上での立場、信仰に関わる承認なのである。無限を承認すると無限の性質上われわれ有限者と対極をなす性質が有限者の世界に共存することになる。これは実証できないが、論理的展開としてはまずはそういえる。こういう言い方ができるだろう。有限者は、目には見えないものまで含めて、相互に依存し関係しあいながら生きている。この一つの個なる有限者ははかり知れない他の有限者に依存し、その生の土台を形成しているのであるが、一つの個なる有限者はそれを明確には認識できない。けれども、われわれはその有機的な存在のありかたそのものを無限として承認していこうという立場なのである。そして有限者が無限とこのような関係性を持つということは、有限者が本来全てのそのような他者（有限の総体）とつながっているものなのであるという、この「本来性」が、有限者の個人個人に内在的に備わっているとも捉えられるし、私の外のそういったはかり知れない無限に包み込まれて、有限でしかないわれわれが存在しているのであるとも捉えられる。このように無限との関係性を内在的にも外在的にも捉えられるということから、実践的に自己の内在的無限に重点をおく「自力」と自己の外を無限ととらえる（無限の中に、自己が内在している）ことに重点をおく「他力」という双方の考え方が生まれてくると考えられる。

繰り返しになるが、有限と無限に分けるという考え方が、どういった目的のために行われるべきか、その有限と無限という観念を持つことで、われわれ人間に利益がある視点はなにか。

このことについては、無限という観念は、宗教的な事柄・人間の信仰という視点において有益であると答えるべきである。

人間は生きる上で様々な分野の思想や実証的知識などと意識的・無意識的に関わりながら生きている。自然科学という広い分野では、科学的実証的に問題を理解していくために、対象は意味を有する数値に変換されて、有限な意味のある値として扱われる。このような一般的な学問分野では、有限であるということや数的無限や無際限数としての無限に意味を見出すことはある。例えば数学上の微分・積分などもそうである。だがあらゆるものを包むような無限ということに自然科学が意味を見出すことはまれで、仮にそれに意味を見出したとするのなら、宇宙論のような議論を除いては、それは実証的なことよりも、研究上の理念にかかわることなどであり、倫理や哲学といった分野になるだろう。

おそらく清沢が論じたい無限とは、われわれの観念や理念、また思考実験やあるいは生活上のなかで感覚される信仰などといった、われわれの主体的な観念のなかで承認されるものであって、実体的に実証することができるものではない。言い換えれば、現代の科学でもそれを実証することができていない。だがそもそも人間は実証することができるものしか承認することはできないのだろうか。では有限という限りが有る存在があるのであるから、その限りがないという存在をみたりふれたりそれがたとえ完全に認識できなくとも、それがあってしかるべきと承認していくことが何ら違和感のある思考でも信条でも、脳のはたらきでもない。

無限は不可知であってもその無限を想定して思考する学問分野は容易に成り立つだろうといいたいのである。それは主には哲学や倫理学そして宗教などである。

宗教や哲学や倫理学などでは、われわれの生き方にかかわる問題として「無限」が考えられている。これはなぜかを改めて問おう。それは、無限の性質に理由がある。無限は定義上において有限者と全く異なるあるいは真逆の性質を持っている。それゆえに、有限者の苦悩が、その有限者固有の問題において起こっているとするのであれば、かならず、無限という有限者に備わらない性質が求められ、あるいは無限の性質に有限者が近づくことが意志される。有限者自らの在り方を問い直す性質として無限は存在する。これは繰り返しになるが、無限は実体的に存在するかどうかは実証しえないが、有限者自らの在り方を問い直す性質を無限は有している。このことを仏教は歴史的に深く広い解釈を施しながら「無限」を徳のある尊体として、尊敬の対象としてきたし、その解釈や深い受け止めの歴史は、われわれ現代人にとっても傾聴に値するものではないだろうか。（もちろん他の宗教的伝統にも酷似した考え方が存在してもなんら不思議ではないが、筆者にそれらのすべての分野を網羅する能力は到底持ち合わせていない。）

全体性が無限であるかは実証することができるものではない。あるいはいまのところ実証できていない。だがわれわれが到底把握することができない全体性を無限と定義しよう、という方向性で考えていくことはできる。有限の総体が無限なのか、よりも有限の総体を無限と定義しようという方向性である。それから演繹的に考察していくと、唯一であり全てであり、完全であり、といった無限の性質を導出することは比較的容易であろう。そして、この先に論じていくことであるが、われわれが有限なるものと無限なるものをあえて承認して生きた方が豊かな生を歩むことができると論理的に導くことはできると考えてよいと思われる。これがいいうるならば、有限・無限という関係性を問うことが無駄なことではないといえよう。

先に、無限は、唯一かつ無数であるという話になっていき、論理を進めていくと論理矛盾がおきると述べた。この論理の矛盾により、全ての有限者に無限が内在しているので無際限数の無限が存在するという立場と、自己の有限者であるという自覚を強く持ち、唯一なる外在的な無限を覚知する立場が存在することになる。このように有限無限の定義が論理矛盾をきたすので、どちらの無限の見方も正しいが人間はどちらかの立場を取って生きていくという実践的な二つの方向性が成り立つ。一つは有限な自己の内に無限が個々に潜在的にあると信じて、自分の力でその無限を開発しようとする「自力門」の宗教である。またもう一つは有限なる自己という覚知から、自己の外に無限を認めかつ自己は無限の内（内部）にあるとして、無限の妙用に帰依する「他力門」の宗教である[11]。

われわれ有限者は、なにの力も借りずにこの無限に到達することができると考え、何かの媒介なく有限者が無限に到達するという立場は「自力門」である。これは有限が自力で無限を認知するあり方である。

一方、有限者が自らのはたらき（有限なるはたらき）でないものによって無限を認知するとなると、それは他力のはたらき・無限のはたらき（作用）によって、有限が無限に出会ったと考えるしかない。だがそのようなことがあり得るのだろうか。無限がはたらくということはどういう意味なのだろうか。次節ではそれを考える糸口にするために清沢の論点をもう少し深掘りしていこう。

四　語れない無限、語る無限

前節の内容をもとに、「他力門」の宗教が果たして本当に成立しうるのか、その問題となる事柄を整理していく。

無限は唯一という定義であり、無限は絶対という定義を先に述べた。であるから、無限がはたらくとか、無限が有限者に作用するということは無限の定義と矛盾している。作用というものは、AからBにはたらくといったように少なくとも論理上は、二者以上のなにかを想定しなくてはならず、これは無限の唯一や絶対といった定義と矛盾するようにみえる。無限は何かと互いに関係しあって相対的に存在することもあり得るか。無限が絶対という性質を持つと論じた点と矛盾するところをいかにクリアするのかという問題がある。無限は、なにかに作用するというふうに考えるならば、無限には絶対的側面ではなく、相対的側面も存在すると考える必要が生じる。それがありうるという根拠は、無限は有限の総体であり、無限は有限と同体であるという定義上、無限と有限の両者が別々に存在してはいないというところにあるだろう。

他力門においては、自己は有限者でありながら、同時に不可思議な無限なるものを感知することになる。これが成立するということは、無限が相対的側面を有することで、われわれのような有限者にはたらくということを本当に言い得るのかにかかっている。これが「他力門」が成立するかどうかに関わる大問題なのである。

清沢は、われわれ有限者の性質として「因縁果の理法」（因は直接原因、縁は間接原因、果はその因と縁が相俟って生まれる結果）があり、絶対無限にはそれはないことを以下のように『宗教哲学骸骨』の時期からすでに指摘している。

吾人転化の原則たる因縁果の理法を究明したるに際し茲に一の最大注意を要すべきことあり　他なし此理法は有限相対間の理法にして絶対無限界の理法にあらざること是なり…以下略

（『清沢全』一、一二頁）

これは言葉は難しいが、それほど難しい話ではない。こう考えてもいいだろう。われわれはなにかの原因がありなにかの結果が生じるという因果的思考・因果律からのがれることができない存在である。われわれは物事を観察したり、評価したり、何かを論じたりするときに因果的思考によってその手続きを踏むことになる。この手続きを踏んで、他者に何かを伝えるための文章や言葉を編んでいる。言葉というものがそのような性質を有しているのである。これは有限界の理法であって、「絶対」であると定義し対象を想定していない「無限」にはない理法である。

したがって以下の事が問われなければならない。それは、**われわれのような「因縁果の理法」を生きる相対的なものが絶対無限とどう接点があるのか**、である。これは「他力門」の宗教が果たして本当に成立しうるのかどうかの大問題である。

『大乗起信論』では、それと酷似した問いの立て方をしている。まず真如とは一切の存在と別のものではないのであるが、その真如なることにおいて語ることができない。そうならばどうやって人びとはこの真如に随順することができるのかというのである[12]。われわれは真如という限りなく不思議な真実性を実際に生きていながらも、それに目覚めていないという問題を抱えている。

そしてその問題の答えとして、真如には諸存在（万法）の迷いに随順し関係するはたらき（不思議業相）があると述べる。そのことについて『大乗起信論』では「不思議業相とは智の浄なるに依るを以て、能く一切の勝妙の境界を作すという。謂う所は無量の功徳の相は常に断絶することなく、衆生の根に随うて自然に相応し、種種に而も現じて利益を得しむるが故なり[13]」と教示している。

清沢は、このような考察を参考にしているのだろうが、無限が有限者の形式に従って因果的に有限者と関わるということがあり得ると考えた。

清沢は『試稿』の「〔二七〕无限ノ因果」「〔二九〕无限ノ因果」「〔三〇〕願行成就（无限ノ因果）」などにおいて、『無量寿経』の教説が因果の理法によって説かれることに注目する。それは『無量寿経』において、法蔵菩薩が因願を起こしその願いにもとづいた行を成就し衆生を摂取するといわれる内容である。清沢はそこに注目し、われわれが無限と関係するには、無限が因果の形式として語られる必要があると考えた。言葉を換えれば、無限が相対的な有限の形式に下降して現れることである（「**展現有限**」無限が展開・現象した有限）。清沢はこれを論ずるために、単に絶対無限と相対有限という対立概念だけでなく「**相対無限**」という媒介的な概念を持ち出してくる。「相対無限」とは、相対化した無限であり、われわれと関わるはたらきとしての無限のことをそう呼んだのである。

無限
　├ 絶対無限
　└ 相対無限　＝　展現有限

因と果を想定する以上、はたらきがそこにあると考える必要がある。因から果となる、その果への発火材のような縁、この因縁果の三つを想定しなければならない。因から果への変化というのは、そこに一貫性と変化を促すはたらきの二者が必要となる。因果の法則にのっとって無限が現れるというのは、それは一種のはたらきのようなものである。清沢はこれを「作用」とも言い換えている。そしてこの作用は人間という有限者に関係してくる無限の作用なのであるから、比喩的に有限者の性質を帯びたものとしてその作用は表現されるのである。次節では「無限の擬人化」と題してこのことを考察してみたい。

五　無限の擬人化——阿弥陀仏——

清沢の無限の相対化という考えは、「他力門」が成立するかどうかの根本的な思想に関わるものである。われわれも清沢の思索にならって、その無限の相対化というわれわれに関係してくるような無限ということを考えていく。まず経典に説かれる仏陀（阿弥陀仏）が、つまり無限が物語という形をとって最高の譬喩をもって擬人的に語られたということを高く評価する清沢の思索に注目してみよう。

清沢は、世界の本体（無限）は因果の形式で擬人的に語らねばならないという。世界の本体は「吾々の智力に向ふて説き、更に感情的に其体を慕わしむる即帰敬せしむると云には、人格をして方処を定め、因果を示して、即其果上の徳用によて、吾人を救済することの出来る尊体也とせしめねばならぬ[14]」というのである。清沢はこのことを「擬人化」、「擬人論」、「擬人主義」（personification）とも言い換えて論じている[15]。ここで「擬人主義」と清沢がいっているのは、『試稿』の中ではなく、時期としてはその数年前と考えられる。ここに述べられる「主義」とは現代人のわれわれからすると「-ism」といった英語を想像し、思想・信条の主張やイデオロギーを意味するように思う。だが清沢は（あるいはこの明治二〇年代の人々も同様かもしれないが）、「主義」という語に「-fication」という語を当てているので、現代語の感覚と当時の「主義」という語の意味が異なる可能性がある。「擬人主義」という清沢の用語も、「擬人化」というほどの意味として理解した方がよさそうである。

「擬人化」とは、言葉によってあらゆる現象を語るときに人間の身体的性格を適用することである。人類以外の生物だけではなく無生物無機物をも、われわれ人類と同様の身体的性格の作用があるように語ることである。法蔵菩薩が修行し阿弥陀仏となったという『無量寿経』の語りは、無限が擬人化され、われわれが無限と接点を持つために重要なものと清沢は理解している。

言語というのは概ね人間の身体的なはたらきから生じたものであるが、人間でないものにも適用され、それを特徴づけるはたらきがあることに、清沢は以下のように注目する。

今日吾人の使用し居れる言語は全く無意無心の物象に適用して更に人類の体性作用に関することなきか如きもの誠に多しと雖とも細に其本源を察すれは概子皆人類の体用より出たるものなることを知る此事たる未だ語言学者の深く注意する所たらさるか如しと雖とも蓋し其然るへき所以の理あるを見る

（『清沢全』一、一八四頁）

そして世界の本体（無限）を人間的に位置づけるという言葉の営みについて、清沢は「擬人論の真の性質にあうもの[16]」であるという。つまり無限を擬人的に語ることこそ擬人論の本領を発揮するところなのである。しかも無限が教説のように擬人的に説かれるからこそ、われわれに関わり、自己の心を問いなおす糧になるとも清沢は考える。清沢はその事について「吾人が元一本体を以て霊体と為す以上は吾人の自己心を尋ねて其善なり美なるものを集めて完全にしたるものを以て之を表彰せさるへからず　故に万象万化の本体なる霊体は其智十方に遍ねく其寿永久に亘り万徳を備へて円満し万昏を照して不断なるものと云はさるへからず[17]」というのである。

また清沢は無限は（有限者と接点のある）無限の徳性を無数に有するのだから、人格的な性能をも備えていると考えている。これは清沢の言葉では「心霊的性能を完備[18]」しているというのだが、「心霊」とは『在床懺悔録』ではこの言葉に「パーソナリチー[19]」（personality）と付しているので、人格とか、精神、人間としての存在、という意味である。また、『試稿』では「心霊」について「吾人各自の如きもの[20]」としている。何れにしても、「心霊」とは、われわれ人間の持っている性質を表わしており、取り立てて奇怪な意味合いは何もない。誤解のないように述べておくと、心霊とは、現代で使われる実体的な霊や心霊現象などの用語とは全く意味が違う。

無限がわれわれに尊いものとして関わるには経典のような美しい譬喩で擬人的に語らねばならない。こういう考えから清沢は経典の神話的言説に意義を見出していく。このような清沢の思索は経典の非神話化ともいえよう。非神話化は、ブルトマン（Rudolf Karl Bultmann, 1884）により提唱されたものである。非神話化とは、神話的な言説を排除して合理化するのではなく、その言説の実存的解釈をなした近代における神話的表現の再評価のことを指すとするならば、清沢の姿勢もそれに近い。つまり明治時代の仏教界では「西方浄土」などの神話的な思想を訂正しようとする考えがあったが、清沢がそう主張している言葉はないし、逆に哲学的思索により神話的言説を無限の最高の譬喩表現であり、それがなければわれわれは無限と出遇うことができないというほどに経典に対して強い意義づけをしている。

清沢は、仏がわれわれ人間の持っている性質を使用して比喩的に表現されてきた歴史を高く評価している。これはおよそ、無限がわれわれ有限者の性質を持って、相対的な無限として表現された具体例の一つであると考えるのである。

このように清沢は、無限の擬人化という表現を採ることを高く評価してきた。これはわれわれ有限者が無限に出遇うことを可能にする重要な視点である。だが依然として、重要な問いが残ったままである。つまり、このような有限で相対的な性質（因果的な性質）を帯びた無限ということが、なぜあり得るのか、そして本当にそれは哲学的な有限・無限の論理から導き出せることなのだろうか、またそのような清沢の相対無限という理解の仏教思想史的な関連性を考察することは可能なのだろうかなどの疑問が残る。清沢は宗教哲学者として、このような相対無限ということを論じることができる論理的必然を如何に与えていくのだろうか。これらの問題点に次節以降では注力していきたい。

六　仏身論としての他力門哲学

前節では、清沢の論じた無限の擬人化という内容を考察した。その折に疑問に残ることとして、清沢のいう無限と有限の関係性の理解は、仏教思想史としてどのようなところから生じるのだろうかということをあげた。

無限の絶対的側面と、無限の相対的側面（擬人的側面）ということを仏教思想史にさかのぼり、曇鸞教学のなかで考察することができるとしたら、曇鸞の二種法身と呼ばれる仏身論を手がかりする必要があるだろう。曇鸞は独自の法身の用語である、「法性法身」「方便法身」という語を生み出し、これにより法身理解を深めたことで知られている。

まず曇鸞の仏身論を理解するために、仏教学の研究では、二諦論理の受容史に尋ねることが行われているので、それにならって考えていこう。まず二諦とは、「第一義諦」と「世俗諦」として龍樹が論じているものである。「第一義諦」とは空性という龍樹が『中論』において説いた真理の他に真理があるのではない勝義諦とされるものである。チャンドラキールティ（Candrakīrti）の『プラサンナパダー』（Prasannapadā）によれば、「言語表現と言語で表現されるべきもの、知と知られるべきもの等と規定される世間の言説を容認しないでは、勝義を教示することは決してできない。そして……言説に依拠しないで勝義は示されない。勝義を証得しないでは涅槃は証得されない」[21]という第二四・一〇偈をもとに、「第一義諦」と「世俗諦」の相即関係を見出すことができる。世間の言説である世俗諦とは、あたかも、水（勝義）を求める者がまず器（世俗諦）を手にするごときであり、求める水は勝義諦にあると譬えられているように、「第一義諦」と「世俗諦」の二諦の関係は互いに役割を有する相即関係にあることを論じているのである。

先学の長宗博之氏は、曇鸞の仏身論が、僧肇の二諦論理の受容と展開にあることを指摘しているなかで、次のように論じている。これを要約すると、龍樹の時点では「「第一義諦」と「世俗諦」の二諦は相即という関係にあるだけで、「第一義諦」そのものに「世俗諦」に展開していくはたらきを見出すことはできない」が、『注維摩詰経』に述べられる僧肇の方便理解は、「般若に依って照察された「用」的側面の顕れと見ており、二諦相即の論理からの展開と見做」すことができ、寂用の論理が見られ、「寂」なる面と、「用」（はたらき）として相好荘厳という差別世界への展開が窺えるということを指摘する。[22]曇鸞は『浄土論』を註釈しつつも、原本の理解に依らず、「一法句」「清浄句」「真実智慧無為法身」の中に、寂用の論理構造を用いた独自の見解を示していることになる。また、菩薩四種荘厳の中の「無余供養」の箇所にも、「『注維摩経』の僧肇釈の部分を引き、無量の形像を示現して、衆生の機に応じて応化の身を現し、説法利益されることを明かしている」と指摘している。要するに、僧肇より前には「第一義諦」を証得するための手続きとなる仮の言説と解釈されてきた「世俗諦」が、僧肇や曇鸞に至ると「世俗諦」に「用」（はたらき）という面が重視されるようになるということである。

これを無限と有限でいえば、無限が有限者へはたらく（用）というこの作用面を思想史的に展開していった歴史と言い換えることができるように思われる。

曇鸞教学に強く影響を与えた僧肇は『注維摩詰経』において、法身に関する言及を行っている。『維摩経』の中で具体的に仏身について言及しているのは、「方便品」「弟子品」「見阿閦仏品」である。その注釈である『注維摩詰経』の「方便品注」「弟子品注」「見阿閦仏品注」にその言及がある。竹林遊氏によれば、法身仏は「弟子品注」において、「無生」「無為」といった本質があるからこそ、衆生へはたらくことが可能であり、尚且つ「無不生」「無不為」で表されるように作用の普遍性・自在性もあるものと捉えられており、これらは『大智度論』にみられる報身的性格の法身と、相を有しない仏身の二種が『維摩経』においても確認でき、これを、僧肇は『注維摩』においても背景としているのであるが、僧肇は、一貫して法身を虚空身として理解することによって、「仏の二種の身がある」とは明確には言わず、法身仏が具える本質とそのはたらき（作用）として理解することに徹底していると指摘している。[23] それは僧肇が法身に関して「無為而無不為」などと記すことに現れており、ここに僧肇の独自性があるとされる。つまり、法身仏の、本質的側面と世間への作用面の法身観を「無為而無不為」と示したということができよう。

これら僧肇の言葉は、深淵で難解な仏教の言説であるが、おそらくその趣意は法身仏の、本質的側面と世間への作用面を別々の本体として捉えないということである。清沢も無限の絶対・相対という用語を使用して同一尊体の二側面として論じたと考えられる。

法性法身 ― 絶対無限 ― 凝然真如
方便法身 ― 相対無限 ― 随縁真如

清沢はさらにまた、無限を絶対的不変面と相対的随縁面として考察している。これは『大乗起信論』の真如縁起の教学である法蔵の『大乗起信論義記』などを手掛かりにしたともいえよう。これは清沢ら明治期の東大出身者の学術的素養を知る手がかりとしても興味深いものである。清沢は、無限について、不変真如（凝然真如）と随縁真如の二側面があるとし『大乗起信論』の注釈書にその根拠があることが知られる。『試稿』には、『大乗起信論』の影響による考察がほかにも確認できる。例えば「覚、不覚」、「生滅不生不滅」、「妄念・妄想」という用語で、清沢の有限なるものの自覚の統一とか、霊魂論の考察などに現れる。またとより、清沢が有限無限という定義付けのなかで、「有限と無限が同体である」とか、「有限の内に無限がある」という根拠が、『大乗起信論』の真如万法の関係を論じたこの思想からヒントを得たものである可能性が高い。

この『大乗起信論』における「離言真如」、「随縁真如」などの真如の論述や、「不思議業相」という唯一なる真如が衆生の迷いに従って無量の相となりはたらくという視点などは、清沢の『試稿』の「無限の因果」という思索に影響を与えている。

僧肇の説や如来蔵系の思想は曇鸞の思想背景となっていることが曇鸞研究の中で指摘されている。曇鸞と『大乗起信論』は思想史的にいえば、『大乗起信論』の方が後であるが、この如来蔵思想が、曇鸞の法性法身と方便法身の関係を了解するのにもわかりやすいと清沢は考えた可能性がある。清沢は曇鸞の思想背景を深く承知の上であえて無限等の言葉に言い換えて論じていると考えられるのである。

このように見てきた時、絶対無限として「法性法身―離言真如」、相対無限として「方便法身―随縁真如」として衆生の迷いのすがたに従って様々なすがたとなり、はたらくという側面があり、僧肇などに影響を受け、それを展開した曇鸞の法性法身・方便法身の理解と、『大乗起信論』の真如観は清沢にとって連関して理解されていることが知られる。このように、清沢の議論が仏教思想史に遡及することが可能であることを確認したので、最も単純化した問題をここで再提示しておきたい。この無限が有限にはたらくということ自体が一体どのようなことなのか。これが最も単純な重要な問いになるだろう。

七　主伴互具の浄土――浄土の荘厳――

前節では、法身の「寂」「用」という点、真如の「離言」「随縁」などといった仏教思想史的な側面を考察し、これらの思想に則って清沢は思索を行った可能性が高いことを述べた。ゆえに、仏教思想史として清沢の『試稿』を読むと、このような系譜からの影響をまずは指摘することができるのである。

だが清沢が新たな展開をみせたのは、これらの仏教的議論をその言語空間でおこなわず、この仏教的議論は、哲学的にいえば、「無限が有限にはたらく（作用する）」ということを課題としているものなのであるとシンプルに捉え直したことである。こういう哲学的議論に展開することはとても重要で、仏教でない言語空間で、仏教の核心的な課題を議論することができ、また仏教の用語がわからなくてもこれを論じることができると考え、それに挑戦するような態度を、明治時代の新しい手法として清沢が取ったものなのである。

だが誤解のないように付言すると、この新しい言語空間で論じるという手法は清沢だけがとったものではなく、井上円了（一八五八〜一九一九）や村上専精（一八五一〜一九二九）、中西牛郎（一八五九〜一九三〇）といった著名な学者も有限・無限などの用語を用いて仏教を論じる。哲学用語を使用した仏教の再構築ということは清沢の独自性ではなく、これらの人物との影響関係から考えた方がよいように思われる。清沢の独自性はそれを他力門の仏教の考察、曇鸞教学の探究に対しておこなったことなのかもしれないと暫定的に述べておきたい。

清沢が注目した仏教思想史は、清沢らしく最も単純化していってしまえば、「無限が有限にはたらく（作用する）」と捉えるようになっていった歴史（思想史）なのであって、これはわれわれに仏教が届くかどうかに関わる重要な問題を扱ってきた仏教の歴史であると清沢は考えるのであろう。

この無限が有限にはたらくということ自体が一体どのようなことなのか。そのために今までの視点から一歩展開して本節では「浄土」という視点からこれを考えていく。まず浄土を考えていくにあたって、清沢にならって以下の言葉に注目してみたい。

『論註』「荘厳種々事功徳成就」では「「性」者本義也。能生既浄、所生焉得不浄。故『経』言、「随其心浄則仏土浄[24]」」とある。仏の心がきよらかであるのだから、そこから生じた仏の国土もきよらかなものであるという『維摩経』の「随其心浄則仏土浄」によって述べられた一節である。清沢もこの言葉を引用しているが、『維摩経』の一節として「随其心染則世界染随其心浄則仏土浄[25]」と『試稿』には引用している。

この語は、『維摩経』仏国品に見出されるものである。『維摩経』仏国品は、浄土はどのように実現されるのかが議論になっている。菩薩が浄土を建立したいと欲するならば、まず自らの心を浄らかにしなければならない。その心が浄らかであるときに仏土（仏国土）も浄らかとなると述べるものである。

清沢は以下のような文脈でこの語を使っている。

方便の第一（無限の因果）は、願行（因）と其の成就（果）との二なること、前段解説するが如し。其の願とは何ぞや、自利利他の大道心より起れる願望にして、自利の為には、已に万徳を円満せんとし、利他の為には、一切万霊をして各々万徳を円満せしめんとする希望に外ならず。所謂極楽浄土、或は安楽世界の建立、即ち是なり。此の浄土世界の成立に就ては、主、伴、境界（即ち所謂仏荘厳、菩薩荘厳、国土荘厳）の各々万多の徳相を具へて、無尽無窮なりと雖も、要するに二利円満の徳相を構設せんとするに外ならざるなり（『清沢全』二、七九頁）

と述べ、さらにこの無限の願いによって現れ出る行い（行業）は、身業・口業・意業のいわゆる三業すべてが「一心の発動」であり、この心が浄らかであることが根本であるとしている。清沢はこのことの根拠資料として『維摩経』の「随其心染則世界染随其心浄則仏土浄」を引用している。これは願行によって成就する荘厳の根本がきよらかなものであるということを論じる『維摩経』の引用である。清沢には『論註』の内容と同じことをいう意図が見受けられる。無限の願いによって現れ出る行い（無限の願行）が、きよらかであるから、そのはたらきによって、世界がきよらかであると説かれるのである。無限が有限にはたらくという構造をこのように伝統的に教示してきたのであるが、このことがなぜいえるのかという問いに答えるために、さらに問いを細分化して、問いを明確にしておきたい。①無限のおこないが無限の時間をかけて完成する場合、それはわれわれ有限者にほんとうにはたらきうるのか、②、①に答えおわり、無限が有限にはたらきうるとして、その願いやおこないはなぜきよらかであると断言できるのか、（無限の願行がきよらかであるという根拠を、無限の性質とその無限に有限者が関係するという構図から導出することができるのか）である。これに答えることができれば、無限が有限にはたらくという表現を違和感なく使用できると思われる。二つの疑問を整理してみよう。

一つ目の問い①は、清沢が『無量寿経』に基づいて論じる「無限の因果」は、無限の行業が永遠に続き終わることもなく完成されることもないのだから、従ってわれわれには無縁の話であって、無意味なことなのではないか。このような問いが当然生じるであろう。

二つ目の問い②は、徳についてである。言い換えると、浄土の願行がなぜ浄らかであると断言できるのかである。無限ということは定義上、様々な人間が認知しうる心の性質や行為としての種類を全て総体的に具えているものであると考える必要がある。つまり無限とは有限の総体であると定義したので人間が考える善も悪も全てそのようなものが含まれているという定義になってしまっている。つまるところ、善も悪も徳も悪徳もそのような区別がなく、総てをひっくるめたような世界観を無限という言葉には抱く。であるのに、無限は、心が浄らかであって、行為は万徳をそなえているといっている。これはなぜこのように論じることができるのだろうか。その根拠は何か、ということである。人間の持っている悪や邪見といった面までもが無限に備わっているといえるのだろうか。それとも『維摩経』の説く「心浄則仏土浄」のように、仏土の浄らかな心という面しか、無限の因果によって成就する国土にはないのであると本当にいえるのだろうか。

さて①の疑問から考えていく。清沢は「無限の因果」という課題が時間的に成立し得ないものではないのかという根本的な疑問に如何に答えるのだろうか。

これを考察するために、『論註』の性功徳をみてみたい。まず『論註』の性功徳を釈するなかに「果の中に因を説く故に性と為す」とあるところの織田顕祐氏の以下の文が考察の手助けとなると考えるので引用してみたい。

> 『中論』の「過因果品」では因と果とは不一不異であることが、「乳と酪」関係で説かれている。従って「果の中に因を説く」とは、「酪における乳のあり方」が浄土であるということになる。これはちょうど『涅槃経』が「如来性品」で「乳における酪のあり方」として「一切衆生悉有仏性」と説く事と反転している。つまり、「浄土」と「仏性」は、同じことを反対の立場から見ていることになるのである。

このように考えてみると、曇鸞が「三論と仏性」を学んだとされることもよく首肯されるであろう。このように『論註』は、具体的な浄土の説明と発想の多くを『維摩経』に依りながら成り立っているのである。「安楽浄土」という用語は、「安楽国といってもそれは浄土なのであって衆生を救済しようとする仏・菩薩の方便が形をとったものなのである」ということを表す点に主眼があったと見てよいのではないだろうか。

（［織田　二〇〇六・三〇～三一頁］）

このように織田氏は述べている。「安楽浄土」という果の中に「衆生を救済しようとする仏・菩薩の方便」（因）を説いた、それが「性」という言葉なのである。これを筆者なりに言い換えるのであれば、浄土とはその国土が安らかで皆がすでに救済されているものなのであろうが、だがそれに主眼があるのではなく、その衆生救済の意志（方便）にこそその主眼がある。浄土の本性とは、その浄土という果にあって因にはないと言いたいのではない、その因にこそその本性があると捉えている。

このように考えていくと「無限の因果」は文字通りの無限の願行が要求され、永遠に終わらないのだから無意味なものであるという議論は成り立たない。なぜならこのような見解は果に対してのみその主眼を置いてしまっているからである。だが、浄土の本性は、「果の中に因を説く」ということであるのであれば、無限の因果はその完了を考慮しなくても意味のあるものとなる。

清沢は、唯識説にみられる「種子生現行々々薫種子三法展転因果同時」の説を引用していることも注目される。清沢は『試稿』において、この①の疑問に答えるために因果が同時に両存することがあり得る例をいくつも出していく。

身近な例でいえば、ご飯を食するという行為も、消化は完了していないが、ご飯の栄養はすでに人の体を流れており、食の効果は消化の完了を待つ必要はないようなものである。またある人が東京に行こうと決意した場合、東京に行くということは結果であり目的である。この目的の観念は因であり、それが東京に行くという旅行を計画し実行する刺激力となる。つまり東京に行くという結果が完了していることよりも、それが因としてわれわれを行動させることが実生活の中で大きなことである。このように考えていくと、無限の願行がはるか昔から始まっており、願行の完了は考慮しなくとも、その無限の願行の徳はそのなかで発せられ成就していると考えてもよいだろう。この果の徳が、無限の因果の完了を待たずとも確認することができることに大きな意味があるのである。浄土について果のなかで因を説くということに基づいて解釈すれば①の疑問は簡単にクリアできるだろう。以上のように①で疑問とした「無限の因果」は永遠に終わらないのではないかという疑問について考察した。

次に②の疑問を考えていこう。仏土の浄らかな心という面しか、無限の因果によって成就する国土にはないのであると本当にいえるのだろうかという問いである。

安楽浄土とは、衆生を救済しようとする仏・菩薩の方便が形をとったものである。言い換えるのであれば、無限なるものが、なぜ、衆生救済の意志を有するのであろうか、そしてそのものは、無限の性質を有するはずなのに、全ての徳を備えたものとだけ表現され、悪性が備わるとはいわないのはなぜだろうかという問いである。

そのようなものが実体として存在するのかということは問題ではない。実体として存在するのかということよりも、われわれが無限とかかわる時に、われわれが無限を尊いものとして感じ、またそれを尊体として解釈することが可能であるという根拠さえ、論理的に導くことができればよい。言葉を換えれば、無限とは人間の悪い性質も含まれる全体性なのであるというような解釈ではなく、無限に対する有限者自身の本来的な捉え方はそれとは別にあると示すことは可能なのだろうかということである。

これに答える。清沢は、無限が心霊的な面を有するからといって、人間の悪なる性質も備えて、悪として有限に関わるとはいわない。清沢は「独立無限こそは真に完全無欠の心霊たる可けれ　然れとも偏頗邪悪の心霊にあらず悲智円満の心霊なり」[26]と答える。

なぜこう言えるのか。まず「偏頗邪悪」なるあり方は、有限者がその本質を見失い個々独立しているという妄念によって起きる。だから無数の有限の相依り相対して関係性を構築している総体としての「無限」にはその妄念性がない。さらに、無限とは有限の相関係した総体であるので、無限はわれわれに対して、われわれが独立して存在していると思い込むことで見失った他者との関係性を、目覚めさせ教示する尊体として関わる。だからわれわれと関わる相対無限は邪悪なる心霊とは表現されないのである。

定義により無限とは唯一である。唯一とは分割されないこと、つまり無分別であることを意味する。無分別であるので無限とは、主我的利害関心（self-interest）がなく、彼我の対立固執のないものをいうので、無限とは平等を意味する。[27]これらの無限の性質は、有限者には明瞭にはそなわらない。無限は、無限の内部にある有限者に「徳性（徳の性質）」としてはたらく。以下の清沢の言葉を見ていただきたい。

无限（或は无限を知覚せるもの）に至りては彼箇別の観念は是れ只一面の表現にして更に彼我平等一体の一面（寧ろ実相）あることを覚了するが故に他の痛苦は即ち之を自の痛苦と感し他の歓楽は即ち之を自の歓楽と感するか故に自利の全きか為には利他の全きを要し利他の成就は即ち自利の成就と感知するか故に其大智慧は忽ち大慈悲に転して茲に摂化救済の大方便を提起するに至る是れ全く必然的の事項にして決して然らさる能はさることなりとす

智慧方便の必然なること此の如しとせは今実際上に在て既に無限の存在を確信する以上は必すや其摂化救済の事業を仰信せさる可からさるなり　若し之を仰信する能はさるものは未だ真個の無限に接せさるものなり世の信者たるもの以て自ら省検すべし

（『清沢全』二、六五頁）

つまり無限は「平等一体」という実相である。ゆえに自己と他者は別ものではない。だから他者の痛みは自己の痛みであり、他者の歓びは自己の歓びである。無限は同体一体なるもので有限者は無限の内部に存在するものだからこそ、その「感じ」を有限者に与えると解釈することができる。無限は、他者と苦痛を共にしようする意志の源泉である。この問題は『論註』においては「実相を知るを以ての故に、則ち三界の衆生の虚妄の相を知るなり。衆生の虚妄なるを知れば、則ち真実の慈悲を生ずるなり。真実の法身を知れば、則ち真実の帰依を起こすなり。慈悲と帰依との巧方便は下に在り」[28]と説かれている。真実の相を知ることによって、真実の慈悲と真実の帰依を起こす、という展開が清沢の立場に反映されている。

無限は有限の総体であるから無限自らの完全は、利他の完全であることを要求する。[29]無限が無限であるという自利的面は「**智慧**」である。無限が有限者へ無限への覚知を促す利他的面は「**慈悲**」である。そしてわれわれに関わる実際面は「**方便**」という意志的作用である。これは清沢の言葉では以下にあたる。

其自利の徳性之を智慧と云ひ利他の徳性之を慈悲と云ふ（此智慧慈悲の二用は前智、情に相当するものなり）此二徳性よりして実際の行為を生ず　之を方便と云ふ（意に相当す）　（『清沢全』二、六四～六五頁）

無限の慈悲方便（意志）の目的は何か。それには清沢は「正しく迷界の一切生霊を摂引して自家同一味の伴類たらしめん〔と〕する」ものであるという。これは無限（阿弥陀）は、有限者に、どんなものでも共に家族であり仲間であるという事実をすでにあたえている存在であり、かつわれわれにその実感をも与えようとするということである。[30]

無限は有限者がすべての他者（有限者）と「眷属」「自家同一の伴類」であるように、と願いその願いを成就する。無限は、自利的には、無限自身を成就する（衆生世間の仏荘厳〈主荘厳〉）。また利他的には眷属（仲間）荘厳を成就する（衆生世間の菩薩荘厳〈伴荘厳〉）。また共利的には主と伴が共享する（ともに楽しむ）有機的な国土（器世間の国土荘厳）を成就する。[31] 以下は清沢が願の無量の徳相を自利、利他、共利の三種に集約させて述べる箇所である。

自利の願は其結果として主荘厳の徳相を成する所のもの仏の光明寿命等の徳相に関する願是なり　次に

利他の願は其結果として眷属荘厳の徳相を成する所のもの眷属の光明寿命の无量を願する等是なり　此内特に一切の有限を摂取するの願を他力教の要願とす　第三に共利の願とは主伴の両者が居住する所のものにして国土清浄純善无悪妙楽円満等の徳相を願する所のもの是なり
（『清沢全』二、八〇頁）

このように清沢は『論註』に基づいて願の功徳を考察している。

願 ｛ 自利的 ― 主尊荘厳
　　 利他的 ― 伴（属）荘厳
　　 共利的 ― 国土荘厳

無限とは、他者とわれわれが同一の本体であることを感受させる。従って「他の痛苦は即ち之を自の痛苦と感し他の歓楽は即ち之を自の歓楽と感する」共感を生む源泉である。それと同時に無限とは「摂化救済」の意志が生じる原理である。その意志的なはたらきは「自家同一の伴類」という共同的な社会を実現させようとする源であるとされている。このように無限（＝阿弥陀）の願いは社会性を持つ。

清沢は利他的伴荘厳という「救済」の意志（因願）が生じるところに最も注目する。この利他的なあり方は、有限なわれわれは基本的に持ち合わせていないものである。有限界では個々別々に存立しているというわれわれの妄念が先行し、王と従者が交代しあわないように、どちらかが互いに引き下がるということがないからである。だが、無限の実相は違う。適切な言い回しではないかもしれないが、無限とは例えば、王が自らの位を捨て全ての従者に王になるように勧め導く因となるようなことで、これほどまでに有限者では推し量ることが難しいだろう。だが、無限の性質は定義上、無数の有限が真に互いに依存しあいながら成り立ち、お互いを無限数の有限が成り立たせ合っている総体なのであり、そこから「主伴互具」ということが実相なのであるとすでに論じたものだから、今こう言ってもそれほど奇異なものではないだろう。有限はこの無限の実相を構成している一員でありながらそれを忘れている。無限は無数の有限の総体であり、その主尊となるものを無数の有限が存立させ、またその主尊となるものが自在に入れ替わる。つまり主が無限数の他者の伴としても同時に機能していて、無限数の他者である伴は、無限数の主となるべきものである。主伴が共に共存し、同じものの中に両立する世界であり、容易に有限者が推し量ることはできない。このような有限者に明瞭に具わらない性質の無限が、有限の全てを包括している全体性としての無限である。

譬えると、ある有限の信心が蓮華の華が開くように開花し、無限という果実が生じると、この無限は無限数の有限者の信心開発の因となる。すなわち無限という主尊が伴属となって戻っていき、あらゆるものを主尊たらしめようとはたらく。因果同時を論じる箇所で述べたように、これは因と果が自在に両存し互いを構成しているようなものである。清沢にとって「主伴互具」と「因果同時」は、同じことを別の角度から述べた事柄と思われる[32]。つまり有限と無限の性質から考えていくと、この荘厳が無限の利他的作用（はたらき）で構成されていると考える。

このように浄土荘厳としての主伴互具にまで触れることで、無限の主伴互具という性質上、無限の果が同時に有限者を開発させる因となることが奇怪なる論理展開ではないことがわかる。このように無限が有限者を開発させる因となっていくことは、無限の有限者への利他的作用なのである。すなわち無限が有限者にはたらくということは、無限の性質の箇所でも論じたように主伴互具の浄土という浄土の本質そのものに根拠があるのである。(33)

最後には清沢の議論が「還相回向」ということに着目した場合どういう議論ができるのかということにふれてこの論考を終えたい。

八　還相回向についての寸考

清沢に還相回向があるのか。これは数十年前から提起されている清沢への批判である。この問題については本書の市野氏の論考が伊香間祐学氏の意見の詳細をまとめているので、参照されたい。

この批判は、還相回向を社会的実践論としてとらえるというところからくるものと理解してよいと思われるが、まず還相回向を社会的実践論としてとらえることには賛否があり、必ずしもスタンダードな見解とはいえない。この見解には文献学的根拠はないが、還相回向として語られる意味内容を広義に引き延ばして理解していく場合に社会的実践論として受け取ることができるかもしれないと筆者は考えている。そもそも伊香間氏がいうような「清沢には往生浄土とか、往相・還相、そういう考えがない」という見方は、清沢の『試稿』や『在床懺悔録』などのまとまった思索を見れば、それらを熟読せずともその見方が間違っていることは明白で、むしろ清沢の中心課題であろう。

しかし清沢が還相回向をどのようにとらえたのか。これについては一考する価値がある。清沢は『試稿』においては還相回向という言葉を一か所、往相・還相という言葉として一か所、使用している。他に回向という用語は、他力回向などと使用している。清沢は、還相回向という言葉を取り立てて、それのみに注力して詳述している箇所はないが、回向という用語は多用している。このように清沢が還相回向という用語を多用しているわけではないことが、清沢の還相回向論を読み取りにくくしているのは事実である。だが、この『試稿』のみをみても全く論じていないわけではない。これを最後に扱ってみよう。

伴属荘厳の由来出処は既に之を説けり　而して此荘厳の因果は実に无限の夙に設計せる所にして特に方便の第二第三段は全く此事なり　今其第二有限の信心を略述せば是れ上の蓮華開発の処に現出する新生の蓮実其物なり　抑蓮の生長は他の生物と同しく実より華を開く華中に結（成）ひ展転開成して次第に繁植するものなり　今无限の開発亦之に同し最初に一无限の開成するあれは其因果中に他の有限の開成を包蔵し此増上縁に依て開成せる无限も亦其他の有限を開成せしめ展転引導して開発止むことなし恰も蓮々転生して繁植止まさるが如し　只蓮は有限生のものなるか故に一定の期を過ぐれは古蓮は次第に枯死散消すと雖も无限は其名の如く无限生のものなるか故に此の如き死消あることなく各自の意楽に応して（還相回向）変現応化の事あるの差あるのみ

（『清沢全』二、八五頁）

伴属荘厳を論じた前節では、以下のように論じた。ある有限の信心が蓮の華が開くように開花し、無限の果が生じる。この無限という主尊が、無限数の有限者の信心開発への因となる。主尊が伴属となって戻っていき、あらゆるものを主尊たらしめようとはたらく。つまり無限の果は、同時に因になることによって無限の願行を修する有限者が認識できる形式へ展開現象すると論じてきた。

この現象を蓮の華で譬えたのは譬喩であって、本来は蓮の華のように有限な生ではなく、無限の生であって死消することはない。永遠に完了しないというのは無意味なことなのではなく、この主伴が互いに展開し、無限の果実を生じさせ続ける「相続」の尽きることのないはたらきをいうのである。『試稿』にはこの自在なはたらきを「還相回向」と捉えていることの他に還相回向という言葉はどこにもない。増上縁によって開成した無限が展転し有限を引導する。これが還相回向である。

もう一つ『試稿』とほぼ同時期のメモと思われる「他力教哲学」というタイトルで全集に収録された手記をみてみよう。

（一）
自利　利他
往　還　二相
有限ヨリ無限―往相
無限ヨリ有限―還相

（二）還相回向　非悟後却迷

（三）往還必然

（『清沢全』二、二九頁）

この手記から「有限ヨリ無限―往相」「無限ヨリ有限―還相」の文に注目することができよう。これを今まで論じてきた『試稿』の思索に照らし合わせて考えると、無限の因果として、無限が相対化して有限者に作用する側面とは還相回向を表している。逆に有限から無限へ還復する、言い換えると因である願行から無限の願果を得るという側面は往相回向としてとらえていた可能性がわかる手記である。このように見ていくと、清沢は『試稿』において長く還相回向の事を考察していたと考えてよい。

「還相回向」という言葉そのものに社会的実践論の意味を見いだすのは、清沢の『試稿』からは簡単には難しく、まずそれなりの手続きが必要である。ならば清沢の思想に社会性が問えないのかといえばむしろ逆で、例えば主伴互具という浄土観一つとっても、これは有限者であるわれわれの社会性を批判しうる視点となるであろう。

清沢の議論はまだまだ続く。なぜ、無限の生は消えることがないのか。それは実体論としての生死ではない、「業」論としての生とはなにかを考えていかねばならない。このことはまたどこか別の機会に丁寧に論じることにしよう。ここではいったん清沢の捉えた浄土荘厳としての主伴互具の世界に触れることができたことに満足して、この論文を終えることにしよう。

結論

本論では、曇鸞教学という視座から、清沢の他力門哲学を考察した。清沢の他力門哲学を論じるにあたり、主要テキストは『他力門哲学骸骨試稿』（『試稿』）に定め清沢の思想を探っていった。近年まで、清沢の他力門哲学に対しては、様々な仏教学的基礎や学的背景が指摘されており、その中で『論註』も指摘されてきた。だが、『論註』の思想基盤と『試稿』の関係に踏み込んで考察のテーマとしているものはほとんどないと思われる。これによって、まず、第一節・第二節を通じて『論註』の仏教思想基盤と、『試稿』において清沢が引用する仏教系の資料に関する関連性に着目し比較することによって、客観的に『試稿』の主要課題を推定することにした。

これにより、『試稿』は、『無量寿経』の課題を『論註』において読み解くということに一貫しており、その課題のもとでさまざまな経論を引用しているという見立ての上で考察していくことにした。

第三節からは清沢の具体的な思索をもとに考察していった。第三節では有限無限という生涯清沢が大切にした哲学的用語をまとめ、第四節以降の考察の基盤とした。第五節では、経典などの言説を清沢が無限を擬人的に語ったものだという評価の仕方をしていることに着目し論じた。第六節では、仏身論に着目しこれを論じ、第七節では、「主伴互具の浄土」といった浄土観に着目して論じることにした。最後に第八節では、『試稿』のなかで述べられる還相回向について考察した。

清沢の有限無限という言葉を用いた他力門哲学としての思索の一部に焦点を当て、主伴互具の浄土という浄土観をみていき、還相回向の問題に触れるところで本論は終わりとなっている。清沢のユニークなところは、『無量寿経』における浄土思想の主要な概念が、有限・無限の関係性から演繹的に論証できると考え、論を組み立てていることである。清沢は仏教用語を別の言説空間に置き換えそれに加えて、主要な論点を極めてシンプルに提起をする。これは尋常な仏教経典の読み込みでは成し得ない手法であり、清沢の深い仏教理解を三〇代前半のこの『試稿』の思索の中に窺い知ることができる。

清沢の浄土観は、清沢の生涯の思想に関わるものである。あるいは清沢の社会観の基礎といえるものである。清沢が生涯を通して持つ社会観（世界観）には、「眷属」、「自家同一の伴類」「主伴互具の浄土」などの思想が基礎に置かれ、清沢はそれが実現する事を願いとして持ち続けた。清沢が晩年にも、僧肇などの影響と思われる万物一体という思想を持ち続けていき、「如来の子」という立場を重視した。そしてそのような思想的な連続性から、万国同胞という思想や「世界市民」という思想をもつギリシャの哲人エピクテトスに共感を持った。

この東西問わず様々な思想を偏見なく読み込む思想との出会い方は、清沢の凄みであり、驚かされるところである。

それら生涯を通した思想への共感の背景に、「眷属」、「自家同一の伴類」という無限の共利的なとらえ方があるのではないかと考える。このように、清沢の社会観・倫理観の根幹にすえられたものが、曇鸞から学んだ浄土観、主伴互具の浄土観であった。

註

(1) 〔西村　一九七三・一五八頁〕。
(2) 〔角田　二〇〇四〕〔安冨　二〇〇四〕。
(3) 〔角田　二〇〇四〕。
(4) 『清沢全』二、四二三頁。
(5) 〔宮井　一九七〇〕〔石田　一九七一〕〔幡谷　二〇一〇（一九七〇）〕〔田中　二〇一三〕〔長宗　二〇一八〕〔織田　二〇〇六〕。
(6) 〔長宗　二〇一八〕。
(7) 〔幡谷　二〇一〇・一六〇頁〕。
(8) 〔石田　一九七一・八八頁〕。
(9) 以上、『清沢全』一、九頁を参照しながら考察した。
(10) 〔角田　二〇〇四〕。
(11) 『清沢全』一、一一頁。『清沢全』二、四八頁。
(12) 「此真如の体は遣るべきものあること無し、一切の法は悉く皆真なるを以ての故なり、亦立すべきものも無し、一切の法は皆同じく如なるを以ての故なり。当に知るべし、一切の法は説くべからず、（また）念ずべからざるが故に、名づけて真如と為すのみ。問うて曰く、若し是の如き義ならば、諸の衆生等は云何が（これに）随順し、而も能く入ることを得ん。」（〔宇井伯

寿・高崎直道訳注　一九九四・二四～二七頁〕）。

(13)〔宇井伯寿　高崎直道訳注　一九九四・三三～三五頁〕。

(14)『清沢全』一、二二六～二二七頁。

(15)『清沢全』一、一八四～一八六頁。また、清沢満之の講義に対する住田智見の手記には「《ボルソニフケーション》《擬人主義》」（同書、二二六頁）と記されている。このボルソニフケーションとは、personification のことである。

(16)「擬人論を以て不可思議界に適用するは此論の真性に合するものにして人獣動植生物死物等吾人の智力を以て其判別を弁証し得へき可思議界内に擬人論を生したるは人智の未た充分進化せさりしに由るものにして之を元一本体に適用するの階次たりしなり　則ち擬人主義の種々の進化は不可思議の元一本体を以て心霊或は霊体なりと為すに至りて止まるものと知る可し」（『清沢全』一、一八五頁）。

(17)『清沢全』一、一八六頁。

(18)『清沢全』二、四頁。

(19)『清沢全』二、四頁。
ここでは、清沢は、「(三) 無限と心霊」の「心霊」という箇所に、「パーソナリチー」と書いている。「試稿」が書かれる少し前の思索に当たるので、大いに参考になると考える。

(20)『清沢全』二、五六頁。

(21)〔丹治　二〇〇六〕。

(22)〔長宗　二〇一二〕。

(23)〔竹林　二〇一五〕。

(24)『浄真全』一、四六〇頁。

(25)大正一四、五三八c。

(26)『清沢全』二、五頁。

(27) 清沢の論理展開を補うために、[山口 一九六六・一二三頁]を参照した。
(28) 『真聖全』一、三三九頁。
(29) 「自利利他円満」とか、「願作仏心」と「度衆生心」がそれにあたると思われる。
(30) 『清沢全』二、八四頁。
(31) 『清沢全』二、七九〜八一頁参照。
(32) 因果関係に、一体貫通する性質があることを「宗教哲学」にて指摘している。この性質ははたらきであり、これを「業」とも表現している。因果関係を無限と有限に結ぶというのは、すなわち主伴互具の世界観から導き出され、それをもとに考えると、因果関係が有限と無限にあるのだから、はたらきがそこにあると考えることになる。
(33) 主伴互具の浄土は、清沢の浄土観として極めて重要な視点であるということは、西本祐攝氏の論考に詳しく示されている([西本 二〇二〇])。

参照文献

池田向一 [二〇一九]「その身を後にして先とする――『浄土論註』における善巧摂化とは何か――」『大谷大学大学院研究紀要』三六
石田充之 [一九七二]「曇鸞教学の背景とその基本的理念」龍谷大学真宗学会編『曇鸞教学の研究』(永田文昌堂)
伊東恵深 [二〇〇八a]「「他力門哲学」における覚醒の構造」『親鸞教学』九〇
伊東恵深 [二〇〇八b]「他力門仏教の再構築――清沢満之「他力門哲学骸骨試稿」の思想的意義――」『現代と親鸞』一四
今村仁司 [二〇〇五]「清沢満之研究会 清沢満之における「他力門哲学骸骨試稿」の思想的意義〔含 質疑〕」『現代と親鸞』九
今村仁司 [二〇〇三]『清沢満之と哲学』(岩波書店)

宇井伯寿・高崎直道訳注［一九九四］『大乗起信論』（岩波書店）
宇野惠教［二〇二一］「『論註』二種法身説の背景となった経論について」『印度学仏教学研究』七〇（一）
大谷大学編［二〇〇二］『清沢満之全集』第一巻、第二巻（岩波書店）。『清沢全』と略称
織田顕祐［二〇〇六］「『浄土論註』と『維摩経』」『佛教学セミナー』八三
織田顕祐［二〇一一］「仏身観の展開から見た曇鸞の方便法身の概念について」『佛教学セミナー』九三
織田顕祐［二〇二二］「「迴向」の成立背景と「普賢行」への深化——曇鸞の五念門を考えるために——」『同朋大学論叢』一〇七
武田龍精［二〇〇八］『往生論註出典の研究』（永田文昌堂）
竹林遊［二〇一五］「僧肇の仏身観と『大智度論』の二身説」『大谷大学大学院研究紀要』三二
田崎國彦［二〇〇八］「清沢満之の他力門哲学における無限と外部と他なるものの歓待」『宗教研究』八一（四）
田中無量［二〇一三］「『往生論註』の「二種法身」と「広略」の関係再考」『武蔵野大学仏教文化研究所紀要』二九
丹治昭義訳［二〇〇六］『中論釈　明らかなことばⅡ』（関西大学出版部）
角田佑一［二〇〇四］「清沢満之の宗教哲学における転化論」『宗教研究』七八（一）
寺川俊昭［一九七三］『清沢満之論』（文栄堂）
長宗博之［二〇一二］「曇鸞教学における空思想の研究——特に僧肇の二諦論理の受容と展開——」『龍谷大学大学院文学研究科紀要』三四
長宗博之［二〇一八］「曇鸞教学の研究——僧肇の般若思想を基にした理論構造——」学位請求論文（龍谷大学）
西村見暁［一九七三］『清沢満之先生』（法藏館）
西本祐攝［二〇二〇］「「他力門哲学骸骨試稿」に学ぶ——研究の方向性——　清沢満之研究会」『現代と親鸞』四三
幡谷明［二〇一〇］『曇鸞教学の研究——親鸞教学の思想的基盤——』第二版（同朋舎）
藤田正勝［二〇〇三］『現代語訳　他力門哲学骸骨』（法藏館）

宮井義雄〔一九七〇〕「在家仏教の形成と維摩経の教説――律令仏教の変革と親鸞・道元の場合――」『山梨県立女子短期大学紀要』四

本明義樹・西本祐攝・碧海寿広・伊東恵深・名和達宣〔二〇一九〕「伊東恵深『親鸞と清沢満之』を読む――著者を交えての合評会――」『同朋大学佛教文化研究所紀要』三八

安冨信哉〔二〇〇四〕「個立と協同――石水期・清沢満之を手懸かりとして――」『親鸞教学』八二・八三

山口益〔一九六六〕『世親の浄土論』（法藏館）

脇崇晴〔二〇一七〕『清沢満之の浄土教思想――「他力門哲学」を基軸として――』（木星舎）

各論における有機的結合と今後の可能性

藤村　潔

本論集の結びに各論の概要と関連性について簡単ではあるが紹介する。なお、目次の掲載順とは異なるが、論集の大きな見通しを立てるために論ずることをご了承頂きたい。

まずは本論集に二本掲載されている織田論文から尋ねていきたい。一本目（以下織田論文①）は漢訳された回向の概念の起源に遡及し、『般若経』から『華厳経』へ思想史的に展開していくことを論じている。その中でキーワードとなるのが、『華厳経』によって説かれた極めて重要な概念となる「普賢行」に他ならない。織田論文①は『華厳経』における「十回向品」と「十地品」の成立史を踏まえ、普賢の願行が菩薩道の回向として密接に関係し、そうした経典思想史の深化が曇鸞の回向観に強く影響を与えているというものである。そして二本目（織田論文②）では、織田論文①における大乗経典思想史の中で深化・展開していく『華厳経』の普賢行の所説を基調としながら、世親の『浄土論』と曇鸞の『論註』の文献に切り込み究明している。論点は様々あるが、ここで特に注目すべき点は、「五念門」を取り扱う問題ではなかろうか。これまでの『論註』研究、もしくは親鸞教学では、「五念門」「五門行」「五念門行」「五念力」といった概念が雑然と取り扱われ、明確に峻別して示されてこなかった。過去の研究成果では、この問題に関して何が主語なのか等閑視されている。織田論文②では、このあたりの課題を担い、「五念門」をめぐる『浄土論』と『論註』の思想史的立ち位置とその相違を鮮明にさせた。

次に黒田論文である。黒田論文は世親の『浄土論』を曇鸞がどのように変容したのかを、仏典解釈という切り口で論及した。曇鸞が生きた中国の時代思潮や地域性に注目し、そのような地平に立ち、曇鸞がインド論書（優婆提舎）をどのように読み込んでいたのかといった、いわば解釈の可能性を究明した。曇鸞の創意は、ともすると個人の主観的改変した解釈に陥るかもしれない。その点を黒田論文では『論註』の文脈から厳密に検討しつつ、曇鸞における法蔵菩薩の発願修行をめぐる註釈、そして他力思想の宣揚などを明かし、その思想史的骨格は親鸞教学においても継承されたと論じている。

藤村論文は、今日曇鸞と親鸞、言い換えれば法然門下といった鎌倉以降に視点を置く、『論註』研究はほぼ網羅されているが、しかし、曇鸞と親鸞の狭間には六百年ほどの時間的空間的な開きがあることを指摘した。そして、その中間に位置する日本の思想家らは曇鸞をどのように受容、もしくは変容していたのか判然としなかった。換言すれば、親鸞以前の日本仏教思想史の中で曇鸞の『論註』はどのように受容・変容されたのか、検討の余地があったと言える。現時点で判明していることは、源信の『往生要集』を中心とする平安中期の日本天台では、『論註』本文が披閲できなかったこと、さらには『無量寿経』研究に限定して言えば、源信ら天台学派は新羅浄土教の『無量寿経』註釈書に依存していたことを論及した。つまり、源信における五念門理解はこうした思想史的背景の影響下にあったことを論証した。

川口論文は、近代を駆け抜けた真宗大谷派の清沢満之を取り扱い、彼が執筆した『他力門哲学骸骨試稿』(以下『試稿』)で論説される『論註』の受容、すなわち学びの痕跡を論及した。清沢が東京大学で培った宗教哲学の言説から『論註』をどのように読み込んだのかを、これまでの訓詁的な仏教用語ではなく、「絶対無限/相対無限」「無限の因果」「無限の擬人化」といった概念用語に置換することで、『論註』の教説を達意的に解釈した。また清沢は『大乗起信論』(以下『起信論』)の真如説(凝然真如・随縁真如)に注目し、『論註』の仏身観(法性法身・方便法身)を演繹的に理解したとされる。川口論文は、近代という場において宗教哲学や『起信論』の哲学的文脈から、清沢が直面した従来の仏身や浄土といった課題をどのように乗り越えようとしたのかを『試稿』を通して論考したものである。

最後に市野論文である。市野論文は今日まで議論されてきた真宗大谷派の還相回向の研究史を網羅的に取り挙げ、先行研究を「伝統的回向説」「社会実践回向説」「寺川回向説」「幡谷回向説」「廣瀬回向説」「長谷回向説」と列挙し、四つの観点から追及し、回向をめぐる解釈と変遷を整理分類した。市野論文は前掲の四人の研究論文とは明らかに性格が異なる。何故ならそれは、還相回向説をめぐる議論そのものが、現在も進行形であるからである。なかでも、廣瀬惺氏と長谷正當氏は今なお健在であるために、向後も回向の議論が展開されていくかもしれない。ともあれ、近年の真宗大谷派の中で還相回向をめぐる解釈を敷衍した嚆矢は、寺川俊昭氏である。寺川氏以降、還相回向をめぐる研究史の変遷とその成果を批判的に検証することが、これからの還相回向をめぐる研究の新たな地平を生み出す可能性があると言えるであろう。

以上、五人六本の研究論文を概観してきたが、私の理解に拠れば、曇鸞の『論註』を軸として貫く、織田論文が「大乗仏教思想史の曇鸞」、黒田論文が「曇鸞の実存的課題と宗学の可能性」、藤村論文が「日本仏教思想史の曇鸞」、川口論文が「近代日本の清沢満之と曇鸞」、市野論文が「現代に生きる還相回向論研究史と曇鸞」といった研究成果として捉えることができる。本論集は専門領域や個性の違いはあるにせよ、相互に呼応しつつ、有機的に結合していると言えよう。

最後に本書の成立に至るまでの経緯を少しだけ触れたい。もともと本論集の誕生は、織田先生と市野氏のお二人に起因する。オンライン上で、『論註』に関する勉強会をしていたと聞き及んでいる。そこで大きな課題となった概念規定が、「回向」であった。回向が大乗仏教思想史の中で広く共有され、それが曇鸞の『論註』に至ると二種の相として説かれ、そして親鸞に至ると往相回向・還相回向と確立されていく。曇鸞や親鸞の文献に限定し、回向の解釈が吟味される研究成果は極めて多く存在するが、はたして曇鸞と親鸞以外に、こうした二相・二種回向の発想を持っていた思想家はいたのか、或いはまた、往相回向・還相回向をめぐる解釈は、今日どのような現状で、どの程度整理されているのかなど、色々と判然としなかったようである。

そこで織田先生の発案により、世親の『浄土論』と曇鸞の『論註』を定本とし、従来の通説を一度棚上げし、原典資料から読み直す研究会を立ち上げようと試みたのである。同朋大学仏教文化研究所の研究事業である東アジア仏教思想史研究会を母体とし、本論集の執筆者が三年間計六回の研究会を実施し、相互に議論を重ねて課題を共有した。その成果は単に総花的ではなく、メンバー各位が曇鸞の『論註』という課題に重点を置きつつ、論集として結実したと言える。無論、本論集の論文の中では種々抜け落ちている点があり、批評されるであろう。その点は読者各位のご叱正を賜る次第である。本論集が曇鸞の『論註』研究を生み出す新たな視角となる「呼水」となれば望外の喜びである。

編集後記

本書刊行の経緯は、藤村潔先生が「各論における有機的結合と今後の可能性」の結びに語ってくださった通りです。その中にあって、浅学非才な私が編者として本書の刊行に携わることができたのは、何よりも今回執筆を担って頂いた、東アジア仏教思想史研究会（同朋大学仏教文化研究所）の先生方のお力添えによるものであります。特に、織田顕祐先生には毎時の研究会において、言葉が持つ特性に留意しながら、『論註』の一つ一つの言葉を、曇鸞の課題性の中で、思想史的に、鳥瞰的に捉えていくことの重要性をご教示頂きました。加えて、本書刊行に向けても叱咤と激励と、懇切丁寧なご指導を賜りました。何事にも代えがたい時間を頂きました。ありがとうございました。

最後に、名も無い若手研究者が中心となった研究論集であるにもかかわらず、本論集の出版を快くお引き受けくださった法藏館には厚く御礼申し上げます。また編集担当の今西智久さんには、本書の構成から細部に亙る編集まで、様々にご助言を頂きました。重ねて厚く御礼を申し上げます。また本書に対して、同朋大学から出版助成を頂きました。記して謝意を表します。

本論集が向後の真宗教学研究に少しでも寄与できることを念じつつ擱筆いたします。

二〇二四年一月

同朋大学　文学部仏教学科　准教授　市野智行

執筆者一覧（掲載順）

市野智行（いちの　ともゆき）

奥付に別掲

織田顕祐（おだ　あきひろ）

一九五四年生まれ。愛知県出身。大谷大学大学院文学研究科仏教学専攻博士後期課程単位取得満期退学。博士（文学）。現在、同朋大学文学部特別任用教授、大谷大学名誉教授。専門は、仏教学・中国仏教・漢訳大乗経典研究。

【主著】『華厳教学成立論』（法藏館、二〇一七年）。『『華厳経』綱要』（東本願寺出版、二〇二三年）。

黒田浩明（くろだ　ひろあき）

一九七八年生まれ。愛知県出身。同朋大学大学院文学研究科仏教文化専攻博士後期課程単位取得満期退学。博士（文学）。現在、同朋大学文学部非常勤講師。専門は、真宗学・『教行信証』『浄土論註』。

【主著】「曇鸞における思想と信仰の交渉――菩提流支との邂逅を手がかりとして――」（中村薫編著『華厳思想と浄土教　中村薫博士退任記念論集』（文理閣、二〇一四年）。「還相回向論に関する現代大谷派教学の課題」（『同朋佛教』第四六・四七合併号、二〇一一年）。

藤村　潔（ふじむら　きよし）

一九八〇年生まれ。愛知県出身。同朋大学大学院文学研究科仏教文化専攻博士後期課程単位取得満期退学。博士（文学）。現在、同朋大学文学部非常勤講師、愛知学院大学文学部非常勤講師。専門は、東アジア仏教・日本仏教思想史・天台教学。

【主著】「源信『一乗要決』における悉有仏性説」（『日本佛教学会年報　衆生　いのちあるもの（二）』第八七号、二〇二三年）。「仏性論争における『大乗起信論』の位置」（『仏教思想の展開　花野充道博士古稀記念論文集』（山喜房仏書林、二〇二〇年）。

川口　淳（かわぐち　あつし）

一九八五年生まれ。愛知県出身。大谷大学大学院文学研究科真宗学専攻博士後期課程修了。博士（文学）。現在、同朋大学仏教文化研究所所員。専門は、真宗学・近代仏教史・清沢満之。

【主著】「住田智見と清沢満之との交渉——住田の日記類を中心に——」（『真宗研究』第六六輯、二〇二二年）。「清沢満之手沢本『ティーチング、オブ、エピクテタス』の書入れに関する一考察——安藤州一の言葉を導きとして——」（『親鸞教学』第一一三号、二〇二一年）。

編者略歴

市野智行（いちの　ともゆき）

1983年生まれ。愛知県出身。同朋大学大学院文学研究科仏教文化専攻博士後期課程単位取得後満期退学。博士（文学）。現在、同朋大学文学部准教授。専門は、真宗学・善導教学。

【主著】「『法事讃』所説の三往生について」（『東海仏教』第六八輯、2023年）。「凡夫についての一考察——「心眼」にみる善導の独自性——」（『真宗研究』第六三輯、2019年）。

曇鸞『浄土論註』の新研究
——真宗理解の再構築のために

二〇二四年三月三〇日　初版第一刷発行

編　者　市野智行
発行者　西村明高
発行所　株式会社　法藏館
京都市下京区正面通烏丸東入
郵便番号　六〇〇—八一五三
電話　〇七五—三四三—〇〇三〇（編集）
〇七五—三四三—五六五六（営業）

装幀者　野田和浩
印刷・製本　亜細亜印刷株式会社

ISBN 978-4-8318-7781-9　C3015